U0827935

# 图书馆管理与服务深化探索

付光宇　康利　祝捷　著

北方文艺出版社
哈尔滨

**图书在版编目(CIP)数据**

图书馆管理与服务深化探索 / 付光宇, 康利, 祝捷著. -- 哈尔滨 : 北方文艺出版社, 2022.8
ISBN 978-7-5317-5698-9

Ⅰ. ①图… Ⅱ. ①付… ②康… ③祝… Ⅲ. ①图书馆管理－研究②图书馆服务－研究 Ⅳ. ①G251②G252

中国版本图书馆CIP数据核字(2022)第124999号

图书馆管理与服务深化探索
TUSHUGUAN GUANLI YU FUWU SHENHUA TANSUO

作　者 / 付光宇　康　利　祝　捷
责任编辑 / 邢　也
封面设计 / 左图右书
出版发行 / 北方文艺出版社
邮　编 / 150008
发行电话 / (0451)86825533
经　销 / 新华书店
地　址 / 哈尔滨市南岗区宣庆小区1号楼
网　址 / www.bfwy.com
印　刷 / 武汉贝思印务设计有限公司
开　本 / 787mm × 1092mm　1/16
字　数 / 262千
印　张 / 21
版　次 / 2022年8月第1版
印　次 / 2022年8月第1次印刷
书　号 / ISBN 978-7-5317-5698-9
定　价 / 57.00元

# 前言

人类在社会文明发展进程中累积了丰富的文献资源,同时也总结了管理和利用这些文献资源的宝贵经验与方法。然而,由于科技的迅猛发展,图书馆管理水平普遍没有与时俱进,图书馆管理水平整体低下。目前我国的很多图书馆在实际管理工作中存在多方面的问题,如图书馆管理体制落后、工作任务繁重、工作效率低下、信息化管理利用率低、信息服务质量和效率低下等,同时人员素质也有待提高。做好图书馆管理工作能够提高文献信息的使用效率,避免信息资源的浪费,有利于图书馆高效工作。近年来,随着智能手机、平板电脑等移动技术的发展,移动图书馆因其移动性、便捷性以及良好的融合性逐渐成为图书馆发展的重要内容之一,无论在理论研究还是实践发展方面,都引起广泛关注,成为图书馆工作的重要组成部分。

对于图书馆的管理工作来说,信息化技术使图书馆传统的、封闭的管理工作转变为开放的、网络化的管理工作,这不但在很大程度上提高了管理的工作效率,而且有利于知识、文献等信息的有效调取和存储,使管理工作人员的工作强度大大降低,也避免了传统图书馆长期存在的盲目购书和烦琐地找资料的缺点,对图书馆日常管理工作水平和服务水平的提高具有重要意义。

无论社会发展到哪个阶段,服务都是图书馆的永恒主题,而创新既是新形势下对图书馆的必然要求,也是图书馆自身适应创新发展的不竭动力。目前,高等教育发展面临的新形势、新任务以及信息技术特别是互联网技术的普及,促使图书馆建设和管理不断创新发展，图书馆的服务理念、服务方式、服务手段、服务模式等正在发生着深刻的变革。

本书立足于图书馆管理与信息应用，论述了图书馆的构建条件，并在相关条件较为成熟的基础上，提出信息化时代的图书馆的构建路径。主要内容包括图书馆的用户管理、人力资源管理、财力资源管理、时间成本管理以及信息化应用对图书馆管理产生的影响。本书涵盖图书馆与信息化应用的理论知识，资料翔实、层次分明，具有综合性、实践性和系统性的特点。

# 目 录

# 第一章 图书馆管理概述

## 第一节 图书馆管理的内涵

图书馆管理是遵循图书馆工作的客观规律,应用现代管理学的原理和方法,合理地组织图书馆活动,有效地利用图书馆的人力资源和物质资源,使其发挥最佳效率,达到预定目标的过程。图书馆管理在此过程中不断审查改进,最终圆满地完成任务。

### 一、图书馆管理的含义

在我国,对于图书馆管理含义的认识是随着国外管理学理论和方法的译介以及图书馆管理实践的发展深化而逐渐完善起来的。在这个过程中,人们提出了许多图书馆科学管理的定义。下面是在图书馆界流行的几种说法。

#### (一)"图书馆工作的自动化管理就是图书馆科学管理"

毫无疑问,图书馆是要实现自动化管理的,利用自动化手段进行图书馆业务工作的集成化管理是图书馆工作现代化的重要特征。但是,图书馆管理是一个完整的概念,包括人员管理、经费管理、设施和设备管理、业务工作管理、图书馆事业管理等,绝不是"自动化管理"所能包括和代替的,因为它只是现代化技术在图书馆工作的应用问题,是图书馆管理的一个手段。

#### (二)"图书馆内各个工作环节之间的高度协调一致就是图书馆科学管理"

不可否认,图书馆内各个工作环节之间的高度协调一致是图书馆达成有效管理的标志之一;但是,仅仅有了这种协调一致并不等于达成了有效的管理。这是因为管理包含了决策的过程,如果决策失误,协调一致可能会产生更大的副作用。只有在正确决策的前提下，各个工作环节之间的高度协调一致才能发挥出积极的作用。

### (三)“低耗、高效、优质的管理就是图书馆科学管理”

低耗、高效、优质，这是现代企业管理中用以衡量经营效果的三项指标，对图书馆管理有借鉴作用，但是把它作为图书馆管理的定义还不够准确。这是因为图书馆活动属于精神生产的范畴，而精神生产的社会效益往往具有潜在性和隐蔽性的特点，一些精神生产活动的经济效益是曲折地转化到物质生产部门，一些精神生产活动在短时间内往往看不出其经济效益，甚至在一定时间内只有消费而无经济效益。由于精神生产具有与物质生产不同的特点，因而评价其管理效果的指标也应具有特殊性。

### (四)“符合图书馆工作规律的管理就是图书馆科学管理”

这种说法套用了哲学中的概念来概括图书馆管理的定义，表达的含义是遵循图书馆工作的客观规律进行管理可以提高图书馆的管理水平。但这是一个缺乏操作性的定义。

### (五)“图书馆组织管理的系统化就是图书馆科学管理”

这是把系统理论应用于图书馆管理的尝试。系统理论是研究系统存在与发展机制的，把它引入图书馆管理实践中来可以丰富图书馆管理的理论和方法。但这种定义失之过于概括。

以上几种说法是从不同角度提出问题和认识图书馆管理问题的，都有一定的合理性，但又都存在着一定的局限性。我们应当对这些说法进行综合分析，吸收其中的合理成分，以便对图书馆管理进行更全面、更准确的表述。我们认为，现代图书馆管理既不是传统的行政管理，也不只是从实际工作中总结出来的经验管理，不能把它归结为科学管理，更不能把它简单地概括为数学方法加电子计算机的应用。

在这里，我们将图书馆管理定义为：图书馆管理是通过计划和决策、组织、领导、控制、协调等一系列过程对图书馆的文献信息、人力、财产和资金、物质资源来有效地达成图书馆的目标的活动。①

图书馆管理就是把图书馆的文献信息资源、用户、馆员、技术方法、设施等分散要素联系起来构成一个有机的整体。没有管理就不能开展图书

---

①杨娟．浅析数字图书馆管理内涵[J]．今日湖北(中旬刊)，2012，(9)．

馆的活动，更谈不上图书馆工作质量与效率，达不到图书馆预期目标，完不成图书馆任务。这种管理活动既包括信息资源的管理，也包括图书馆人力资源、物质资源、财力资源的管理。

图书馆管理既不是指图书的管理，也不是指图书馆的具体业务工作。它是研究图书馆管理的基本理论、管理过程、管理方法、各种具体管理和图书馆管理趋势的科学。它是图书馆学的一个分支学科，是管理学在图书馆管理实践中的应用。

图书馆管理是遵循图书馆工作的客观规律，通过计划、组织、协调、指挥等手段合理配置和使用图书馆资源，以达到预期目标、满足用户知识信息需求的一种活动。

## 二、图书馆管理的对象

图书馆管理包括微观管理和宏观管理两个部分，微观管理是对于个体图书馆的管理，宏观管理则是对社会图书馆事业体系的管理。

图书馆管理的对象有三大部分：人力资源管理、物力资源管理和财力资源管理。人力资源管理包括图书馆员工管理和读者管理；物力资源管理包括图书馆的文献信息管理、图书馆的建筑和设备管理以及技术方法管理；财力资源管理指图书馆的各项经费开支以及各种经营性收入管理。

### （一）图书馆人力资源管理

1. 员工管理

图书馆员工是图书馆连接文献信息与读者的纽带和桥梁，是图书馆活动的管理者和组织者。图书馆工作效益的高低和社会影响的好坏取决于图书馆的员工，所以图书馆员工是管理的主体要素。图书馆的员工分为图书馆专业人员、图书馆技术人员和图书馆行政人员三大部分。管理者应通过定岗、定员、考核、选举、激励等多种形式激发员工的积极性和创造性，调动他们的潜力，使员工的聪明才智得到充分发挥，努力做到人尽其才、各得其所、各获其荣。

2. 读者管理

读者又称为“用户”，是图书馆的服务对象。图书馆因读者而生存，读者的存在和需要是图书馆生存和发展的动力。由于图书馆读者群的复杂性、多变性和信息需求的多样性，读者管理成为图书馆管理中最活跃的要素。管理者必须树立“读者至上”的思想，一切管理工作都以用户文献信息需求为出发点和归宿，最大限度地满足读者日益增长的知识信息需求。

### （二）图书馆物力资源管理

1.文献信息资源

文献信息资源统称“图书”，是图书馆的“立身之本”，也是图书馆存在的先决条件，是图书馆系统中最基本的要素。它是根据图书馆的性质、任务和方针以及特定读者群的文献信息需求，经过长期日积月累而形成的文献信息体系。图书馆的文献信息资源随着科学技术的发展载体越来越丰富多样，有印刷型资源、缩微型资源、声像型资源、电子型资源和网络资源等。对这些资源进行管理既要确保文献信息资源的系统完整，又要便于读者对文献信息的充分利用；既要着眼于馆藏的特色建设，又要做好资源的共建共享。

2.建筑设备

建筑设备又称“设备”，是图书馆生存的物质条件。传统图书馆设备包括建筑、书架、目录柜、阅览桌椅等。现代图书馆设备除了传统图书馆设施以外，还包括许多现代化技术设备，如视听设备、复印设备、缩微阅读设备、传真设备、文字处理设备、图书馆计算机自动化系统、图书馆消防安全系统、中央空调系统、局域网以及互联网接口等。这些设备可划分为两大部分：一部分是围绕着业务工作而产生的现代化技术设备系统；另一部分是为业务主体服务的行政后勤服务技术设备系统。

3.技术设备

技术设备以自动化系统为核心，由计算机软件系统、硬件系统和数据库三大部分组成。随着科学技术的发展、数字化图书馆的出现，信息设施、信息资源、信息人员的智力将融为一体，图书馆的自动化系统会越来越趋于完善。图书馆的建筑设备将会随着这些技术方法的应用而发生很大的变化。为此，图书馆的管理者应用战略的眼光去规划和建设图书馆文献信息服务技术设施体系，为信息资源体系的形成、维护、发展以及开发利用提供条件。

### （三）财力资源管理

图书馆的财力资源主要来源于政府对图书馆的拨款以及社会各界对

图书馆的资金投入。图书馆的经费开支主要用于购置各种载体的文献信息资料、业务活动开支、行政管理费用、员工工资、设备维护费等。经费预算是图书馆经费管理的一项基础工作,在预算的执行过程中,应该有严格的经费结算制度。管理者应通过核算执行情况,为经费管理提供相关信息。在经费管理过程中,管理者应加强财务制度,严格执行有关的财务制度和规范,通过严格的财务制度管理图书馆的经费,以最低的成本产出最大的效益。

## 三、图书馆管理的特征

图书馆管理在方法上是管理过程的系统化。系统化管理是现代图书馆管理最本质的特征。这个本质特征把现代图书馆管理同传统的行政管理和经验管理区别开来了,从传统的行政管理和经验管理到系统化管理经历了一个由简单到复杂、由低级到高级的发展过程。系统化管理是图书馆管理的最新阶段,它具有以下三个显著的特点。

### (一)整体性

把图书馆看成是一个系统,图书馆的一切活动被看成是一个整体。要使图书馆的一切活动处于良好的运动状态,图书馆管理应具备以下条件。

1.必须有现代的管理思想

要有效地实行现代图书馆管理,就不能因循守旧、安于现状、故步自封,不能满足于已有的管理经验,而应该不断学习、勇于革新,开辟图书馆工作和图书馆事业建设的新局面。

2.必须有科学的方法和手段

应当对图书馆系统各层次、各环节进行质的划分并规定量的比例,逐步建立起图书馆系统各层次、各环节的数学模型,保证系统管理的有效实现。要根据工作目标和工作环节的分解实行定额管理。工作定额是指每个图书馆工作人员在一定的时间内保质保量地完成一定的工作量。实行定额管理是图书馆劳动组织的一个重要内容。实行定额管理可以提高工作效率,保证工作任务完成。另外,要辅之以行政管理和经济管理等多种管理手段,推动图书馆管理水平的不断提高。

3.必须有严格的规章制度

要使图书馆系统正常运行,必须有严格的规章制度。否则,工作无依据，办事无准绳，奖罚无根据。

4.必须有统一的业务标准

图书馆的各项业务活动必须规格化、条例化。

5.必须有合理的智力结构

图书馆从业人员的学科结构要合理，既要有图书馆学、信息学人才，也要有自动化技术人才，还要有其他各专门学科的人才。此外，各层次人才要成比例。有研究者经过调查研究和科学分析后，认为对图书馆业务人员而言，应当建立1∶3∶9或1∶5∶15的人才结构比例，即1名高级馆员配3～5名馆员，1名馆员配3～5名助理馆员。但是，图书馆的类型不同、性质不同、基础不同，智力结构也应各有不同。

以上五个方面是构成图书馆活动整体性的基础。在管理过程中，要注意处理整体与局部、物力与人才、定量分析与人的主观能动性等各方面的关系。

### （二）关联性

图书馆系统中的各个环节、各个层次都是相互关联、互为因果的。因此，在解决问题时要十分注意事物的因果关系。例如，拒借率是图书流通工作中存在的重要问题，产生拒借率的原因有文献信息资源建设工作方面的，有文献整理与目录组织工作方面的，有流通借阅工作方面的。要全面地分析各个工作环节造成拒借的具体原因，加强全馆各部门业务工作的联系和协作，建立岗位责任制，才能从根本上降低拒借率。

### （三）均衡性

图书馆系统是一个运动系统。在运动过程中，不仅要取得与外部环境的平衡，而且要取得动态的体内平衡。图书馆与外部环境的平衡要求图书馆的全部活动目的都要与一定的社会政治、经济、科学及文化教育的发展相适应，从而满足多层次的社会需要；图书馆内部的均衡要求各子系统的目标必须服从图书馆系统的总目标，保证图书馆与外部环境均衡的实现。例如目录组织体系与馆藏文献组织体系间的平衡，备查性文献与流通性文献之间的平衡，建筑设备与日益增长、类型复杂的文献资料之间的平衡，人员配备与各项业务工作的需要之间的平衡等。总之，要努力实现图书馆系统各环节、各层次协调均衡地发展。

综上所述，整体性、关联性、均衡性共同构成了现代图书馆管理的特征。它要求把图书馆看成由许多既有分工又相互联系、相互依存的要素的统一体。图书馆管理必须从全局出发，而不是从局部出发；分析管理过程中的问题要用发展变化的观点，而不是用孤立静止的观点；解决管理过程中的问题应顾及图书馆系统内各环节、各层次之间的固有联系，不能把相关的环节割裂开来去解决管理问题。

## 四、图书馆管理学

图书馆管理学是研究图书馆管理的基本理论、管理过程、管理方法、各种具体管理和图书馆管理趋势的科学。其主要内容如下。

1.图书馆管理的基本理论

主要包括图书馆管理学的研究对象、研究内容、体系结构、学科性质、相关学科、研究方法与任务；还包括图书馆管理的意义，图书馆管理的构成与定义，图书馆管理的性质、对象、范围、目的、任务、手段和工具，现代图书馆管理的原理、特征，图书馆管理思想的产生与发展等。

2.图书馆管理过程

包括图书馆的决策、计划、组织、领导、控制、协调等。

3.图书馆管理方法

包括行政方法、经济方法、法律方法、激励方法、数学方法、运筹学方法等。

4.图书馆各种具体管理

包括行政管理、人员管理、经费管理、文献管理、设备管理、建筑与环境管理等。

近20年来，我国图书馆管理研究的主要热点主题包括：①图书馆管理理论，包括一般性理论、方法、目标管理、质量管理、竞争战略等；②图书馆管理体制，包括图书馆领导体制、管理模式、图书馆法、图书馆政策、图书馆规章制度等；③图书馆业务管理，包括图书馆业务流程管理、图书馆评估、图书馆统计、计算机应用管理等；④图书馆行政管理，包括图书馆领导与决策、思想政治工作、岗位责任制、经费等；⑤图书馆人力资源管理，包括图书馆职业、职称、队伍建设、激励、考核、在职教育等；⑥图书馆信息管理与知识管理，包括信息管理、知识管理、图书馆学、档案和记录管理等；

⑦图书馆经营管理,包括图书馆有偿服务、创收经营、产业化理论、公共关系、形象设计等;⑧各类型图书馆管理,包括文化系统的公共图书馆、教育系统的学校图书馆、科学院系统图书馆及科研机构图书馆、工会系统的工会图书馆管理;⑨互联网环境下的管理问题。

## 第二节 图书馆管理的原则和意义

### 一、图书馆管理的原则

#### (一)系统原则

每一个图书馆都是一个元系统,它由若干个子系统构成,同时又处于图书馆事业更大的系统之中,是图书馆事业乃至社会知识信息交流大系统的子系统。它具备了系统功能、层次结构、整体性以及与外界进行物质、能量、信息交换的普遍特征,因此,系统理论成为图书馆管理的主要指导思想。系统管理必须注意五个环节。

1.目的性:任何系统的存在都有其特定的功能和目的,图书馆作为一种社会机构或服务,对于文献进行系统收集、加工、保管、传递,对文献中的知识或信息进行组织、整理、交流,以便用户能够从文献实体书目信息及知识三个层面上获取它的资源。其基本职能是收集、整理和提供使用,其目的是满足读者的知识信息需求。尽管各类型的图书馆因方针、任务和用户对象的不同,具体目标有差异,但图书馆整个系统的目的是一致的,都是一切为了读者。图书馆围绕这一基本功能和目的来设计系统结构、设置系统部门、确定具体工作岗位、安排工作任务。每一个部门乃至每一个人的工作都不能仅仅从自身目的出发(为了工作而工作),而应当记住大系统的总目标,服从总目标,为实现系统的目标而努力。

2.整体性:管理必须有全局观点,必须有一个系统的统筹规划,必须有一个考虑了尽可能多的因素的模式。

3.层次性:系统的各层次之间应该职责分明,领导做好领导的事,各层做好各层的事,这样才能达到有效的管理。

4.联系性:图书馆各系统间由于工作性质不同产生了各个不同的部门,但它们彼此是有相互联系的,每个部门或系统出现问题或纰漏都会影响其他部门的工作。

5.均衡性:图书馆各个系统必须维持均衡发展,因为图书馆系统是有机整体,一环套一环,不可有偏重。

### (二)集中原则

集中原则是我国图书馆事业管理的重要原则。集中管理包括以下四层含义:①指图书馆事业建设要有集中统一的管理,以便协调全国各系统、各地区图书馆的工作,有目的地规划全国图书馆事业的发展,组织全国性的图书馆事业网络或图书馆联盟;②指图书馆业务技术工作的标准化和规范化,其中包括统一分类、统一编目、统一数据存储格式和信息交换标准等;③对图书馆立法人员编制、人员技术职称等行政工作集中管理;④具体到一个图书馆要有一个明确的办馆思想,这是贯彻集中统一管理原则的思想基础;还要建立健全一套较为完善的图书馆政策和规章制度,做到依法治馆。

### (三)民主管理

这是我国图书馆管理的又一重要原则。所谓民主管理,就是吸收图书馆工作人员和用户代表参加图书馆的管理工作,图书馆可以建立有馆员和用户代表参加的民主管理组织。建立这个组织的目的是促进图书馆管理的水平,它在图书馆管理上起着参谋作用,其任务有四:①对图书馆工作提出合理化建议和改进意见;②督促图书馆工作计划的执行;③对专业人员的安排和使用提出建议;④对领导干部的工作进行监督等。

### (四)动力原则

图书馆是一个不断运动着的、变化的客体,没有运动,图书馆亦不复存在,而任何运动必然有动力来推动,图书馆发展的动力来自用户的需求和内部工作人员的活力激发。现代图书馆管理的基本动力如下:①物质动力。这是满足图书馆工作者生理需要的最根本动力,包括工作人员的工资级别、奖金发放、福利待遇、住房条件等。②精神动力。包括事业理想、精神鼓励、发展前途等。③信息动力。信息不仅为管理者提供了决策依据,而且也为被管理者提供了行动的推动力。这三种动力在不同的时间、不同的场合起着不同的作用。只有正确使用各种动力才能提高管理水平。①

### (五)效益原则

效益是管理的根本目的,管理就是对效益的不断追求。图书馆管理就是提高办馆效益。图书馆办馆效益包括社会效益和经济效益。社会效益是通过为用户提供知识信息服务从而产生政治、经济、文化、思想等方面的效果。这是图书馆存在的价值取向,但这种社会效益多半是隐性的、长期的,不容易用数字来衡量,可以通过改善服务来提升图书馆的社会效益。经济效益就是要管理者潜心研究如何最合理地使用人力和经费,最充分地发挥馆舍和现代化设备的作用,以有限的经费购买读者所需要的文献资料,用最经济的劳动加工存储文献信息,以最快的速度为读者提供优质服务,从而保证图书馆各种活动的最大效能。

## 二、图书馆管理的意义

### (一)图书馆管理是图书馆发展的需要

一个图书馆少则几十人,多达数百人甚至上千人,其工作内容复杂,程序繁多。面对这样一个系统工作,需要将它的工作环节的每一个单元环节、物资设备和工作人员按照一定的组织法则有序地装配在一个系统的链条上,加以调节,合理运作,统一指挥,否则,图书馆无法达成其方针任务。

随着人类社会的进步和科学文化的发展,图书馆的数量不断增多,类型不断增加,同用户的联系更加广泛。这说明图书馆已不是孤立的单个的存在,而是一个社会化的有机整体,因此,需要通过管理密切图书馆与图书馆之间、图书馆与用户之间的联系。

图书馆事业是由各种不同类型的图书馆组成的。要使具有全国规模的图书馆事业布局合理,使之协调而又有计划地发展,必须对全国图书馆事业实行科学有效的管理,以便把丰富的文献信息资源当作全社会的共同财富,有效地加以开发和利用。

### (二)图书馆管理是信息服务和用户需求的需要

科学技术的快速发展、世界文献量的急剧增加、信息污染日益严重,给承担文献信息收集、整理社会职能的图书馆提出了更高的要求:一方面要

①张立,李苹.图书馆管理学[M].成都:电子科技大学出版社,2017.

对数量庞大内容复杂、载体多样的文献信息进行准确的采选、迅速地加工、科学的管理;另一方面要采用各种方式和途径,迅速、准确地将知识信息提供给需求多样的不同用户。为此,应对图书馆工作进行合理的安排,对馆员进行不断的培训,对社会信息资源和社会需求进行调研和预测,对用户进行大量的组织工作,这就是图书馆管理所肩负的重任。

**(三)图书馆管理是图书馆现代化的基础**

随着信息技术的迅速发展和在图书馆中的广泛应用,现代图书馆的主要特点为馆藏多样化、工作标准化、技术自动化、储存数字化、服务网络化、组织管理科学化等。计算机等现代技术装备和应用要靠严密的组织、规范化的操作程序和严谨的组织体系才能正常运行,充分发挥其作用。由此可见,科学管理不仅是现代化的重要内容和条件,而且是实现图书馆现代化的基本保证。

## 第三节 图书馆管理的内容和方法

### 一、图书馆管理的内容

图书馆管理是通过决策、计划、组织、控制、协调实现的。各环节之间不是相互割裂的,而是相互联系、相互制约,共同作用于管理运动的全过程,形成了图书馆管理的特定内容。

**(一)决策**

任何图书馆系统及其所属的子系统的管理过程都离不开正确的决策。图书馆系统的决策主要包括图书馆发展方针、政策、战略方面的决策;各项业务工作的决策,如采集文献品种与复本数量的决策、分类法的选择、馆藏划分最优方案的选择、排架方式的选择、开架与闭架方式的选择等;人事方面的决策,包括人员智力结构的确定、人员更新与培训的方式、奖惩制度的制订等;财务、设备方面的决策,包括经费预算及其合理分配,设备、用品的选择等。正确的决策来源于正确的判断,正确的判断来源于周密细致的调查研究。因此,深入调查研究是决策过程中避免失误和少犯错误的重要一环。

### （二）计划

计划是管理过程中的一个十分重要的因素。计划是一种预测未来、确定目标、决定政策、选择方案的连续过程，是图书馆各项活动的指针，图书馆系统的各方面决策都是要通过计划去实现的。

图书馆计划包括两个基本方面：国家图书馆事业发展计划和个体图书馆的发展计划。

国家图书馆事业发展计划应包括：①图书馆事业总体规划，规定图书馆发展的总量与速度，确定重点与比例，平衡各类型图书馆的建设和布局；②图书馆网的发展计划，规定图书馆网的组织形式及其结构；③专业人员的培养计划，包括正规的学校教育、职业技术教育、函授教育、在职教育等多层次教育形式；④科学研究与协调发展计划，包括基础理论研究、重要科研项目、技术设备和服务手段以及引进技术与大型协作计划等。

个体图书馆的计划有长期计划与短期计划、全馆计划与各个业务部门的计划、本馆的整体发展规划与各局部的发展计划等。

计划是由定额、指标、平衡表三部分组成的。各项定额是发展计划的基础，计划的内容和任务则体现在指标上，计划就是综合平衡，平衡表是基本手段和工具。国家图书馆事业发展计划是各分项计划的集合，一个馆的总体计划是本馆内各个部门计划的集合。在制定各项计划时，应明确该项计划的主要任务及其在总体规划中的地位和作用，认真选取衡量该项计划发展水平的主要指标，确定发展的规模和发展速度，突出发展重点，规定适当比例，注意各项计划之间的协调。应当指出，在编制图书馆计划时，必须通过统计工作收集可靠的数据指标并根据各项相关的指标谋求最佳的发展方案。

### （三）组织

组织指对活动所需的资源加以组合、建立组织的活动与职权间的关系的过程。组织是发挥管理职能、实现管理目标、完成计划的保证。组织工作是一个分工的行为，同时又是一个组织各方进行协作的行为。组织工作还包括人事工作，亦称人员配备，即为组织的工作过程中设置的工作岗位配备合适的职工人选。因此，在图书馆管理系统中必须要有健全的组织机构，明确各个工作岗位的职责，确立各级人员之间的相互关系，做到职责分明、权责结合。只有这样才能实现管理过程中的各项决策和各项计划。

### （四）领导

领导影响人们为实现组织的目标而努力，包括激励、领导的方式方法、沟通等问题。图书馆要建立合理的领导层的群体结构，注意选拔主导型人才，重视领导者群体的智力结构，加强领导者之间的团结协作。图书馆的领导者应当注意在正确运用合法权利、奖励权利、强制权利之外，学习和掌握图书馆专业知识和管理知识，不断完善本人各方面的素质，增强自己的专家权力和个人影响力。要重视对领导艺术的学习与实践，包括授权艺术、决策艺术、会议艺术、用人艺术、奖励艺术等。

### （五）控制

按既定的工作计划、标准去衡量各项工作成果并纠正偏差，使工作按计划的方向进行。所以，控制不仅是对现有工作成果进行评定，更重要的是认识和判断工作发展的趋势并为改进工作提供信息反馈。可以说，没有良好的信息反馈，图书馆就无法对自己的各项工作进行有效的控制。这是因为控制的功能是通过输入、中间转换、输出、反馈四个环节实现的。输入包括两个方面，一是物流的输入（包括人、资金、设备、物资、文献等）；二是信息流的输入（包括各种决策、计划、规章制度等）。中间转换包括物流、信息流在图书馆各层次系统中的实际运动过程。输出包括品种、数量、成本等各种指标。反馈即将输出信息回收到输入端，与原给定物流、信息流进行比较，发现差异，查明原因，干预以消除。这样就达到了控制的目的。反馈是控制中最重要的一环，反馈的信息有真假之分，必须对反馈的信息进行去伪存真的分析，以便对图书馆系统的各个工作环节进行有效的控制，保证图书馆均衡地完成工作计划，取得最佳的服务效果。

### （六）协调

协调是管理过程中不可缺少的环节，它可以使图书馆事业的建设或一个图书馆的各项工作趋向和谐，避免矛盾和脱节现象。图书馆的协调从微观角度来看指的是图书馆内部纵向和横向的协调。纵向协调就是要保持图书馆各层次子系统的上下平衡；横向协调就是要保持图书馆系统各层次彼此之间的协作，以避免各个工作环节和各个部门之间发生脱节或失调现象。图书馆的协调从宏观角度来看是指与图书馆外部的协调。这种馆际之间的协调也分为纵向层次的协调和横向层次的协调。纵向层次的协调指的是本系统图书馆从上至下的协调;横向层次的协调指的是本图书馆系统方针、任务与其他图书馆系统的协调。如省级图书馆属于公共图书馆系统,除了要与整个公共图书馆系统协调外,还要同高等学校图书馆系统、科学图书馆系统及其他图书馆系统进行横向协调,使各个图书馆系统紧密联系、均衡发展,从而充分发挥各种类型图书馆的功能,为广大用户服务。

## 二、图书馆管理的方法

图书馆管理方式、方法就是图书馆机构行使管理职能和实现管理目标的手段、措施与途径的总称。图书馆管理活动的各个层次、各个过程、各个环节都有与之相配套的方法。每种方法在管理活动中有各自的地位、作用和特点。同时,每一种方法都存在着局限性。因此,综合运用各种方式、方法使之互相补充、相辅相成是管理工作必须把握的关键。现代图书馆管理的方式很多,主要有计划管理、规章制度、岗位责任制、目标管理、馆长负责制、图书馆统计等。①

### (一)计划管理

图书馆计划管理的核心内容是图书馆计划。从制订计划到实施计划再到检查计划的执行情况并据此进行调整,直到最后实现计划的预期目标,这是实行计划管理的全过程。实施计划管理的前提是编制切实可行的工作计划。图书馆计划的编制需要遵循科学、客观、灵活、统筹等原则。一般来说,编制计划需要经过四个步骤:①现状调查,提出设想;②获取信息,回溯分析;③预测未来,确定目标;④制订方案,择优决策。

图书馆制订计划、做出决策之后,只有通过执行计划才能将所确定的计划指标转化为工作成果,以实现既定的目标。计划的执行需要做到如下几点:分解计划指标,合理分工,明确职责,反馈控制,协调一致,及时总结。计划——实践——总结——再计划——再实践——再总结……周而复始,不断提高,不断发展。

### (二)制度管理

图书馆规章制度是指图书馆工作人员或用户必须遵守的工作条例、章

①李良艳,陈俊霖,孙杏花.现代图书馆管理理论研究[M].北京:中国商务出版社,2019.

程、规则、细则和办法。它是实行科学管理有效的依据和准则，是整个图书馆工作正常而有秩序进行的保证。

各类型图书馆特别是工作内容比较复杂的大型图书馆，必须建立一套严密的、科学的规章制度。建立规章制度时需要考虑四个方面的关系。①图书馆与用户的关系：既要以方便用户使用为出发点，又要建立在管理科学化的基础上。②用户与用户的关系：制定规章制度时要体现在保证重点用户需要的前提下满足一般用户的文献信息需求。③利用馆藏文献与保管文献的关系：图书馆的各种规章制定应当从便于用户利用馆藏文献出发，但同时也要考虑保护图书馆财产的完整。④图书馆内部各部门的关系：图书馆应当建立一整套的规章制度，包括行政方面的，也应该包括业务方面的。行政方面的规章制度主要有组织管理制度、岗位责任制、人员管理制度、业务技术职称的评聘制度、经费的管理与使用制度、行政管理制度、安全保卫制度、统计制度。业务方面的制度主要有文献资料的人藏制度、文献资料的分类规则、文献编目规则、目录组织规则、文献借阅规则、书库管理制度、自动化工作管理制度等。

### （三）计划管理岗位责任制

岗位责任制是以规章制度的形式明确规定每个工作人员的岗位以及应该达到的基本要求和应负的责任，还要据此进行考核和奖惩。其核心内容有如下几项：①科学设定岗位，明确岗位工作范围；②明确各岗位的责任和具体任务；③规定每项工作数量、质量和时限的标准；④规定各岗位人员处理问题的权限；⑤规范各岗位人员的职业道德；⑥规定严格的赏罚。

### （四）目标管理

目标管理是一种系统，在该系统中，下属和上级共同确定具体的绩效目标，定期检查完成目标的进展情况并根据这种进展给予奖励。它是以重视成果的思想为指导，共同确定一定时期的总目标，通过层层分解、自我控制、自我管理手段来达到目标的一种管理方法。

目标管理的含义应包括六个基本要素：①以重视结果的思想为指导；②主管人员与下属人员共同确定该组织一定时期的目标；③将其共同目标进行分解，落实到各个部门及个人；④根据预期个人将达到的目标明确个人的责任范围；⑤每个人围绕目标自觉工作、自我控制、自主管理；⑥依据预定目标对达到的成果进行检查和评价。

图书馆目标管理是运用目标管理方法来开展图书馆各项管理活动。它包括以下几个环节：①制定总目标；②层层分解目标；③制定落实措施；④安排人力和物力；⑤实施和控制；⑥效果评定。

相对于岗位责任制而言，目标管理更适用于图书馆的工作性质和工作特点，更能体现图书馆目标的整体性，更能充分发挥人的自觉性和创造力，能更好地促进馆员业务素质的提高。因此，目标管理成为我国图书馆的一种重要的管理方法。

## 第四节 图书馆工作组织管理及管理模式

### 一、工作组织管理

#### （一）业务机构的设置

图书馆业务工作是一种工序很多、前后衔接、连续性强的工作。把图书馆业务工作的许多工序合理地组织起来并设置一些业务机构把它统管起来，是搞好图书馆工作的一个重要条件。

图书馆需要设立哪些业务机构一般没有统一的标准和规定。各图书馆应根据自己的任务、馆藏、人员、设备等因素统一考虑、统筹安排。

业务机构设置首先应该有利于管理，各部门之间既有明确的分工，体现各个部门的工作范围、职责，又便于相应的协作，互相补充，发挥整体的作用，机构的上下之间分级管理能充分调动全馆工作人员的积极性。要把那些性质相近的工序组织在一起，减少往返传递，避免重复劳动，节省人力和时间，提高各项工作的速度和质量。

一般来说，工序是图书馆设置业务部门的主要依据。按工序设置业务部门有利于组织业务工作，便于业务部门之间的互相联系。一般来说，传统的图书馆通常设立下列部门。

1.采编部门

主要负责文献资料的采访、征集、验收、登录及注销；文献资料的分类、编目和主题标引；文献采购的协调和馆际交换；编制新书通报等。

2.外借阅览部门

主要负责用户登记、发放借书证件；办理馆藏文献的外借和阅览；管理并指导用户使用目录；宣传推荐文献，指导用户阅读；帮助用户复印复制资料等。

3.参考咨询部门

主要负责编制各种专题书目索引；指导用户使用书目索引、文摘、题录及其他各种工具书；解答用户咨询等。

4.文献典藏部门

主要负责基本书库和保存本书库的组织管理；办理文献的出库和归架；做好文献保护工作。

5.业务研究辅导部门

主要负责本地区、本系统图书馆的业务辅导工作；组织本地区、本系统图书馆工作经验的交流和图书馆业务的研究；收集、整理并保管图书馆学专业文献资料；有些图书馆业务研究辅导部门还负责办理本地区中心图书馆委员会和图书馆学会的日常工作。

6.特藏部门

负责珍本、善本文献和其他特藏资料的管理和流通。

7.自动化部门

负责本馆自动化管理系统的开发、管理与维护工作。

由于影响图书馆业务机构设置的因素很多，所以各个图书馆的机构设置并不是完全一致的。规模较大的图书馆可以分别设立采访部和编目部。规模较小的图书馆经常把采访与编目合并，设立采编部；把阅览与典藏合并，设立典阅部；把参考咨询合并到阅览部，不另立参考咨询部。我国的省、市公共图书馆普遍设立业务研究辅导部；有些大型的科学图书馆也设立了业务研究辅导部。有些大型图书馆按出版物类型把图书与期刊分开，单独设立期刊部；有些科学和高等院校图书馆按学科设置业务部门；也有许多图书馆采取先按工序，再按语种组织业务工作，采访部下面分设中文采访组和外文采访组；编目部下面分设中文编目组和外文编目组；典藏部下面分设中文书库和外文书库。有的图书馆为便于对不同类型文献的搜集、整理和利用，专设了古籍或地方文献部门，形成了一个从采访、典藏到流通的独立系统。为了加强信息服务工作，有些图书馆设立了信息服务部。

以上这些业务部门，依据图书馆规模的大小，可以称部，也可以称组，但部和组的工作性质和范围是相同的。

图书馆的全部业务工作是由上述各个业务部门分别完成的。各个业务部门既有明确分工和职责范围，又是相互联系的。在图书馆的全部业务工作中，用户服务工作是其中最重要的工作，文献搜集、馆藏管理、文献保管等各项工作都应以方便用户利用文献作为出发点。因此，图书馆业务机构都应以用户工作为中心来组建，抓住了这一点，业务机构的设置就有了明确的方向。①

在虚拟环境下，图书馆的工作环节和程序将发生变化，相应的传统图书馆职能部门，如采购、典藏、服务等部门的职能将扩展，可按任务组成信息理集部、信息转换部、数据描述部、数字化服务部、技术支持部等部门。为适应市场经济对图书馆的要求，有些图书馆还设立了文献开发部门，负责创收与开发工作。当然，传统型出版物的典藏、服务部门等还将继续存在。

### （二）规章制度的设立

1.建立图书馆规章制度的意义

图书馆规章制度是指图书馆工作人员或用户必须遵守的工作条例、章程、规则、细则和办法。它是图书馆实行科学有效管理的依据和准绳，是整个图书馆工作正常而有秩序进行的保证。

各种类型的图书馆，特别是工作内容比较复杂的大型图书馆，必须建立一套严密的、科学的规章制度。一个图书馆工作效益的大小、工作秩序的好坏都与是否认真建立或严格执行各种规章制度有着直接关系。

严密的、科学的规章制度不仅要正确地反映图书馆业务工作和技术操作的特点和规律，成为进行业务技术工作的准绳，而且要正确地解决图书馆内各个部门、各个工序和各个环节的业务技术问题、工作人员之间的关系问题以及图书馆与用户、一部分用户与另一部分用户之间的关系问题。

严密的、科学的规章制度应体现出人们在实践中积累起来的成功经验，也可以说是经验的法定化、条例化、规范化。它应当揭示出图书馆提倡什么、反对什么、约束什么，使图书馆的管理者和使用者都按照规章制

①师美然，张颖，张雯. 图书馆创新与现代管理研究[M]. 长春：吉林人民出版社，2019.

度办事,保证工作正常有秩序地进行下去。图书馆规章制度是图书馆工作实践经验的总结和概括,但随着图书馆工作的开展和人们认识的深化,它并不是一成不变的。人们应当根据客观情况的变化及时地检查规章制度,发现确实有不合理的或者是有弊病的,就得坚决地加以改革。在改革规章制度时,要严格划分合理的制度与不合理的制度、正确的制度与错误的制度、必要的制度与"清规戒律"之间的界限。图书馆业务工作具有很强的积累性、持续性和连锁性,尤其是属于业务操作技术方面的规章制度更要保持最大限度的稳定性和规格化,应尽量减少和避免不是十分必要的变动。对于必须要改的规章制度,破了必须要立,最好是先立后破、边立边破,以防青黄不接、难以为继,使工作发生混乱。

2.图书馆规章制度的建立和执行

图书馆在建立规章制度的时候一定要严肃认真,本着"凡事慎于始"的精神,力求新订的规章制度符合实际,科学严密。建立规章制度时需要考虑以下四方面的关系。

(1)图书馆与用户的关系

图书馆制定各种规章制度既要以便利用户为出发点,又要建立在管理科学化的基础上,两者必须统一起来。所谓对用户的便利,是指对全体用户的便利,不能是便利一部分用户而妨碍了另一部分用户。而且,这种便利是长远的便利。因此,需要以科学有效的管理来保证。

(2)用户与用户的关系

制定规章制度时要体现在保证重点用户需要的前提下满足一般用户文献信息需求的原则。从整体上看,图书馆要保护多数用户的利益。例如,图书馆为了严防丢失损坏文献资料而订立的某些制度,目的就是要保护全体用户的共同利益。

(3)利用馆藏文献与保管文献的关系

图书馆的各种规章制度应当从方便用户利用馆藏文献出发,但同时也要考虑到保护图书馆财产的完整。利用文献是图书馆工作的目的,保管文献是为了更好地利用馆藏。图书馆工作人员应从健全规章制度和掌握规章制度方面来调整利用馆藏文献与保管文献的关系。在一般情况下,图书馆的馆藏以满足借阅为主,但在某些情况下,某一种文献或某一类文献,在一定时间内,也可以仅供用户在馆阅览,不能做馆外流通。某些文献只借给科学研究用户,不借给一般用户。这样做是为了保证重点用户的迫切需要,也是从便利用户借阅的角度出发的。

(4)图书馆内部各部门的关系

图书馆内部各部门的工作是个有机的整体。只有保持各项工作的平衡,图书馆工作才能保证正常开展,否则就会形成工作被动甚至混乱。全馆工作的平衡主要指的是文献资料的收集、整理工作与流通推广工作之间要保持平衡。应加强收集、整理、典藏等基础工作,为流通推广工作创造更为有利的条件。建立、健全严密科学的规章制度既是图书馆管理工作中的重要环节,又是一种极为重要的管理手段。凡所制定的各种规章制度,一旦批准生效,就应当坚决执行。图书馆的全体工作人员和全体用户都有权监督和保证规章制度的执行。为了保证各种规章制度的贯彻执行,还要建立监督检查制度,把贯彻执行规章制度与干部考核、奖惩工作结合起来。

3.图书馆规章制度的内容

图书馆应当有一套既包括行政工作方面的也包括业务工作方面的制度。行政工作方面的制度主要是组织管理制度。它是图书馆开展工作的总纲领,应该对本馆的性质、方针、任务、领导分工、业务工作、会议、学习等问题做出明确的规定。其中,业务工作方面的制度最基本的有以下几种。

(1)文献采集工作制度

包括文献采集的标准和办法及文献采集工作细则。在文献采集的标准和办法中,必须明确规定采集原则、收藏范围、复本标准、采集计划、文献经费使用方法、审批手续和订购办法等。文献采集工作细则是采访人员进行工作的具体守则,它的内容包括采集工作过程的操作技术、质量要求及有关的注意事项,例如文献及用户需求的调查研究、补充、交换、登记、盖章、移交、注销和文献统计分析等工作的细则。

(2)编目工作制度

它包括编目工作细则、文献分类规则、文献著录条例、目录组织规则等。编目工作细则是对编目工作的总规定,它指出编目工作的整个流程、方法依据、操作技术和质量要求等。由于编目的对象既有图书、期刊、报纸,又有音像资料、计算机文档等,它们的工作流程、方法依据以及操作技术等多少有些不同,所以也应分别加以规定。文献分类规则的内容主要是对分类法的选择和增删以及对文献进行辨类和归类方法的一些规定。因为文献分类规则牵涉到分类目录组织和文献的分类排架等问题,所以制定时应充分考虑本馆的专业特点、馆藏文献成分和用户需要等情况。文献著录条例是关于各种类型文献著录方法的规定。目录组织规则包括对目录体系和目录组织办法的规定。

(3)借阅工作制度

包括用户借阅规则、阅览工作组织。用户借阅规则主要是面向用户的。用户借阅规则,又可分为用户登记、借书证和阅览证的发放原则和办法、借阅办法、阅览室规则、文献复制规则、赔偿规定等。阅览工作细则除对用户提出一些守则性的要求外,还要明确馆员如何接待用户和如何保管文献,规定服务范围、对象、标准等。

(4)书库管理规则

包括保存本书库、基藏书库、辅助书库及特藏书库的划分和管理。书库管理规则要对文献排架、出入库登记、馆藏文献动态统计、书刊出纳人员的职责、文献装订修补、剔旧、安全防范、清点等工作做出明确具体的规定。

(5)自动化工作管理规则

包括机房管理、数据保存、访问权限、数据安全、设备更新等方面的规定。

除上述几种规章制度外,为了加强图书馆的管理,还必须制定其他一些必要的规章制度,如经费使用和管理条例、设备管理和维修条例、岗位责任制和奖惩条例等。

所有这些规章制度都不是孤立地制定的。在这套规章制度中,既要对馆员和用户提出明确要求,也要对馆藏文献资料做出一些保护性的规定;既要注意处理与馆外有关方面的关系,也要注意处理馆内各部门之间的关系,还要注意规章制度的整体与部分之间、一项制度与另一项制度之间、同一制度的一条规则与另一条规则之间的前后呼应、互相衔接。

## 二、图书馆管理的模式

### (一)资源管理模式

图书馆资源管理模式可归纳为以下几种,图书馆可根据自身的发展目标、本馆的特点加以选择或组合。

1.“小而全”模式

指图书馆的整体规模(如藏书、建筑)等维持目前的动态平衡,但其服务手段和服务能力需要不断地加强,达到齐备完全的程度。对于小型图书馆,要保证配套设施的新颖性和全面性,力争与国内的同行业保持同步,这样才能保证图书馆网络化、自动化、数字化工作的顺利开展,以准、快、精、全的服务质量树立图书馆的新形象。采取“小而全”模式的图书馆,应在检索手段、服务手段和网络设施等硬件建设上加大投资力度、给图书馆的“软”工作创造一个扎实的“硬”环境。

2.“专而深”模式

现代意义上的图书馆不再是文献资料的收藏中心,必须要在如何充分利用现有的文献信息资源上下功夫。考虑到文献数量剧增、文献价格上涨、购书经费减少、服务对象的特殊性以及文化环境的独特性等因素,采取“专而深”模式的图书馆,其文献收藏要求求专舍全、求深舍广。收藏重点应放在本馆读者最常用的文献资料上,做到收藏有重点、服务有特色。

专而深的特色资源作为全球虚拟图书馆最基本的组成部分发挥着极其重要的作用。这些来自某个区域的各个分支信息,在网络上汇集成一个完整的虚拟图书馆,给人们提供全面而系统的服务。在新技术对传统图书馆的强烈冲击下,建立专而深的图书馆模式已经成为人们考虑的一种新的管理模式。

3.网络化模式

在信息飞速增长的今天,再大的图书馆也无法包罗万象、全面收藏。因此,现代图书馆如果不借用外力去充分利用已有的劳动成果、开展馆际协作、实现资源共享,那它的路将越走越窄,服务只能越来越被动,逐渐被读者遗忘。信息化程度的提高和电子网络的建立使馆际交流与协作变得容易而频繁。从文献采访到文献查重,从集中编目到联合编目,从目录检索到全文信息检索,从馆际互借到资源共享,图书馆的基本业务都可以通过网络来实现。

现代图书馆的管理就应有这种合作意识,大胆冲破“围墙”界线,将其业务活动的领域逐渐向馆外延伸,与其他图书馆或信息服务机构协作,成为图书馆网络中的一员。大胆树立“大图书馆”的意识,在进行本馆业务发展规划时，把自己的业务活动与整个网络系统联系起来。

4.信息导航模式

知识海洋浩瀚无边，蕴藏着取之不尽的信息宝藏，要从中找到适合自己的信息犹如大海捞针，更何况现代生活具有高效益和快节奏的特点，这使得人们难以把更多的时间和精力放在查找文献信息上。图书馆是文献信息的服务中心，图书馆员必须在信息社会中扮演并担负起“信息导航者”的角色，辅导读者合理利用所需文献，合理地重组或开发第二、第三信息资源，避免重复劳动，理顺工作流程。这可以从两方面着手考虑：一是全面开展参考咨询工作，如开展综述、述评、文摘信息、简报参考、定期服务、定题服务、开发专题文献数据库等工作；二是提高素质，当好因特网上的导航者，引导读者正确地检索信息，捕获具有研究参考价值的文献。

**（二）组织机构模式**

在现代与民主、自由与创新的管理趋势下，不同类型的图书馆可根据自身的具体情况采用适合本身特点的管理模式。图书馆组织机构的管理模式可以有以人为本的价值导向、以柔克刚的管理理念、有机弹性的组织结构、系统化的管理手段与方法、和谐一致的人际关系和文化氛围。

1.柔性化管理模式

组织机构是图书馆管理活动及其他活动有序化的支撑体系。传统的组织理论强调结构稳定、组织内部等级森严、层次间界限分明，往往会形成缺乏沟通、办事刻板的组织，这样的组织是无法适应多变环境的。柔性管理不再把组织结构看成是一个刚性的东西，而是把它看作柔性的、有适应性、有学习能力的有机体。很显然，柔性化的组织强化了部门间、人际交流合作，为图书馆的发展创造出了一个和谐融洽的内外环境，营造出了一种全新的文化氛围，为每个人的思想发挥提供了充分的条件和空间。

2.扁平化管理模式

扁平化是对“金字塔”式的层级管理模式的创新，其组织形态由传统的塔形结构向扁平型转变。组织结构扁平化取消了中层管理环节，既节省了一批人力资源，又使信息沟通与决策方式得到改善，客观上促进了领导与下属之间的交流与协商。扁平化管理提倡团队精神，虽然图书馆员根据工作需要经常流动，岗位不断变化，但责任依然明确。随着信息传递方式由阶层（等级）型变为水平（自由）型，与此紧密相关的图书馆管理组织结构也将从尖顶的“金字塔”形向扁平的矩形网络转变。一些中层组织将被削弱或走向消亡。那种分工过细、相互割裂的管理组织已不适应发展的需要。把相互关联的管理组织加以整合成了大势所趋。临时性的、以任务为导向的团队组织将取代原有结构中固定的和正式的组织。这种柔性的、灵活的虚拟组织已成为图书馆组织管理的重要形式。

3.虚拟化管理模式

虚拟化是指通过借用外部共同的信息网络及通道提高信息数据存储的一种方法。引用到组织管理中是指协同外部力量、整合外部资源的一种策略。沿海城市图书馆与内地图书馆，高校图书馆与公共图书馆，省级图书馆与市、县级图书馆，它们之间现代化的程度存在着很大差异，发展水平也极不平衡，甚至出现了“两极分化”现象。因此，寻求一种能够解决现阶段乃至今后我国图书馆事业发展的管理策略就显得十分必要。虚拟化管理模式所追求的目标是突破组织自身的有形界限，达到全方位借用外力的效果，以期取长补短、协同发展，各合作方达到“共赢”的效果。

### （三）运行机制

1.保障机制

作为公共文化服务的基本设施，图书馆首先应以国家投入为主，吸收社会各方面的力量，保证图书馆事业有稳定乃至逐步增长的资金来源，建立起图书馆事业的资源保障机制；其次，图书馆的各级行政主管部门应制定图书馆事业发展的方针、政策及规划，发挥导向作用，建立起图书馆事业的政策保障机制。

2.协调机制

图书馆的各级行政主管部门有责任协调好图书馆的内、外部关系，为图书馆的事业发展提供良好的环境。其内容主要包括协调好图书馆与政府的关系，争取各级政府及其职能部门对图书馆事业的重视和支持。协调好各系统与图书馆之间的关系，形成一体化的图书馆服务网络。协调好图书馆与读者及社会各界的关系，增强全社会的图书馆意识。

3.规范机制

首先，图书馆行政主管部门应就图书馆的办馆条件（如藏书人员、经费、建筑设备等）所应达到的底限做出明确规定；其次，各级主管部门应对图书馆的活动和效益情况发挥监督与控制作用；此外，还要制定完备的技术标准并监督其实施与执行。

4.激励机制

理顺行政主管部门与图书馆之间的责任和利益关系,利用一切可能的手段和方式,调动广大图书馆员的工作积极性,努力提高图书馆员的业务水平和服务效益。制定有效的激励机制是搞活图书馆的关键。

**(四)体制模式**

目前,图书馆的体制模式也出现了新的多样化态势。具体有以下几种模式。

1.理事会模式

由图书馆利益相关者组成图书馆理事会行使最高决策权,类似于现代公司中的董事会。聘请馆长行使日常事务管理权,其角色类似于公司中的总经理。在两者之外,聘请相关学者组成专家委员会,负责决策咨询。该模式可供规模影响较大的公共图书馆参考。

2.委托管理模式

原主管部门以正式契约形式将图书馆委托给某公司管理,契约中规定双方的权利义务、损益、分配等,契约规定受托公司有义务履一行些特殊职能,如公共服务。主管部门承诺对这部分业务进行单独拨款、核算和评估。主管部门不干涉图书馆的日常管理,运作按市场机制进行,受国家有关法规制约。

3.“溢出‘模式

“溢出”是指科研机构的研究人员以其创造和拥有的成果创办自己的企业。通过这种方式,研究所产生的成果得以“溢出”到社会,从而增加社会福利。现代信息技术的发展也使得一部分图书馆拥有一些可以“溢出”的科研成果。因而,些图书馆可以考虑采取溢出模式。溢出模式与目前图书馆实行的“一馆两制”有异曲同工之妙,但溢出模式是一种清楚、明了、科学的制度创新,它集成了管理创新和业务创新。

4.严格隶属模式

该模式是指一部分规模较小或与母体机构联系密切的图书馆(如资料室),仍然隶属于原机构,但应在制度规范建设上实施严格的监管。

# 第二章 我国现代图书馆管理体系的建设

## 第一节 我国现代图书馆管理的职能与范畴

### 一、图书馆的社会职能

#### （一）现代图书馆社会职能划分

职能（competency）是指人、事物、机构所应有的作用。从人的职能角度讲，是指一定职位的人完成其职务的能力；从事物的职能看，一般等同于事物的功能。机构的职能一般包括机构所承担的职权、作用等内容。根据这一定义，图书馆的社会职能也就是图书馆在社会生活中承担的责任和所起到的积极作用。1927年成立的国际图书馆协会联合会（简称“国际图联”，International Federation of Library Associations and Institutions—— IFLA）在1975年法国里昂举行的“图书馆职能科学讨论会”上，对图书馆的社会职能做出了总结，将图书馆的社会职能总结为四个方面的内容。①

1.保存文化遗产

人类社会在自身发展的过程，为了适应交流的需要，创造了文字，并将其记载在一定的载体上，形成了文献信息资源。为了方便以后生活中继续利用这些文献，古人将这些文献有目的地进行收集和保存，这样，图书馆就诞生了。所以，图书馆最主要和最古老的一项功能就是收集、整理、加工、管理这些记载了从古至今人类历史的发展和演变的珍贵的文献信息资源。这些代表各个民族文化财富和人类文化典籍的文献包括历史方面的、文学方面的、科学技术方面的等，都是人类智慧的集中体现，正是这些文献资源的保存，才会使人类文明不断前进和发展。当前，图书馆在保存作为人类文化遗产的文献信息资源上面临新的发展和机遇，这主要归因于计

①高雄．现代图书馆管理概论[M]．西安：西安地图出版社，2013.

算机的普及和发展。因为随着人类社会的发展，文献资源的存储量急剧增加，而纸版文献对场地和环境的要求给图书馆带来了极大的负担。好在科学技术的发展使文献载体发生了翻天覆地的变化，磁、光技术的运用，使图书馆的文献信息资源可以无限扩张，读者运用得也更加方便、快捷。

2.开展社会教育

图书馆素有“知识的宝库”“没有围墙的大学”的别称。这主要是因为图书馆拥有为数众多的文献信息资源，这些文献资源作为人类文化科学技术思想的结晶，为读者提供了用以学习的雄厚物质基础

图书馆进行社会教育，还表现在为读者提供了学习场地、学习设备，方便受教育者可以长期地、自由地利用图书馆进行学习等。目前，图书馆的教育方式是以自学为主，这正符合了以“终身教育”为核心的现代教育思想。在“终身学习是21世纪的生存概念”的影响下，越来越多的人在离开校园后仍然进行着自学，这时图书馆的教育优势就充分发挥出来了，成为自学者的首选场所。而对于没有充裕时间到图书馆学习的人来讲，数字图书馆的远程教育功能极好地解决这一问题。通过利用计算机上的互联网络服务，图书馆的教育范围在时间和空间上得到极大延伸，学习的分散性和灵活性也得到增加，更主要的是图书馆丰富的文献信息资源和可以方便获取的服务方式，大大提高了读者自学的主动性和积极性。

此外，在大学图书馆中，图书馆作为高校的基本教育设施，是“学校的第二课堂”，它还直接承担着培养人才的重任。这些都是图书馆在社会教育中扮演重要角色的体现。

3.传递科学技术情报

传递科学技术情报是图书馆的又一主要社会职能。由于当今社会文献信息资源具有生产数量大、增长速度快、社会文献的类型复杂、形式多样和时效性强等特点，使传统的文献信息资源收藏思想“自我中心论”，即强求“你有的我有，你没有的我也要有”的“大而全”思想面临崩溃。馆际交流、合作、资源共享正随着网络技术的蓬勃发展而兴盛起来，成为今后图书馆发展的新方向。

目前，图书馆正以前所未有的传递科学情报的深广范围和快捷速度的形象出现在世人面前。首先，传递的内容由基本信息向原文查阅和传递为主。其次，定题服务、科技查新、学科管员等这些创新型服务，使图书馆科

技情报传递的方式也由被动向主动方向转变。最后,馆际互动的方式由过去封闭、繁琐、简单的互借服务向开放式、网络化、深层服务转化。

4.开发智力资源

智力资源是指在人类文明发展历程中所创造、积累的物化成果精神财富和未被发现和认识的潜在信息。图书馆工作中涉及的智力资源内容包括馆藏文献信息资源和网上相关文献信息资源。传统智力资源开发是指对馆内文献资源进行二次、三次甚至多次加工,使之更适应读者的需求。随着科学技术的发展,图书馆开发智力资源的能力得到了极大发展。

首先,智力资源开发的内容范围扩大。图书馆在原有馆藏文献资源的基础上,依靠计算机网络,使图书馆文献资源实现了开发内容的扩大,不再单纯依靠手头信息进行信息的开发和利用。内容范围上的扩大,让读者不再感觉文献信息资源的匮乏,而是信息资源的膨胀,文献信息资源的储备远远超过人的涉猎范围。

其次,智力资源开发的手段和方法更加现代化和多样化。专业数据库和信息库的建立和使用让读者更加便利地寻找到自己所需要的信息。

最后,服务对象的扩展化。以前,图书馆受自身场所空间上的限制,其服务对象仅限于周边较近的读者群。如果其他地区的读者需要获取该馆的馆藏文献信息资源,多数需要亲自上门查阅,但受网络服务的影响,远方的读者现在可以在异地获得很多与本地读者同样的服务。

除了以上四种基本社会职能外,越来越多的学者认为丰富人类的文化生活也是图书馆的社会职能之一。因为,健康的文化娱乐是人类社会生活中不可缺少的组成部分。图书馆是社会文化生活中心之一,所以,图书馆在丰富人类文化生活中具有很重要的地位和作用。人们不仅可以去图书馆里借阅自己喜爱的图书、报纸、画刊,还可以享受图书馆的文化氛围。图书馆也应有的放矢地开展更多的文化娱乐活动,如向公众提供学术会议、大型展示会、报告会、研究会,甚至音乐会、电影、文艺演出、文化旅游等,丰富图书馆的服务项目、拓展图书馆的服务功能。

### (二)图书馆社会职能的实现

1.改善图书馆的办馆条件,创建舒适的阅览环境

图书馆作为一个特殊的公共场所,要注重以文化氛围来营造良好的阅览环境。一个具有优越人文环境的图书馆,才能更吸引读者前往。所以,

我们发现,很多图书馆都是一个城市或一所大学的标志性建筑。除了富有特色的建筑物外表,馆内设施的齐备和环境幽雅同样重要。名言警句,书画长廊,丰富多彩的宣传、导读,都会让读者产生一种平静、良好的心理效应,使读者的心灵得到净化,产生求知的渴望,使其更好地进入学习的状态。

2.提高馆内文献信息资源质量,建设特色馆藏资源

在激烈竞争的信息和知识经济社会中,人们要生存和成功,就要具有良好的综合素质。而公共图书馆正是培养人们综合素质、开发创新能力的最佳课堂。图书馆是人类文献信息的集散地,理应最大限度地开放教育资源,满足社会成员的学习需求。但图书馆由于资金限制等原因,不可能满足所有读者的信息需求。这时就需要根据图书馆自身建设的特点以及服务对象的特点,有所选择地增加馆藏资源,力图形成自己的馆藏特色。

图书馆还应通过对文献信息资源进行二次、三次以及更多次的加工、整理和科学地分析、指引,最终形成有秩序、有规律的信息流,使读者更方便地利用它们。如:对到馆的文献进行验收、登记、分类、编目、加工,最后调配到各借阅室,以便科学排架,合理流通;对馆外文献信息资源进行搜索、过滤,成为虚拟馆藏,形成更加宽广、快捷的信息通道以及通过现代化的手段如计算机网络技术,使馆藏文献走向数字化。

3.加速信息开发,保证优质服务

图书馆收藏着大量的文献信息资源,积极地开发,广泛地利用这些文献资源是实现图书馆社会职能的重要工作内容。尤其是当前用户的知识信息需求呈现出全方位和综合化、开放性和社会化、集成化和高效率的趋势,使图书馆传统的信息服务方式显得被动、无力,为了能用更方便、快捷的方式取代原有的服务方式,以便为用户提供优质服务,图书馆应加快信息服务建设,使图书馆与整个社会的经济发展、信息交流融为一体,成为知识物化为生产力的桥梁。具体可以从以下几项入手:首先,更加广泛地应用计算机技术,使自动化技术的应用范围继续加大,随时随地满足读者和用户的需求;其次,应用多媒体等技术,提供专业性强、形式多样、来源广泛的知识信息,使信息服务超越时空、地域和对象的限制,更好地满足知识经济社会中读者的信息需求;最后,利用馆员的专业技术,建设研究型图书馆,满足高层次读者需求,使图书馆成为引导社会发展,推动社会

进步的力量。

4.成为社会信息咨询服务的中心

咨询服务就是根据读者和用户的需求，进行信息的传递与共享。在信息社会，人们的生活节奏加快，加之信息膨胀，社会各个阶层都深感自我调节和处理问题的能力减弱，渴望社会咨询机构的协助，特别是在社会转型期，人们的心理承受力处于临界点，更需要关怀协助，而图书馆正是公认的社会咨询中心。图书馆具有的公益性、公共性特点，使其在运用自身深厚的文化力和丰富的信息资源时，占有得天独厚的条件，可以成为社会生活的咨询中心。同时，咨询服务使图书馆工作摆脱传统图书馆静态服务模式而有了新的飞跃。

5.提高馆员的综合素质

图书馆工作是一项专业性、技术性、创造性很强的专门化工作，馆员的思想品质、文化程度和工作能力直接影响着图书馆职能的发挥。因此，馆员应该本着对工作的极大热情和责任时刻注意收集各种信息，关注学术研究的最新发展动态和信息存储、处理手段的前沿信息，应有渊博的知识和丰富的实践经验，深入掌握图书情报理论及相关知识，精通一门或一门以上的专业知识，还应具备一定的计算机知识。另外，由于国际上联系日益密切，用户不仅需要国内信息，还需要国外信息。这样，外语水平也就成为馆员必备的素质。

同时“终身教育”的思想理念也适用于图书馆员，面对如此快速发展的信息社会，馆员必须注意自身知识的更新和完善。图书馆也应为馆员创造更多的学习条件，以满足图书馆在信息社会的发展。

## 二、图书馆的范畴

图书馆管理的范畴是图书馆管理活动中各种要素、关系的普遍联系和全面发展的不同侧面的反映。图书馆系统内部充满着各种矛盾，图书馆管理范畴就是从不同角度反映图书馆系统中各种因素的既对立又统一的辩证关系，它们是图书馆管理的本质和运动规律的不同表现形式，也是各种管理要素和运动过程之间相互作用的“交错点”和“结合部”。这些范畴来源于图书馆管理实践，同时又是对管理科学各种普遍概念的综合和提升，它们随着图书馆管理实践的发展而发展，反过来，又指导着人们的图书馆管理实践。

### （一）主体与客体

管理主体是指具有一定管理能力、拥有相应的权威和责任、从事现实管理活动的人，也就是通常所说的管理者。管理主体具有能动性，创造性、自主性等特性。

图书馆的管理主体通常由两个部分构成：一是根据图书馆既定目标将目标任务分解为各类管理活动、工作任务和负有最终督促完成既定目标责任的人，这类人通常是图书馆的核心人物，或者说是图书馆的高级领导人员，如馆长、副馆长等。二是各方面具体执行诸如计划、组织、协调、控制、经营等管理活动的人，这类人通常是图书馆的骨干人物，如各部门主任。

现实的图书馆管理活动是一种多层次的综合活动，管理主体通常是由许多个人按一定形式组织起来的整体，这种担负管理主体功能的整体就是管理主体系统。从管理主体的不同职能性质来说，管理主体系统是由处于不同职权地位、担负不同管理职能的人组合而成的，一般来说，图书馆管理主体系统由四个部分组成，或者说包括四个子系统，即决策系统、执行系统、监督系统和参谋系统。

管理客体是指进入了管理主体活动领域并能接受管理主体的协调和组织作用、以人为中心的客观对象系统。这一规定概括地表明了管理客体的特性，即客观性、可控性、系统性和对象性。

图书馆内的管理客体范围较大。首先，图书馆的一般成员均是管理的客体，他们执行组织分配的工作任务，遵照一定的运行规则进行工作，以求获得良好的工作成绩。其次，图书馆中的其他资源，如信息资源、物质资源、金融资源、关系资源等均是管理客体，都是管理的收受者，它们在管理的作用下经过特定的技术转换过程就成为良好的产出物。最后，当图书馆向外扩展自己的生存空间时，必定要作用于相关的人、物、信息或其他组织，这些因素也就相应地成为本图书馆管理的客体，只是这类管理客体不一定很确定，经常会变动。

### （二）硬件与软件

一般来说，图书馆管理活动是由两类既相互对立又相互统一的因素所组成的：一类是活动的物质性载体，它具有一定的感性存在形式，具有稳定性、被动性的特点，称为“硬件”。另一类是使物质性载体能够按一定方式组合起来并产生现实活动的精神性因素，它往往不具有固定的感性存在形式，而具有变动性、创造性、主动性等特点，称为“软件”。这里的“硬件”和“软件”都是泛指与图书馆管理活动有关的事物、过程、方法、成果等，具有普遍的意义。

在图书馆管理活动中，硬件和软件相互依存，相互促进，共同作用，谁也离不开谁。一方面，硬件是软件的基础。任何管理都必须具有正式的和相对固定的组织形式，必须有明确的职务、权力和责任的划分，必须有严格的大家都要遵循的规章制度，必须运用各种物质手段来组织和协调人们的活动。图书馆系统也必须有稳定的输入和输出关系，即既有一定的物质、能量和信息输入，又有一定的信息产品和信息服务输出。这些看得见、摸得着的有形事物是图书馆管理赖以存在和进行的物质基础，离开了这些硬件，软件就失去了自身依托的物质外壳，任何方法、手段、指令、程序等都无法显示其功能，图书馆管理也就根本不能存在。另一方面，软件是硬件的灵魂。任何管理如果只有硬件而没有相应的软件，那么，硬件就只能是没有活力的“死东西”'一个图书馆系统，如果只有单纯的组织结构形式，只有一些硬的规章制度，而组织成员缺乏共同的目标、愿望、动机等软件，那么，这样的图书馆是无法进行有效的管理活动的。管理的核心因素是人，而人总是有着自己的需要和追求，有着自己的情感和意志，这些“软件”是图书馆的各种结构和形式等“硬件”的灵魂，它规定着硬件的组成形式，引导着硬件的发展方向。

在图书馆管理活动中，硬件和软件不但相互依存，而且可以相互转化。这种转化包括了硬件的软化和软件的硬化两个方面，它们是和图书馆管理过程紧密联系在一起的。

### （三）利益与责任

利益是标志人的物质和精神需要能否满足以及满足程度的范畴。人们有各种各样的需要，也就有各种各样的利益。人的需要有高低不同的层次，利益也有根本和非根本之别。

责任是一种对自己采取的行为以及行为的社会意义的自觉意识和实践。对于自己责任的自觉意识通常称为责任心或责任感。责任感一般从激发和控制两个方面将自己的行为确定在与自己的地位和职务相适应的范围内。激发行为是对应尽责任的鼓励,控制行为则是对超越责任的限制。

利益与责任在图书馆管理活动中是一对矛盾。首先,二者在方向上相互分离,有时甚至呈现出相互排斥的倾向。利益反映了整个图书馆、图书馆各部门、部门内各小组或馆员的需要,由外向内具有收敛性;而责任则要求整个图书馆、图书馆各部门、部门内各小组或馆员付出(劳动、努力等),是由内向外发出的影响,具有发散性。其次,利益与责任相互包含,表现了二者的一致。任何利益中都包含着责任成分,没有责任的利益是根本无法满足的,也是不存在的;任何责任中也都包含着利益,责任中如果不包含一定的利益,所谓履行责任就没有了动力和基础。图书馆尽管是一个"清水衙门"和公益性的服务机构,但其中或多或少存在一定的利益,因此,图书馆管理活动不应该掩盖责任中存在利益的问题,而应该使馆内各组织和全体馆员认识到这一点,这有利于调动他们对工作认真负责的积极性。最后,利益和责任能够相互转化。利益在实现的过程中必然转化为责任,不尽责任,就没法也不能取得利益;而责任在履行的过程中也必然转化为利益,这是尽责任应得的报酬。图书馆管理者在管理实践中的两个基本任务就是:一方面,将个人的、小组的、部门的或整个图书馆的利益获得过程设计为履行各自职责的过程;另一方面,把履行职责的结果同个人、小组、部门或整个图书馆的利益结合起来。

**(四)集权与分权**

集权与分权是表征管理职权在管理空间中的分布状态和运动方向的范畴。

集权既指管理活动中的集中统一指挥,又指权力向上层逐步收缩的过程。从职权在管理空间中分布的状态来说,集权意味着主要的管理职权(如决策权、人事权、财政权、奖惩权等)集中于高层领导,特别是最高领导层,而中下层只有处理例行的日常事务和工作的权力,而且,即使是这些权力的执行也必须处于上级的有效控制之中。从职权的运动方向来说,它意味着下级某些权力被缩小乃至取消,并向上级组织或专门机构集中,这种集权化的运动方向是由下向上逐步收敛的。

集权一般有两种途径:一是规定限制下级组织或非专门组织裁决问题范围的一般标准。即规定它们该管哪些事,不该管哪些事;哪些事可以自己做主,哪些事必须报上级批准。二是撤销下级组织或专门组织的实际决策职能来集中决策职能。这种方式在某些特殊情况下会采用。比如,某图书馆的购书经费很充足,但藏书结构多年来一直不合理,于是由馆长或一名副馆长亲自指挥采购部的工作。

分权就是分散权力,即上级部门将某些问题的决策权移交给下级部门。从职权在管理空间中分布的状态来说,就是中下层各级管理人员拥有某些问题的决策权,高层领导只保留重大问题的决策权和在政策、目标、任务方面的必要控制权。从职权运动的方向来说,它意味着下级部门自主性和独立性的加强,许多职权从上级向下级分散,这种分权化的趋势是自上而下逐步发散的。

在图书馆管理活动中,集权与分权是辩证的统一。首先,集权和分权各有利弊,因此必须互相补充。在图书馆管理过程中,关键是要把握好集权和分权的度。过度集权,什么都管,不仅上级决策的正确性不能保证,还会扼杀下级工作的积极性和主动性;过度分权,什么事情都撒手不管,则可能使上级对下级失去控制。其次,集权与分权在一定条件下互相转化。这种转化一般有两种形式:一种是被动地转化,即在过度集权或过度分权的管理阻碍图书馆各项业务活动发展的情况下,由过度集权向分权或由过度分权向集权转化。另一种是主动地转化,即在问题出现之前就注意调整集权和分权的关系,在动态中把握二者变化的度,及时消除偶尔出现的过度集权或过度分权现象。

### (五)有序与无序

有序与无序是标志组织协调程度的矛盾范畴。有序是指管理系统的各个要素之间相互联系、相互作用和相互转化中有规则的、有秩序的状态和运动趋势;无序是指这种联系、作用和转化中无规则、无秩序的状态和运动趋势。

图书馆系统中的有序和无序标志着管理组织的协调程度,这种协调程度是管理主体有意识地自觉活动的结果。

图书馆系统的各种要素并不能自发地形成具有管理功能的组织。要形成组织,就必须通过自觉的组织活动,把各种相互之间无规则、无秩序的要素(主要是人)在一个统一目标、统一行为规范和统一结构形式中组合起来,这种组合也就是把各个要素由无序状态转变为具有一定规则和秩序的有序状态。有序是图书馆系统的一个本质特征。图书馆就是通过设立共同目标来协调馆员各不相同的无秩序的目标;通过明确的责、权、利的规定来协调各个部门和馆员之间不确定的相互作用方式;通过规章制度来协调馆员无规则的行为;通过有效的管理工作来协调复杂多变的人际关系和不同的心理情感。这样,图书馆中各个部分之间就能够按照规范准则统一意志,按照共同目标统一方向,按照规章制度统一行动,整个图书馆呈现出有规则、有秩序的状态,这即是有序性。因此,图书馆就是通过有意识的主动管理行为,使无序的因素组织成有序的系统。从这个意义上说,图书馆管理就是通过协调来达到有序结构的实践活动。

图书馆系统中的有序和无序还标志着管理运动程序化的程度,这种程序化是管理过程各种机制和职能有机联系和转化的结果。一个相对完整的管理进程是以决策为中心,包含了计划、组织、领导、控制和评价等一系列阶段的职能和过程的统一体,这些职能和过程相互有机联系和转化,形成了图书馆管理运动的一定程序。这个程序规定了图书馆系统在达到目标的过程中所应该遵循的行为步骤和秩序,使管理运动的整个过程表现出一种在时间进程中的规则和秩序,这就是管理过程的有序化。一个有序的图书馆管理过程必然表现为各种管理活动瞻前顾后、井井有条。当上一阶段尚未完成,条件尚未具备时,不轻易进行下一阶段的工作;而当条件具备时,又不失时机地把管理过程推移到新的阶段,做到管理过程间断性与连续性的辩证统一。在每一阶段中善于抓住重点,顾及全面,突破难关,带动其他;而当内外环境发生变化时,又能适时地转移工作重心,整个管理过程呈现出主次适宜、轻重得当,有节奏、有规律地向前推进,做到管理过程起伏性和前进性的辩证统一,这就是图书馆管理运动的程序化。

然而,图书馆管理运动又具有非程序化的一面,即存在着管理过程的无序。这种无序同样有两种情况:一种是由于外界环境和图书馆系统内部各种关系的随机变化,使原来固定的程序不得不被打破,出现错位、扰动甚至颠倒的情况。例如,在开始实施图书馆计划之后,发现计划与客观实际严重不符,或者客观情况已经发生了重大变化,这就必须停止原计划的执行,重新返回到修改或重新制定计划的阶段。这就是要求保持管理过程的良性无序,这种无序即是灵活性,是任何成功的图书馆管理运动所必须具有的性质。另一种管理过程的无序就大不一样。这种无序的根源是图书馆管理者主观思维与客观实际发生严重背离,它表现为原来制定的程序本身严重失误，与实际情况的变化根本不相适应；或者是图书馆管理者在执行程序时掉以轻心，严重失职，完全不顾眼前现实的管理情境。这种无序只能造成整个管理程序完全被打乱，管理运动严重失控，管理过程处于一种被动应付、疲于招架、目标不清、方寸全乱的完全随机漂移的境地。这种管理过程的恶性无序只能导致图书馆管理的失败。

因此，从质的规定性来看，图书馆管理的有序和无序有两种形态：一种标志管理组织的协调程度，即组织结构的有序性；另一种标志管理运动程序化程度，即管理过程的有序性。前者是空间结构规则性和秩序性的反映，后者是时间结构规则性和秩序性的反映。也可以说，有序和无序是图书馆系统在时空结构中的规则性和秩序性程度的综合反映。

#### （六）稳定与改革

稳定与改革是图书馆系统在其发展的历史过程中两种不同的状态和趋势。稳定是指图书馆系统在其发展过程中总体的状态和趋势保持不变，即处于相对静止的状况；改革是指图书馆系统总体的状态和趋势发生重大变化，即处于显著变动的状况。

图书馆管理的一切要素、一切过程都具有稳定性，否则，图书馆管理活动就无法正常进行，也无法对管理要素和过程进行研究。但是，图书馆管理活动的相对静止和相对稳定是有条件的、暂时的。首先，当我们说某些管理要素处于稳定状态时，只是相对于一定的管理系统和时间、地点而言的。在某一特定的图书馆系统中，管理者和被管理者的划分是稳定的，但离开这个特定的系统，进入其他管理系统，情况就会发生变化。其次，稳定包含管理活动中的量变。当图书馆管理过程的某一阶段、某一种管理模式或体制仍然保持着它们自身的性质、没有发生质变的情况下，我们就认为它们是相对稳定的。但与此同时，它们在性质不变的情况下还发生着其他变化。例如，计划过程在没有向组织过程发生飞跃前，内部发生着由初选目标向预测、预算、决定方案的量变，这并没有改变计划过程的性质，我们就说它是稳定的。某一管理模式中的内部矛盾还未尖锐到炸毁这种体制的外壳时，我们就说这种管理模式是相对稳定的。

改革是图书馆管理活动中的质变，确切地说，是指一种管理模式或管理体制向另一种管理模式或管理体制的飞跃。改革是由图书馆内在矛盾推动的自我发展和自我否定。一方面，它是旧的管理模式向新的管理模式的质变，是管理旧过程连续性地中断，体现了图书馆管理活动发展的阶段性。另一方面，它继续保留并改造了旧的管理活动的积极成果，作为新管理过程存在和发展的基础，因而把新旧管理过程联系起来，体现了图书馆管理过程发展的连续性。

总之，图书馆管理的范畴是图书馆管理活动中个人与组织、组织与环境这两个基本问题的具体展开，作为矛盾统一体的每一对范畴在现实的图书馆管理活动中并不是孤立存在的，而是紧密联系并和图书馆管理的运动规律相互结合，综合地发挥作用。当我们用这些范畴去分析现实的图书馆管理活动及其矛盾时，应该注意这些范畴之间的相互联系和相互转化，注意它们在反映图书馆管理的本质和规律中的特殊性和普遍性，注意它们与活生生的图书馆管理现实运动及蓬勃发展的图书馆管理学的有机结合。

## 第二节 我国现代图书馆管理的原理

### 一、管理思想与管理理论的产生与发展

社会进步离不开管理的推动，管理是对组织资源进行有效整合以达成组织既定目标与责任的动态创造性活动，是一种实践、一门艺术。管理思想和管理理论都是人们在实践中践行出的经验总结，虽然这些思想与理论形成学科不过100多年，但却有其深深的根源，并早已融入社会的各行各业，管理早已成为人类日常生活中的普遍行为。

#### （一）中国古代管理思想理论

人类文明从诞生之初就伴随着人类的管理行为。对于管理实践所产生的管理思想和理论，由于中西方文化的基础不同，产生了很大的差异。但中西方的管理思想是人类文明的结果，其合理的内核对人类社会的管理发展起着积极的作用。中国古代的管理思想相对于西方管理思想来讲，其体系和结构完全不同，是从不同角度揭示了管理的规律。在我国，古代管理思想的代表有儒家、道家、法家、兵家等各流派，不管这些管理思想政治意义上的功过是非，仅从它们管理国家、巩固政权、统率军队、组织战争、治理经济、发展生产、安定社会来讲，这些管理思想即使是在当今的社会，

也有着极其重要的指导作用。其中,儒家管理思想作为我国传统文化的主流,强调中庸、强调人和,是一种人本管理的思想。而道家思想的最高范畴就是"道","道"是天地万物变化的普遍规律,强调"无为而治",道家管理思想既强调宏观调控,又注重微观权术,是适用于任何管理过程的原则。法家是以"法治"为核心思想,虽然这种"法治"与现代社会的法治意义完全不同,但法家强调普遍规律与特殊规律的关系,认为做事必须尊重客观规律,同时强调管理体系的完备性。兵家管理思想充满了辩证法的思想,其包含的大量战略与战术思想是现今企业管理可借鉴的管理经验和管理原则。总之,中国古代管理思想对今天的各项管理工作,特别是对市场激烈竞争环境中的企业更具有重大的现实意义。

### (二)西方古典管理理论的形成

在西方,管理学演变的过程经历了古典管理、行为科学管理和现代管理三个阶段。每种管理学派分别从自己的学科优势出发,从不同的角度、用不同的方法对管理问题进行了研究,不断发展和完善管理理论,使管理成为一门科学。

18世纪60年代后,以英国为代表的西方国家,开始了第一次产业革命,使生产力有了很大发展。随之而来的就是管理思想与管理方法和手段的创新,产生了早期管理理论的萌芽并形成古典管理理论,其中最有名的有:

19世纪末,泰罗提出了"科学管理理论"。这种理论的核心目的是提高工作效率,其理论要点是时间研究和动作研究,即通过该项研究规范员工的工作活动和工作定额;员工的挑选和培训,即科学地挑选员工,对其进行专门的培训、教育,并合理安排工作岗位,使能力与工作相适应;实行标准化管理,以提高劳动生产力;坚持专业分工原则,即明确工作和责任,实行分工管理,以提高管理效率;实现劳资双方的思想革命,即管理者应真诚地与员工沟通合作,以确保劳资双方都能从生产效率的提高中得到好处。

亨利·法约尔是古典"组织理论"的奠基人,由于长期从事企业的高级管理工作,因此,他的研究更注重管理者的活动,着重研究企业管理的一般理论,特别是企业组织理论。他的理论思想核心内容是:确定企业活动的类别,认为任何企业都有六种基本活动,即技术活动、商业活动、财务活动、安全活动、会计活动、管理活动；明确管理的职能，即管理具有计划、组织、指挥、协调和控制五大职能；总结了管理的十四项一般管理原则，即劳动分工、职权与职责、纪律、统一指挥、统一领导、个人利益服从整体利益、报酬、集中、等级制度、秩序、公平、人员稳定、首创精神、团结。[①]

德国社会学家马克斯·韦伯提出了“行政组织理论”，他的代表作就是《社会组织与社会经济》，其理想的行政组织体系的理论要点是：明确的分工，即组织的成员按职业专业化进行明确分工；职权等级，即每个下级都应接受上级的控制和监督；人员的任用，即所有员工都应通过正式考试和教育训练进行任用；规章制度，即管理人员必须严格遵守组织的规章、纪律以及办事程序；管理人员专职化，即人员有固定的薪金和明文规定的升迁制度；非人格性，即规则和控制的实施具有一致性，不受个人情感的影响。

以上这些理论对管理的发展起到了很大作用，但不可否认的是，这些理论也有局限性，如泰罗的理论忽视人的情感因素，仅把人看作“经济人”，又过分重视技术因素，忽略社会因素的影响。再者，泰罗的标准化管理中的标准定得过于苛刻，而且没有解决企业作为整体的经营问题。法约尔理论的原则缺乏弹性，以至于有时与实际管理工作脱节。

### （三）西方现代管理理论的演变

经历了行为科学理论、管理科学理论和现代管理理论三个阶段。其中行为科学理论中的代表就是梅奥的人际关系理论。这种理论克服了泰罗的理论缺陷，改变了人们对管理的思考方法，使管理者更意识到行为过程的重要性，也更意识到应把人看作宝贵的资源，确定了员工是有价值的资源，并把重点放在管理实践上。但由于个人行为的复杂性所导致的对行为分析的困难，使这种理论未能很好地与管理实践相结合，在实际运用上并不广泛。

管理科学理论其实与泰罗的理论同属一脉，只不过是在它的基础上有新的发展，其中以数理理论、系统管理理论、运筹管理理论为代表。管理科学理论主要论及如何对制定和运用数学模式和程序的系统进行管理，也就是运用数学符号和公式进行计划决策和解决管理中的问题。这种理论的优势是运用复杂的管理科学技术计划、决策、组织、领导和控制，使数学

①梁宇清．大数据时代的图书馆管理[M]．中国原子能出版社，2018.

模型和程序求得的决策成为解决问题的最佳方案，运用最新的信息情报系统，提高管理效率，同时也有利于了解管理职能环境的复杂性。管理科学的局限性是不能很好地解释和预见组织内成员的行为，并且由于数学模型太复杂，其功能可能影响其技能的发挥；模型有时可能不切合实际，而无法真正实现。

美国管理学家哈罗德·孔茨将第二次世界大战后的众多管理理论称为管理理论的丛林，这些理论是现代管理理论的统称。这些学派相互补充，从不同角度，带着各自学科的特点阐明现代管理的有关问题，但它们的基本目的却是相同的。其中比较有名的学派理论和它们的管理思想有：管理过程学派，注重管理的过程和职能。行为科学学派，是在人际关系理论基础上发展而成的，在强调人的行为之外，还要求进一步研究人的行为规律，找出产生不同行为的影响因素，探讨如何控制人的行为以达到预定目标。系统管理学派，着重于用系统理论来研究管理问题以追求组织整体目标的最优化。决策理论学派，其代表人物是赫伯特。西蒙认为“管理是以决策为特征的，管理的本质就是决策”。管理科学学派，强调运用数学模型和计算机技术来进行管理决策，以提高经济效益，权变理论学派，认为现实中不存在一种固定的、一成不变的标准管理模式，管理者应根据实际环境的变化，选择合适的管理模式和方法。经验管理学派，也称案例学派，主张从管理者的实际经验出发去寻求管理活动的一般规律和共性的东西，并使其系统化和理论化，以此指导其他管理人员的管理工作。

### （四）现代管理理论的新思潮

管理理论经过100多年的发展，已经形成了深厚的理论基础。到20世纪末，知识经济的迅速发展和组织管理的实践，使管理新思想不断涌现，各个管理学派互相渗透、融合，管理又有了向全面管理、综合管理发展的势头，这些新思想为管理理论注入了新鲜的力量。

“学习型组织”，是指通过培养弥漫于整个组织的学习气氛，充分发挥员工的创造性思维能力而建立起来的一种有机的、高度柔性的、扁平化的、符合人性的、能持续发展的组织。这种理论强调组织只有主动学习，才能适应变化的环境。

“组织文化”理论，提出组织文化本质概念，认为组织文化是一个特定组织在处理外部适应和内部融合问题中所学习到的，由组织自身所发明创造并且发展起来的一些基本假定类型，这些假定类型能够发挥很好的作用，并认为是有效的，由此被其成员所接受。

"企业再造"理论，提出了有关企业经营管理理论和方法，其新思想主要表现在强调组织流程必须采取激烈的手段，彻底改变工作方法，摆脱以往陈旧的流程框架。

"竞争战略"理论，是引发美国乃至全世界有关竞争力问题讨论的理论，由迈克尔·波特提出。他认为，企业的管理都是在三种基本战略的基础上制定的，即成本领先战略、差异化战略、专一化战略，这些基本战略的共同目标就是确立企业在竞争中的优势。

"虚拟型组织"理论，明确提出通过建立虚拟组织、动态协作团队和知识联盟来创造财富的观点。其所谓的虚拟组织指的就是不仅把公司成员，而且把供应商、公司顾客以及顾客的顾客都看成是一个共同体，倾听他们的意见，充分调动内外各种资源。建立这种组织，要更多地依靠人员的知识和才干，而不是他们的职能。

"创新管理"理论，主要由四个部分构成，即CIS企业形象设计、信息管理、工艺创新以及企业知识管理。它是在劳动者、劳动工具和劳动对象构成的生产力要素逐渐被信息、技术和管理等智力生产要素所取代，在高技术竞争时代产生的。品牌战略、无形资产将成为企业制胜的关键，信息资源的占有量将重新区分发达国家和后进国家，企业也将由此形成不同的竞争力度，因此，所有国家和企业都必须根据市场需求调整自己的战略目标。

## 二、管理思想和理论对我国现代图书馆管理的影响

现代图书馆管理是在管理学和图书馆学的基础进行的，所以在图书馆管理中必然要在立足图书馆学的专业基础上借鉴，吸收管理学理论的最新成果，以丰富现代图书馆管理理论，指导图书馆的管理实践，而在众多中西方管理理论中能对图书馆管理产生有利影响的理论主要有以下几种。

### （一）"创新管理"理论与图书馆管理

创新是未来管理的主旋律，作为人类社会持续发展下去的不竭动力，创新是指以新思维、新发明和新描述为特征的一种概念化过程。根据这一定义，管理创新至少包括五个方面的内容：提出一种新的经营思路并加以有效实施；创设一个新组织机构并使之有效地运转；提出一个新的管理方

式、方法;设计一种新的管理模式;进行一项制度创新。知识经济时代,面对科学技术日新月异,知识量、信息量剧增和市场剧变,谁能感觉敏捷抓住时机,谁就能在竞争中获得胜利。以往图书馆的管理制度和管理模式的设计,常常以规范人的行为、使人不犯错误为出发点,有着过多的管制和约束,这种过细过严的规则,通常会抑制创新精神的发展。而管理上的创新能使图书馆打破常规,改革管理工作流程,大大提高管理效率;能使图书馆以敏锐的观察力,密切关注未来变化的新趋势、新动向、新问题,从而能以超前的意识果敢决策,适应未来发展的要求。此外,创新管理表现在图书馆管理中就是还要树立创新意识,发扬创新精神,在创新中寻找出路,在创新中寻求发展,把创新渗透于图书馆的整个管理过程之中。要充分发挥现代信息技术和管理技术的优势,以促进图书馆管理创新为着眼点,更新图书馆管理理念,引进先进的管理理论,实现图书馆的技术创新、人员创新和服务创新,从而通过改革创新,建立起一套崭新的管理运行机制,以适应社会发展的需要。

### (二)"组织文化"理论与图书馆管理

从他律到自律,起主导作用的是一种文化认同,文化力量在组织的潜移默化是至关重要的,被推崇为现代管理的最高境界。文化可以从根本上影响图书馆管理的出发点和方向。广义上的图书馆文化指的是基于图书馆及图书馆事业的文化内涵与文化现象之和;狭义而言则是指在图书馆核心价值体系基础上形成的,具有延续性的、共同的认知系统。这种认知系统表现为馆员的群体意识形态,它能使馆员之间达成共识,形成心理契约。因此,图书馆管理中应注重文化的建设。树立积极向上的图书馆文化,有利于营造图书馆良好的社会形象,争取更多来自外部环境的有力支持;有利于引导馆员形成正确的职业观,将自身行为与图书馆的整体目标协调起来;有利于确定图书馆的办馆宗旨、服务方针、发展方向,并渗透到图书馆活动的方方面面。

### (三)"人本管理""能本管理"理论与图书馆管理

"以人为本"的管理思想在历史上早已存在,中国古代的儒家思想体系就是"人本管理"的代表,现代的毛泽东思想也强调"人本管理",在西方,从古希腊的雅典民主政治到现代管理理论思想,都有"以人为本"管理思想的体现。但从古到今，人们所重视的都是带有强制色彩的管理制度。这种管理依托于权力和强制，不重视人的真实感受和需要，强调遵守与服从。不过，20世纪中叶以来，人们逐渐认识到管理中人的因素的重要性，正式提出了“以人为本”的管理理念。目前，“人本管理”是世界上最为推崇的管理方法之一，被广泛应用于现代企业，是现代管理学中的重要理论。它强调的是以人的全面发展为准则，实施以人为中心的管理，其核心思想是尊重关爱人、理解信任人、完善发展人。对于图书馆管理来讲，“人本管理”的管理核心就是把馆员作为最重要的资源，使其作为管理的主体。围绕如何利用和开发馆员服务于组织内外的利益相关者，从而实现图书馆目标和馆员个人目标。实施“人本管理”，就是要通过科学、有效的方法，发扬馆员的优点，抑制馆员的缺点，提供能发挥馆员的潜能、智慧和创造力的环境，使馆员在创造社会财富、实现效益的同时，不断发展自我，实现自身的价值。“人本管理”属于柔性管理的范畴，其职能侧重于疏导、教化与激励，其特点是用柔性手段进行调节与控制，用非强制性的一套方法去影响、感应馆员的心理和行为，从而调动和激发他们的积极性、创造性，凝聚实现组织目标的群体意志和力量。有专家认为，在图书馆服务所发挥的作用中，图书馆的建筑物占5%，信息资源占20%，而图书馆员占75%。因此，图书馆事业要想充满生机与活力，建设一支高素质的馆员队伍是必需的。只有通过“人本管理”，才能全面开发馆员的潜力，充分发挥其才智。因此，图书馆管理的“人本管理”，首先要尊重馆员，这里的尊重不仅包括尊重馆员的人格和表达意见以及个人发展意愿的权利，还要尊重馆员的能力，尊重馆员的价值和劳动；其次图书馆要充分认可每个馆员在图书馆的贡献，客观地评价馆员的业绩；最后要允许馆员选择适合自己的岗位，以便提供发挥其潜能的机会。

所谓“能本管理”，就是指以能力作为本位的管理理念，它是相对于“物本管理”和“人本管理”而言的，它源于“人本管理”，又高于“人本管理”，是更高阶段、更高层次和更高意义上的“人本管理”，是“人本管理”的升华。“能本管理”在图书馆管理的运用就是通过有效的方法，以期最大限度地发挥人的能力，从而实现能力价值的最大化，把能力这种最重要的资源转变为图书馆发展的推动力量，实现图书馆发展的目标和创新。目前，有些图书馆也在管理中尝试量化管理，但图书馆工作的性质决定了其部分岗位是很难用量化的方式来考核工作绩效的,而“能本管理”这种强调充分发挥个人能力的管理,为图书馆管理提供了一条新的思路。在图书馆管理中引进“能本管理”理论,可以为图书馆建立各尽所能的运行管理机制提供理论支持。而在实际工作中使管理者善于及时地发现馆员的潜能,做到人尽其才,才尽其用。把有能力的、有干劲的人放到重要位置上去,从而营造一个有利于馆员良性竞争的环境,有效地调动馆员的工作积极性和能动性。

## 第三节 我国现代图书馆管理建设

### 一、现代图书馆管理的内涵

对于图书馆管理概念的研究,中西方学者采取了不同的态度。西方学者在自己的论著中对图书馆管理的概念均无明确的定义。而我国学者采取的做法则截然不同。因为在传统的各学科基础理论的研究中,对于概念的研究是一项重要内容。

众所周知,概念是组成判断的基本要素,而推理和论证又是由判断组成的。所以,概念是思维形式最基本的单位。概念所反映出的事物本质属性(或特有属性)的思维形式,是人们在实践的基础上,经过感性认识上升到理性认识而形成的,概念是用词或短语表达的,是词和短语的思想内容,而词和短语是概念的语言形式。一般情况下,概念有内涵和外延之分。概念的内涵是指概念所反映的事物的特殊性或者事物的本质特征,它反映概念质的方面,说明概念所反映的对象是什么样的。概念的外延反映出包含在概念中的不同种类的事物,它反映概念量的方面,即概念的适用范围,它说明概念反映的是哪些对象。因此,鉴于概念在基础理论研究的重要性,我国的一些学者对于图书馆管理都给出了自己的定义。

黄宗忠认为:图书馆管理就是通过计划、组织、指挥、协调和控制等活动,最合理地使用图书馆系统的人力、财力、物质资源,使之发挥最大作用,以达到图书馆预期目标,完成图书馆任务的过程。

吴慰慈认为:图书馆管理是对图书馆的文献信息、人力、财力、物质资源,通过计划和决策、组织、领导、控制、协调等一系列过程,来有效地达成图书馆的目标的活动。

郭星寿认为:所谓图书馆管理,就是遵循图书馆工作的规律,依据管理工作的内容与程序,在图书馆系统最优化的条件下,充分利用其资源,以有效地实现其社会职能的一系列有组织的活动。

于鸣镝认为:应用现代科学的理论与方法,遵照图书馆工作和图书馆事业的固有规律,合理地组织和最大限度地发挥图书馆人力、物力、财力等各种资源的作用,以便达到预定目标的决策过程。这就是图书馆的科学管理。

鲍林涛主编的《图书馆管理学》指出:图书馆科学管理就是通过计划、组织、指挥、协调和控制等行动,按照图书馆事业和图书馆工作的发展规律,最合理地使用图书馆的人力、财力、物质资源,使之发挥最大作用,以达到图书馆预期的目标,圆满地完成图书馆任务。

潘寅生主编的《图书馆管理工作》指出:图书馆管理是遵照图书馆工作的客观规律,通过计划、组织、协调、指挥等手段,合理配置和使用图书馆资源,以达到预期目标,满足读者知识信息需求的一种活动。

倪波、苟昌荣认为:图书馆管理是指应用现代管理学的原理和方法,合理组织图书馆活动,有效地利用图书馆人力资源和物质资源,发挥其最佳效率,达到其预定目标的过程,并在此过程中不断地审查改进,最终圆满完成任务。

原国家教委高教司《图书馆管理学教学大纲》提出:图书馆管理是指以图书馆发展的客观规律为依据,遵循管理工作的内容与程序,建立优化的管理系统、合理配置和利用图书馆资源,实现其社会职能的控制过程。

综合以上关于图书馆管理的论述,我们可以看出,当前图书馆的管理概念是因各学者或组织的出发点及角度的不同而产生的不同看法。但依据管理的基本原理来看,其内涵都具有一定的共同之处,只不过是由于将管理的基本原则同方法、技术、手段混为一谈,而产生了一些偏颇,因此有必要对这些主要的图书馆管理概念相互关系加以分析,对其概念中所具有的内涵加以理解把握。具体可以从以下几个方面入手。

首先,图书馆管理是管理学的基本原理在图书馆领域的具体表现,如图书馆管理中重视人力的作用,是管理学基本原理中人本原理的运用。充分使人力、财力、物质等资源在管理活动的影响下发挥其最大作用,是系统原理和效益原理的充分体现。对图书馆管理活动进行计划、组织、指挥、协调和控制是动态原理的应用。

其次，图书馆管理中要注意把管理学中的各项人本原理、系统原理、动态原理和效益原理等相关理论有机地结合起来，以尽量避免因为认识上的偏差而使它们在实际运用中人为地割裂开。

最后，在实际图书馆管理工作中，要使管理的基本原则同管理的方法、技术、手段等有机地联系起来，在基本原理的指导之下，针对图书馆管理工作中出现的新情况、新问题而采取相应的方法、技术和手段。

所以，图书馆管理不过就是图书馆在正常运转过程中为了实现图书馆的工作目标，完成图书馆的工作任务，而对其系统内的各种资源进行利用的活动。

## 二、现代图书馆管理的特点

图书馆管理是一种存在于社会中的特殊的实践活动，是人类在进行文献信息资源的收集、整理、储藏、利用过程中形成的管理活动。因此图书馆管理除了具有一般社会实践活动的如客观性、能动性和社会历史性等共性特征外，还具有自己特有的特点。

### （一）综合性

管理是以研究企事业单位中人的活动规律，用科学的方法改进管理工作，充分调动人的积极性的一种行为。它主要是以人为中心的各种管理行为为对象，发现活动规律，并通过合理的组织和配置人、物等因素，提高企事业单位中的工作效率，调动人的积极性，最终达到提高生产力的水平的目的。图书馆服务工作的主体是读者，以读者为中心，维护图书馆服务工作的正常运行和发展进步，图书馆的管理者无非是要解决好人与环境、人与人之间的各种关系问题。所以说，图书馆管理实质上是围绕管理和服务进行的，是多种综合的结果。

### （二）理论性

图书馆管理是一项特殊的管理活动。在管理的实际运行中，可以借鉴多种基础理论的研究成果，如管理学、图书馆学、情报学、经济学、心理学等一系列学科。这些学科的某些优秀成果与图书馆管理相结合，并具体运用到管理的实际运行中去，使图书馆的管理以深厚的理论为基础，以便能更好地推动图书馆事业的发展，提高图书馆在人类社会进步中的地位和作用。

### （三）科学性

图书馆管理是一项具有科学性的活动，从图书馆产生之初，人类就知道采用一些方法以便更方便地查找文献信息。因此，在图书馆管理的过程中，人们发现了很多的方法管理和利用文献信息资源，这些方法逐渐形成了图书馆管理工作的规定，有些甚至上升为标准和法律。

### （四）组织性

随着图书馆事业的发展，图书馆已经逐渐规模化，图书馆管理活动也复杂起来。管理活动中涉及的各种资源也越来越多，人力、物力、财力、文献信息等因素交织起来影响着图书馆的管理活动运行。对这些资源的管理的好坏直接影响着图书馆的运行，所以在图书馆管理中要有计划、有目的地去进行管理，图书馆管理是一项系统的、有组织的管理活动。

### （五）动态性

管理活动的本身就是要在不断变化的环境中进行。为了应对不同的读者需求，图书馆管理要变化，为了文献信息的形式改变，管理要变化，为了随时改变的社会环境，管理活动也要变化。所以，图书馆管理是一项要随着服务对象、工作环境和社会环境等因素变动而进行改变的活动。只有跟上时代的变化，随时适应影响图书馆发展的各项因素，才能使图书馆符合社会发展的需求，不被时代所遗弃。

### （六）协调性

图书馆管理涉及图书馆各项业务活动和行政管理活动等方方面面具体的活动。这些具体活动直接影响着图书馆管理能否正确、正常和有序地进行。图书馆管理就是要使这些具有关联性的各种业务活动和行政管理活动中的人际关系、利益关系处于一种和谐、平衡的状态，消除管理活动中的各项不利因素，从而减少内耗、降低摩擦，发挥组织的协同作用，使图书馆有限的人力资源、信息资源发挥出最大的效用。

## 三、现代图书馆管理环境

### （一）图书馆管理的外部环境

1.一般环境

一般环境是图书馆管理的外部环境之一，又称为宏观环境，是指对图书馆管理活动产生影响,但其影响的相关性不强或间接相关的一些因素。这些因素对图书馆的影响虽然不是直接的,但有可能对图书馆产生某种重大的影响。具体包括:

(1)政治环境

政治环境的稳定是图书馆发展的基础因素,国家对图书馆的重视程度直接决定着国家对图书馆的宏观调控政策、财政对图书馆的支持和图书馆管理的对外交流情况。

(2)经济环境

指的是包括社会经济结构、经济发展水平、经济体制和宏观经济政策等几个方面,它们构成图书馆生存和发展的社会经济状况及国家经济政策。

(3)法律环境

指的是与图书馆相关的社会法制系统及其运行状态。当前,越来越多的国家将图书馆和图书馆管理纳入法制化管理渠道,为图书馆的发展提供了稳定发展的基础和保证,我国目前的图书馆和图书馆管理还没有上升到法律层面,有必要向此方向发展。

(4)科技环境

是指图书馆所处的社会环境中的科技要素及与该要素直接相关的各种社会现象的集合,包括社会科技水平、社会科技力量、国家科技体制、国家科技政策等。科技环境对图书馆的影响巨大,现代图书馆的快速发展与科技发展密切相关,所以关注科技环境有利于图书馆的发展。

(5)社会文化环境

包括一个国家或地区的人口、家族文化教育、传统风俗及人的道德和价值观念等。这些因素影响着图书馆的数量、文献信息资源的收集方向以及图书馆的服务对象等方面。

2.特殊环境

特殊环境,又称微观环境或任务环境。它是指对图书馆的组织目标实现产生直接影响的外部环境因素。与一般环境因素相比,这些因素对图书馆的影响更频繁、更直接。包括:

读者或用户,是指利用图书馆文献信息资源的人群,是图书馆服务的对象,是图书馆存在的必要条件,对图书馆的影响起着决定性的作用。

文献信息资源的供应者，包括出版社、图书馆经销商、数据库的开发者和经营者、信息设备的开发和生产，当然也包括各种信息、技术和服务等。这些供应者提供的产品或服务的数量、质量和价格直接影响着图书馆的文献信息资源的保藏程度、水平和服务的质量。

图书馆的竞争者和合作者，网络信息服务使图书馆的发展面临着巨大的困难，它的方便、灵活、丰富性影响着传统图书馆的管理，为此，图书馆的管理要向网络信息服务的管理模式借鉴以及调整自身的战略目标。同时，与网络信息服务合作，发展自身特色的网络信息服务平台，促进自身发展。①

业务主管部门，多数类型的图书馆都是受一定部门的领导。与这些部门的良好沟通，是保证图书馆朝着既定目标前进的基础之一。

以上这些环境因素构成了图书馆管理的外部环境。外部环境的不确定性和复杂性使图书馆在存在和发展过程中要不断密切关注这些因素的变化、建立一定的缓冲机制和弹性机制以适应这些因素的影响，并加强自身对外部环境的控制，努力调适图书馆管理使外部环境对图书馆的负面影响降至最低。

### （二）图书馆管理的内部环境

图书馆管理的内部环境一般包括图书馆文化（图书馆内部气氛）和图书馆的基础条件两个部分。

第一，图书馆文化是处于一定经济、社会、文化背景下的图书馆，在长期的发展过程中逐步生成和发展起来的日趋稳定独特的价值观，以及以此为核心而形成的行为规范、道德规则、群体意识、风俗习惯等。一般可分为三个结构层次，即：

表层文化即物质文化层，包括馆舍馆貌、工作条件、工作设施配备情况等，是图书馆内层文化的物质体现和外在表现。

中层文化即制度文化层，是指对馆员和图书馆自身行为产生规范性、约束性影响的部分，主要包括工作制度、责任制度和其他特殊制度等，是图书馆物质文化和精神文化的中介。

内层文化即精神文化层，包括用以指导图书馆开展读者服务活动的各种行为规范、价值标准、职业道德、精神风貌及馆员意识等。

---

①董伟．新媒体时代图书馆管理与服务研究[M]．长春：吉林人民出版社，2019.

以上三个结构层次的文化互相联系、互相依赖、互相影响和互相转化，构成图书馆文化的统一体。对图书馆的管理起到了导向功能、凝聚功能、激励功能、规范功能以及渗透功能。

第二，图书馆的基础条件是指图书馆所拥有的各种资源的数量和质量情况，包括人员素质、文献信息资源的储备情况、科研能力等。

这些因素与其他因素一样，影响图书馆目标的制定与实现，还直接影响图书馆管理者的管理行为。

## 四、图书馆管理的职能

图书馆作为一种提供信息服务的社会机构，对人类社会文明的贡献是巨大的。17世纪德国的G.W.莱布尼茨就将它归结为人类的“百科全书”，甚至称誉它是“人类灵魂的宝库”。从古代的哲人到现代的科学家、文学家、思想家等，凡是在历史上为各个学科领域的发展提供了某种新思想、做出某种创造性贡献的人，其成功无一不是与充分利用图书馆文献信息资源息息相关的。图书馆无论在历史上、现今社会还是未来社会中，都是对人类文明的进步和发展起着不可替代作用的组织。图书馆之所以能获得如此高的评价，图书馆管理工作在其中起到了决定性的作用。图书馆管理的职能指的是管理在图书馆的业务、政务管理和职工生活管理过程中所发挥的作用，是管理职能在图书馆的具体执行和体现。

### （一）决策职能

决策是行动的先导，是最重要的管理职能。一般来说，这项职能是图书馆领导机关的主要功能。当然，为了在图书馆管理的过程中最大限度和最有效地发挥决策职能，还应该实现管理决策的科学化、民主化，还必须建立健全民主决策制度，注重信息的公开化。因为决策不仅仅是方案的一次性选择，实际上行政决策贯穿于图书馆管理过程的始终，管理的其他各项职能都离不开决策活动，整个管理实际上是一系列决策的汇总。可以说，管理就是决策。

### （二）计划职能

计划职能是指图书馆各个部门为了实现既定的行政决策目标，对整体目标进行科学分解和测算，并筹划必要的人力、物力，拟定具体实施的步骤、方法以及相应的政策、策略等一系列管理活动。具体包括计划的制订、计划的执行和计划的检查监督等环节。其目的是使图书馆的各项工作能够有计划、有步骤、有方法地进行，以杜绝领导工作的随意性，避免对图书馆管理的消极影响。

### （三）组织职能

图书馆管理组织职能的目标就是具体落实与实现决策和计划，是实现管理目标和管理效能的关键性职能。组织职能具体包括：对图书馆各种工作机构的设置、调整和有效运转；各机构职权的合理划分；对全馆工作人员的选拔、调配、培训和考核；对资金、固定资产和其他物品的安排和有效利用；对执行活动中的各项具体工作进行督促、检查和指导等。

### （四）协调职能

图书馆管理中的协调职能是指对图书馆行政部门、业务部门以及全体工作人员之间的各种工作关系进行调整和改善，使它们按照分工协作的原则，互相支持、密切配合，步调一致，共同完成本馆内预定的任务和工作。现代图书馆管理是专业化协作的管理，没有协调要达到共同目标是不可能的。因此，协调是管理运行过程中的一项职能，具体内容包括：协调行政管理机构之间，业务管理机构之间，行政管理和业务管理机构之间，工作人员之间，工作人员与行政管理部门，业务管理部门之间，与本单位之外的政府、企事业和其他组织之间的关系。

### （五）控制职能

控制职能是指管理按照行政计划标准，衡量计划完成情况并纠正计划执行中的偏差，以确保计划目标的实现。图书馆管理的控制职能贯穿于行政管理的各个方面和全过程。做好控制职能一般要注意以下几个方面：第一，确立控制标准，使各项工作有可衡量的指标，以采取正确的纠正措施。第二，对管理行为的偏差进行检查和预测，对图书馆管理工作的实际结果与质量标准监测，获取管理工作的偏差信息，为下一步采取控制措施提供依据。第三，采取相关措施对图书馆管理工作的行为和过程进行调节。即判断管理行为偏差的性质和层次，确定偏差的程度和范围，找出产生的全部原因，制定相应具体的纠正措施。第四，实行有效的监督。即根据行政目标、计划和控制标准，监察、督导行政过程的正常发展和行政系统的有序运转。

总之,图书馆管理的职能是图书馆各个机构设置和改革的重要依据,也是管理运行的必需环节,科学地认识、确定管理各方面、各阶段的职能和保持它们之间的有机联系,并适应环境和形势的变化及时地转变职能,对图书馆进行有效地管理具有十分重要的意义。

# 第三章 图书馆行政管理

## 第一节 图书馆行政管理的内容及特点

### 一、图书馆行政管理的内容

图书馆行政管理是图书馆整体管理的重要组成部分，是业务建设和读者工作的调控中枢，是全馆各项工作的重要保证。行政管理不同于业务工作，它涉及图书馆各方面的沟通与协调，并贯穿业务工作和行政工作中。在层级上，它以馆长为最高领导，由分管副馆长负责，办公室组织实施、操作，各中层领导参与。

图书馆行政管理，就是遵循图书馆的自身特点及其运作规律，通过管理者采取计划、组织、决策、指挥、控制、协调等行为最合理地使用和最大限度地发挥图书馆的人力、财力、物力等资源的作用，以达到办馆的目标和最佳效益的过程。图书馆行政管理包括人力资源管理、经费管理、物业管理、公共关系、危机管理以及文书档案管理等内容。

#### （一）图书馆组织设计

组织设计是图书馆业务工作开展的首要任务，它包括机构设置、权责划分、人员配置、经费分配等。图书馆组织设计主要包括三种情况：新建或新合并的高校图书馆需要进行组织结构设计；当图书馆原有组织结构不能适应现代信息服务需求，需要进行重新评价和设计；图书馆组织结构需要进行局部的调整和完善。

#### （二）规章制度设计与管理

图书馆工作是集学术性、业务性、服务性于一体的复杂劳动。在图书馆组织设计初期就必须对各个组织结构建立具体的规章制度，使各层组织能够按照规范进行操作。同时，图书馆必须进行科学管理，根据图书馆自身工作的特点和发展规律依法治馆。好的规章制度是管理的有效工具,它不仅具有制约作用,同时还具有激励作用,并且它还能使职工在工作中有章可循,成为管理的重要依据,能使图书馆各项工作正常开展。此外,随着各种规章制度的不断完善,还可大大减轻日常管理工作压力,使馆领导有更多的精力和时间开拓工作新局面,处理重点、难点问题。总之,建立健全各项规章制度,对加强本馆的管理水平、提高职工队伍的整体素质和工作效率有着重要作用。

### (三)图书馆经费管理

由于图书、数字资源市场价格上涨,图书馆经费短缺成为图书馆的普遍问题,所以经费管理更加重要。图书馆经费主要包括三种:

1.专项经费

以图书采购、设备投入、业务培训为主,这部分经费是图书馆改善办馆条件,增加信息资源投入的基础,应统筹兼顾、确保效益,既要保证购书,又要优先业务建设,对每年的经费都必须合理分配,全面安排。首先,必须专款专用。严格按预算办事,不能与正常预算经费相互挤占挪用,使有限的专款经费发挥更大的效益,确保采购计划的完成。其次,必须有效地使用经费。要根据本单位的任务,比如专业建设、藏书结构、读者对象及本馆特色来确定当年收藏范围、收藏重点及采购原则。严把采购质量关,坚决抵制非法出版物,色情、凶杀及质量低劣的图书入藏,复本量要适当。最后,必须合理安排经费。每年的书刊订购,要实行书刊采购的科学管理,结合本馆藏书结构及本馆经费状况确定采购方针,同时要完善采购管理监督机制,重视订单的复审与新书的验收,尽可能避免错购、重购、漏购,确保采购的金额、品种和数量。

2.图书馆通过信息服务活动创收等途径获得的经费

这部分经费主要用来改善馆员福利待遇,是体现二次分配公平的有效措施。福利性经费的管理要注意体现公平和兼顾效率原则。拿出一部分福利性经费给予员工奖励,一方面促进了图书馆业务工作的顺利进行,另一方面也相应提高了馆员的工作热情和积极性。

3.图书馆业务经费和办公经费

主要包括差旅费、办公用品费、行政设备维修等。业务费和行政管理经费伸缩性较强,管理中要求有关领导严核。尽量做到增收节支,发挥最大效能。要建立良好的预算制度，严格执行，避免铺张浪费。

不管哪种经费的管理和使用都要求行政管理工作发挥主导作用，运用管理的手段使有限的财力最大限度地发挥作用。

### （四）图书馆设备管理

以计算机等为主的技术设施是图书馆的重要组成部分，它关系到图书馆各项工作的顺利完成，也影响着图书馆的建设与发展。

图书馆设备管理的核心有两点：一是培养和配置专职设备管理员；二是保证设备的完好率和提高设备利用率。要对设备进行科学化、标准化、规范化管理。

图书馆必须制定一套适合馆情的管理标准，做到有章可循，同时要建立严格的设备管理制度。图书馆现代化的设备投入大，价格昂贵，设备精密，所以建立严格的管理制度，采取科学的管理方法非常必要。要保证设备完好率，减少故障，延长使用寿命，充分发挥设备的作用；同时要保证设备的安全操作，注意防火、防盗，一定要指定专人负责各项安全防范工作。如电子阅览室、计算机室和检索室等都须有专职人员负责系统的运行和维护，实行专人专机，做到人尽其能，物尽其用，最大限度地发挥设备的使用率和保证其完好率。①

### （五）图书馆档案管理

图书馆档案管理主要包括上级文件收发存档、文书撰写与归档管理、图书馆及其工作人员在各项活动中产生的具有查考利用价值并归档保存起来的材料。

图书馆归档的材料分文书档案和业务档案两类，按载体材料划分主要包括印刷型的文字材料以及以电子文件形式存在的数字资源。

图书馆文书档案和业务档案一般由馆办公室集中统一管理，以维护它的完整性、真实性。图书馆应该责成专门人员负责文书档案管理，对各方面应归档的材料及时督促、检察、收集、鉴定、整理。

档案材料的立卷归档须按有关要求进行编制卷目、登记造册，并建立严格的阅读管理制度。对电子档案要建立严格的管理体系，按照不同的技术规范正确处理不同格式文档的存储及利用事宜，做好文档安全保护及备

①黄明珍．浅谈图书馆的行政管理工作[J]．中小企业管理与科技，2018(18)：103-104.

份工作。文书档案主要包括各级文件、规划总结数据统计资料、各种评定鉴定材料;业务档案则包括馆员的基本情况、学术研究成果、测评成绩等。

（六）图书馆行政办公礼仪

图书馆行政办公礼仪是指图书馆员工在工作岗位上处理业务和管理日常事务时所要遵循的基本礼仪。遵守办公礼仪是图书馆员工服务育人、管理育人和教育育人的必然要求。图书馆办公礼仪包括服饰礼仪和工作礼仪。

图书馆工作人员在工作中应注意自己的仪表,着装规范,要简洁、大方。不穿着与公职人员身份不符的奇装异服。女性馆员应以淡妆为宜。男性馆员切忌留长发、剃光头,着装要注意以正装为主,不宜着短裤、背心。工作礼仪是指在工作时间上要遵守图书馆规定的作息时间,每天按时上下班,杜绝迟到、早退现象;在工作态度上应积极主动,工作期间要全神贯注,切忌在工作中上网聊天、打牌,玩忽职守,要培养良好的办公礼仪修养。

## 二、图书馆行政管理的特点

### （一）权威性与灵活性相结合

图书馆行政管理的有效形式建立在其内部组织结构的上级权力与权威基础上,上级行政机构没有相应的权力和权威就不能下达命令、指示或规定等。权威性保证了政令畅通效果,使行政工作能够保持正常运转。灵活性是指它在与业务相结合的时候具有一定的变通原则,在不违反相关规定的同时能够灵活处理馆员之间以及与读者之间的关系。

### （二）图书馆行政管理的融合性

图书馆行政管理的主要目的在于通过有效的行政手段促进业务工作的正常进行。行政管理要充分利用和合理调配图书馆的人力、物力、财力、技术等资源,调动广大员工的积极性、主动性和创造性,圆满完成各项任务。

### （三）及时性

图书馆行政管理使用命令、指示等来调整人、财、物的服务与业务工作,具有较强的针对性,同时又配合对违抗管理所采取的惩罚措施,能迅速发挥作用;而当通过经济手段进行管理或通过思想政治工作达到管理目的时，因为要有执行—回馈—调整—执行这些操作过程，时常出现滞后的状况，因此，图书馆在处理业务活动和人事管理活动或遇到突发事件及管理环境不稳定时，及时的行政管理就能发挥重大作用。

**（四）导向性**

图书馆的导向管理十分重要，主要包括：①制度导向。虽然图书馆的基本特征相同，但外部环境、人员素质、设备状况、基础条件等差异很大，因此要根据自身条件和工作需求程度来确定导向措施。②行为导向。图书馆管理中最关键的问题是人员问题。工作的好坏，服务质量的高低，完全取决于人员的素质和工作态度。尽管每个图书馆都有强化的管理措施、严格的规章制度，但主动与被动、积极与消极会是两种工作效果。这就要求馆领导要有以情感人、以理服人、以身正人、以力助人的工作作风，营造一个宽松和谐的工作环境，使每个员工都能感受到组织的关怀和集体的温暖。

## 第二节 图书馆行政领导及办公室工作

图书馆行政领导是指在图书馆经选举或任命而享有法定权威的领导者，主要指图书馆馆长、副馆长，他们依法行使行政权力，为实现一定的行政目标进行组织、管理、决策、指挥等社会活动。

### 一、行政领导者的地位与作用

一般来说，领导班子应该起到以下几个作用：为整个组织提供理想的符合客观发展规律的努力方向；提供尽可能为下级各组织机构接受的战略和策略；协调各部门之间的矛盾和偏见。

具体地说，各位领导干部都应遵守以下五条规定：

第一，任何领导成员，一旦自己的责任确定，在这方面拥有最后的决定权。

第二，职、权、责相结合，任何人不得越权做出决定。

第三，领导成员之间的关系不能超越原则，既不能过于亲密，也不可以不团结。

第四，领导班子中的中坚人物，必须是威望出众的人，既要善于调解人际关系，保障各成员之间的团结协作，又要善于决断，在出现严重分歧时，他应该具有最后的裁决权力，他的裁决尽量做到符合客观情况，顾全大局。

第五，当出现权责界限不清的问题时，领导成员应具体讨论，确定由谁来处理。图书馆行政管理工作质量的高低，关键在于馆领导班子能否坚持以身作则、按章办事、合理奖惩、勤以立业和协调协作等基本原则。图书馆行政管理工作涉及面广，其质量优劣、水平高低直接影响图书馆的建设与发展。有些行政管理工作又与职工的个人实际利益密切相关，如果没有图书馆领导班子的影响力与感召力，将难以按质按量完成任务。

一个优良的领导集团应由下面三种人组成：善于思考的人——处事深谋远虑；善于活动的人——从事各种难题的调解；善于分析的人——从事综合研究工作。还有人提出，一个领导集团应包括，具有高超创造力的思想家、具有高度组织能力的组织家和具有实干精神的实干家，以期达到在知识、能力和实际经验上三者的有机结合。

## 二、行政领导者的职责

图书馆行政领导者包括图书馆馆长、副馆长以及其他负责行政管理事务的干部。不同的图书馆管理机构都为图书馆馆长、副馆长进行了明确的职责设定，综合来说主要包括以下几个方面：

第一，馆长主持全馆日常业务行政管理工作，召开馆务会，检查工作落实措施，组织全馆人员按质按量完成任务，认真执行党和政府的方针、政策、法令和指示，制订图书馆发展规划、工作计划和设备购置计划，领导制定和修订图书馆各项规章制度、岗位职责和工作细则，并组织贯彻实施；合理安排图书馆各部门各环节的工作；制订图书馆经费预算计划、掌握年度计划与经费开支。

第二，执行上级领导的决定，并负责定期向上级主管领导请示和汇报工作。

第三，全馆的专业人才队伍建设，按人才结构系统化、专业化的原则，组织安排培训、试用、业务研究和专业进修、年度考核、职称评聘和实施奖惩等人事管理工作。

第四,积极促进开展科学研究和国内外图书情报学术交流活动,活跃本馆学术风气,不断提高工作人员的政治理论水平、文化水平和图书馆专业技能水平。

第五,努力推动新技术和先进科学管理方法在图书馆的应用、使各项业务工作标准化、规范化,领导规划和组织实施图书馆现代化发展进度,稳步推进图书馆自动化、网络化、数字化建设。

第六,负责图书馆卫生、治安保卫工作,并检查和指导各室执行情况,副馆长协助馆长工作。

## 三、行政领导者的素质提升

领导者素质有双重含义:首先是指构成领导者的各种内在要素,即领导者之所以成为领导者的生理、心理、文化、思想、政治、道德等因素,以及由这些因素综合而形成的领导能力;其次还指这些要素、能力的现实状态,即发展程度或实际水平。图书馆行政工作的好坏很大程度上取决于行政领导者的素质。

在行政管理工作中,图书馆领导者应从以下几个方面提高图书馆行政领导者素质:

### (一)加强政治理论学习,提高自身的政治素养

图书馆行政领导者的政治素养表现为社会主义人生观、世界观和价值观,要求必须坚决执行党的各项方针政策,有较高的政治觉悟。

政治素质决定图书馆领导者的献身精神、创业精神、开拓精神、组织性、纪律性、自觉性和主动性。图书馆行政领导者的基本素质主要包括:要有坚定的马克思主义信仰,具有坚定而正确的政治方向,能够正确认识并贯彻执行党的“一个中心,两个基本点”的基本路线。具有高度的事业心和强烈的进取心以及改革开放和创新意识,能够不断探索图书馆管理的新方法、新思维。以身作则,模范遵守馆规,带头树立有令则行、有禁则止的良好作风。大公无私、平等待人、严以律己、宽以待人、廉洁奉公,是馆领导班子必须严格遵守的重要原则。

### (二)加强业务学习,完善知识结构

作为行政领导与业务领导相结合的管理岗位,图书馆行政领导者不仅要具有高超的行政管理水平,还要熟知图书馆管理学,并掌握一定的图书

馆学、情报学、计算机科学以及光盘、网络知识等，真正做到内行领导。

对于一个现代化程度较高的图书馆来说，如果缺少相关的现代技术的基础知识与基本技能，很难具体实施行政管理工作。目前，我国图书馆现代化、网络化的发展迅速，这是对图书馆行政管理人员的严峻挑战，也为勤以立业提供了契机。可以预料，未来的图书馆行政管理人员应当是既懂管理、又懂专业，并掌握现代化技术的复合型人才。

### （三）学习行政领导艺术，提升个人能力

行政领导艺术是图书馆行政领导者领导方法的个性化、艺术化，是行政领导者在工作中结合普遍经验和个人体会而形成的，它属于行政领导方法中创造性、随机性、权变性较强的部分。领导艺术主要包括履行职能的艺术，比如决策、用权、授权艺术，沟通、激励、指导艺术及人际关系协调艺术等。

图书馆行政领导者沟通和激励能力的高低直接影响图书馆工作的绩效水平。一般以科学的规章制度为依据，形成健全的激励机制，调动全体职工的主观能动性，对做出突出贡献的职工给予精神或物质奖励，并惩罚严重违章者。积极的用人技术就是“合理选择，知人善任；扬长避短，宽容待人；合理使用，积极培养”。①

图书馆的行政管理工作往往需要馆内各部门之间、各岗位之间、领导与职工之间、职工与职工之间，甚至与其他单位的协作协调才能顺利完成。从这种意义上讲，图书馆的行政管理工作应当大力提倡协作协调精神。许多行政管理工作需要全馆人员的联动才能奏效。馆领导应是各部门之间或与其他单位开展协作协调的倡导者、组织者、实施者。协作协调一般都有全局性，对于防止行政管理工作中各自为政和强调局部而不顾大局等不良现象起着重要作用。行政管理工作中的协作协调，可以调动每位职工、每个部门或岗位上工作人员的积极性与主观能动性，齐心协力完成各项具体工作，通过优化相互关联的各个局部的工作，产生全馆行政管理工作的整体优化效果。

### （四）培养良好的心理素质

心理素质表现为行政领导者的性格、气质和个性等。行政领导者思想

①张菲. 图书馆办公室工作浅议[J]. 才智，2015(11)：303.

的丰富性、情绪的稳定性、兴趣的多样性无疑会受到心理素质的影响，进而影响到他们的需要、动机和行为方式。行政管理活动的丰富性使领导者总是面临复杂的交往范围、同事关系、工作态度和精神状态，没有好的心理素质很难胜任。心理素质和政治素质、文化素质有一定关系，政治水平高、文化修养好的人善于控制自己的感情，培养良好的心理素质。领导者应培养积极主动的性格，熟悉业务和理论工作，增强管理中的自信心，并培养较强的自制力，在工作中锻炼坚忍的意志。

## 四、图书馆办公室工作

办公室在图书馆组织架构中处于中枢地位，是落实领导决策、沟通上下联系左右，完成上级组织交办事务，保障全馆正常运行的重要部门。

### （一）图书馆办公室的主要职责

第一，具有全局意识，了解图书馆行业改革和上级任务在图书馆的执行情况，协同领导，负责同上级主管部门各职能处室，以及行业内业务单位之间的综合协调、对外联系以及馆内部各部门之间的协调工作，做好领导的参谋和助手。

第二，在馆长领导下，充分吸收下层意见，协助馆领导起草、制定馆内各项规章制度，并负责监督规章制度的执行情况。

第三，做好文书档案和业务档案管理工作。要及时将文件呈阅有关领导，做好传达执行工作，并做好归档处理。根据规定做好员工考核定级工作，并准确统计和送报单位人事、劳动工资等方面的各项报表。做好图书馆的纪要处理和保密工作，坚决杜绝失密事件的发生。

第四，负责年度工作计划、工作总结等报告的起草编写工作，参与图书馆馆务会议的组织，草拟会议纪要、做好记录等工作。

第五，严格按照国家有关规定，管理和使用图书馆的各种印章。

第六，按时完成馆领导交办的其他工作。

### （二）办公室行政管理的内容

1.以业务工作为核心，树立行政服务意识

图书馆的核心工作是为读者或用户提供获取知识或信息的环境、服务和技术支持，业务工作是图书馆工作的主体。必须更新观念，扎实工作，加快图书馆的发展，并在发展中强化思想道德建设和行政服务意识。要加强工作的主动性，提高办事效率。

要有公平正直的工作态度。办公室负责馆内的经费管理、制度考核等具体工作，与馆员利益息息相关。办公室员工需要在具体工作中，维护图书馆的公正与正义，要具有全局意识和长远利益。不仅要提供局部、阶段性的优质服务，而且对整体、全过程的服务质量负责。做到周到细致，有始有终。

2. 积极参与馆内行政管理工作，做好后勤服务

图书馆办公室工作非常烦琐。要注意做好以下工作：一是积极参与政务，当好领导的参谋，遇到全馆性的中心工作，要在领导决策前提供必要信息、数据、资料和建议；二是在贯彻落实领导决定和图书馆中心工作时，做好组织协调和保障工作。要搜集、了解落实过程中的情况和意见，及时向领导反馈；最后应把决策决定落实情况，特别是效果，综合总结，向上级报告，有的还应向全馆人员通报，并处理好日常事务与突发事件；三是搞好后勤服务。后勤服务是图书馆办公室的工作内容之一。包括分发劳保用品、发放福利津贴等。

3. 加强管理，强化办公室的枢纽作用

图书馆的工作在管理上要实现从经验管理向科学管理转变。在模式上要实现从传统型向现代型转变，在服务上要实现从被动服务向主动服务转变，办公室要以全新的办馆观念指导实际工作，充分发挥办公室的枢纽作用。要强化参谋作用，这是办公室的重要职能，也是衡量办公室工作水平高低的重要标准。也就是说，办公室要能够发现问题，提出解决问题的办法和措施，要谋事在前。俗话说多谋才能善断，在听取各方面意见的基础上，善于抓住关键要害问题，积极主动出主意、想办法做好工作。围绕发挥枢纽作用，按照各自责任分工，抓好综合协调工作。既要做好工作协调，又要做好利益协调、感情协调，理顺上下左右的关系，调动各方面的积极性，既要客观公正，不偏不倚，又要讲究协调艺术；既要坚持原则，又要注意灵活性，做到到位不越位，服从不盲从，果断不武断，求和不附和，摆正自身位置，正确处理对上对下和对内对外的关系。

4. 提高办公室工作人员的政治素质和业务素质

要不断提高自身的政治素质和业务素质，要有着眼全局、把握全局、服从全局的意识，要确立全心全意为人民服务的观念，要有爱岗敬业、无私

奉献的主人翁精神，养成一种求是务实、注重实效、认真负责、一丝不苟的作风。

要加强政治理论学习，增强政治思想工作水平。要积极学习业务知识，做通才馆员。要培养自觉学习的良好习惯。要加强行政行为形象的自我塑造。行政管理人员必须加强行政行为形象的自我塑造，不断提高管理能力和管理水平。要坚持原则，敢于按程序实施行政行为、坚持正义、秉公行事。要带头服从管理，做到执法者首先要守法，管理者首先要服管，只有这样，说话才有分量，号召才有力量，群众才能服从管理。还要加强公关意识的培养。图书馆办公室是图书馆综合办事机构及对外联系的窗口，要借助公关手段更好地发挥图书馆办公室的作用。

## 第三节 现代图书馆管理系统的组成

现代图书馆的管理系统，已不再是传统的馆长直接指挥各部门的直线式指挥模式，而是一个有分工、有协调、多功能、相互联系的指挥系统。按照其主要职能可分为：决策系统、执行系统、监督系统、参谋系统四个分系统。

### 一、决策系统

决策系统是制定政策，发布指令、计划的司令部，是领导、组织整个决策过程的机关。从某种意义上可以说，它是整个管理系统的中枢与核心，其他系统都是为决策系统服务的。

决策系统是由拥有决策权的领导集体和个人组成的。馆长、副馆长、书记是主要成员，办公室主任、各部门主任是一般成员，必要时还可聘请专家顾问作为临时成员。在馆长负责制的体制下，馆长占有非常重要地位，是这一系统的核心，拥有最后决策权。

### 二、执行系统

执行系统即贯彻决策系统旨意的系统，是管理系统的决策执行机构。此系统的主要特点是执行路线明确，一级执行着一级的命令。

这个系统比较庞大，包括各个协调部门和行政业务部门。如馆长办公室、业务办公室、行政处（科）、总务处（科）、人事处（科），以及采访部、编目部、流通阅览部、参考咨询部、网络部等业务部门，是执行系统组成部分。该系统的组成范围比较广，同时其组成又具有一定的灵活性，即随着决策、任务的不同，其具体成员会有所变动。如有时可考虑增加必要的、临时性的机构协助工作，一旦目标实现，由馆长解散即可，对于执行系统的部、室负责人和馆员，技术上的要求或业务要求应更全面一些，更高一些。这个系统结构应当严密、精干，人员要忠实干练，富有指挥组织能力。

## 三、监督系统

监督系统一般由党委组织、馆员代表大会、图书馆委员会以及纪律检查委员会、工会、读者协会等组成。对这个系统成员的要求是作风正派，政策水平高，有很强的原则性和刚直不阿的精神。

监督系统起到对决策和执行两个程序的监督作用，一方面对决策系统的决策进行民主审议，既起监督保证作用，又参与民主管理；另一方面按照决策系统的指令，对执行系统进行监督、跟踪、检查决策实施情况，随时把执行情况和违反指令、法律等情况，反馈到决策系统，是保障圆满实施决策不可或缺的环节。从这一角度来讲，监督系统还兼有反馈职能，它能够及时了解、掌握执行情况和存在的问题，为决策系统提供反馈信息，作为正确决策的依据。简言之，监督系统具有监督与反馈的职能，是决策系统及时发现失误的一面镜子，并能为未来决策的修正提供事实依据。①

## 四、参谋系统

参谋系统又称咨询系统，是管理系统的智囊机构，是决策体制出现横向分工化趋势的产物。

参谋系统一般由学术委员会、图书情报机构咨询委员会或工作委员会等组成。这个系统的成员要求思想活跃、博学多才、视野开阔、有综合分析能力。参谋系统既可以由图书馆内部成员组成，在图书馆管理层中组建

①黄晓晖．关于高等学校图书馆业务管理系统的设计与实现路径分析[J]．参花，2021，(17)：117-118.

知识团队、咨询小组，也可利用图书馆与社会各界的广泛联系，建立图书馆的“外脑库”或“智囊团”。如一年一度的图书馆专家咨询会议就是难得向专家“取经”的机会。全国的和地区的图书馆行政管理机关以及较大型的图书馆应当有自己的咨询参谋实体。

# 第四章 图书馆人力资源管理

人才和文献是图书馆事业的两大基础,也是构成图书馆生产力的基本要素。所谓人力资源管理(HRM)是指组织为实现其一定时期的战略目标而对其人力资源实行科学合理的更新、配置、使用、开发和激励的一系列管理过程。

## 第一节 图书馆人力资源管理的内涵

### 一、图书馆人力资源内涵

图书馆人力资源是指图书馆所拥有的知识、经验、技能、个人魅力、团队意识等,能为图书馆带来持久性效益,且提升图书馆价值的群体的总称;也可以理解为具有连续不断地获取、积累、利用和创造知识的组织能力。在图书馆的科学管理中,最能动的资源是人力资源,它具有主动性、积极性和活跃性特征。通过人力资源投资形成特定技术结构和人力资源存量,对这些不同形态和专业化功能的人力资源按照组织目标及要求加以激励使用、整合配置和协调控制,能够达到人力资源保值增值,实现图书馆效率和价值最大化的目的。

### 二、图书馆人力资源的作用人

人力资源是图书馆生存和发展的基本要素与动力,对图书馆事业的发展有着决定性的重要作用。图书馆人力资源管理是为了顺利地实现既定目标,而对图书馆人力资源的获取、开发、保持、利用进行的系统化管理的活动过程。具体来说,就是在图书馆的管理活动中“形成、培养、配置、周转、爱护、保全组织成员,建立组织及其成员之间良好的劳动关系,充分挖掘组织成员的劳动潜能,调动其积极性、自觉性、创造性,以实现组织目标的全过程”。图书馆人力资源管理的目的就是要通过人力资源的合理调配与培训，建立图书馆组织机构与工作人员之间的良好互动关系，实现图书馆各种资源与人力资源的最佳结合。这是因为图书馆服务的开展，各种图书馆资源的利用、操作和配置以及图书馆形象的塑造都是由图书馆员来实现的。人力资源的优化配置是提高图书馆核心竞争力的关键因素，是图书馆可持续发展的坚强基石。

### （一）人力资源是财富形成的关键

人力资源作为一种“活”的资源，不仅同自然资源一起构成了财富的源泉，而且还在财富的形成过程中发挥着关键性的作用。社会财富是由对人类的物质生活和文化生活具有使用价值的产品构成的。自然资源不能直接形成财富，必须有一个转化的过程，而人力资源在这个转化过程中起到了重要作用，它使自然资源转变成为各种形式的社会财富。应该说，没有人力资源，社会财富就无法形成。此外，人力资源的使用量也决定了财富的形成量，人力资源的使用量越大，创造的财富就越多；反之，创造的财富就越少。正因为如此，人力资源被认为是财富形成的关键要素。

### （二）人力资源是社会经济发展的主要力量

人力资源不仅决定着财富的形成，而且它还是推动社会经济发展的主要力量。随着科学技术的不断发展，知识技能的不断提高，人力资源对价值创造的贡献力度越来越大，社会经济发展对人力资源的带领程度也越来越深。以美国经济学家P.R.罗默和R.E.卢卡斯为代表的新经济理论学者认为，现代以及将来经济持续、快速、健康增长的主要动力和源泉不再是物质资源，而是知识、技能等人力资源。

正因为人力资源对经济发展的巨大推动作用，目前世界各国都非常重视本国的人力资源开发和建设，力图通过不断提高人力资源的质量来实现经济和社会的快速发展。

### （三）人力资源是图书馆组织的首要资源

图书馆组织要想正常地运转，必须投入各种资源，而在图书馆组织投入的各种资源中，人力资源是第一位的，是首要的资源，是保证图书馆组织最终目标得以实现的最重要也是最有价值的资源。

人力资源是促进图书馆效能发展的第一要素。图书馆人力资源的品德素质、行为能力与行为规范等是图书馆效能提高的基础、条件和手段。在影响图书馆效能的诸多要素中,人力资源是最重要的要素,也是最活跃的要素,是图书馆最具生命力的物质力量和精神力量的源泉,它决定着图书馆工作的质量,影响着图书馆工作的效益,是图书馆事业的"灵魂"。①

## 三、图书馆人力资源的构成

图书馆人力资源主要由管理者、信息技术人员、采编人员、参考咨询人员、报刊管理人员和流通管理人员等构成。

### (一)管理者

管理者属于经营管理型人力资源,是图书馆内部具有经营管理能力的人才的总称,包括馆长、办公室主任、部门主任等。管理者是图书馆工作的领导者和决策者,是馆员群体的灵魂和核心。管理者在知识经济时代不仅是文献的保存者,更应是文献信息的经营(整序、分流、开发)者,并应当成为文献资源、人力资源、设备资源的协调者。只有高素质的管理者才能带领全体馆员开拓创新,成为实现图书馆数字化、网络化的领路人。

### (二)信息技术人员

信息技术人员负责图书馆计算机、网络和信息技术的整体规划,根据馆员提出的业务需求开发应用系统,是对系统运行进行日常维护和版本升级的专业性人才。这类工作人员能够根据图书馆的实际和特定读者群的特点,运用馆内、馆外文献资源建立数据库,帮助读者查找所需要的信息;能够通过网络与其他图书馆互联互通,实现资源共享,力求图书馆文献资源利用的最大化,充分体现图书馆数据库的价值。图书馆系统功能完备、运行效率高、运行稳定,决定图书馆提供的业务效率高效、服务质量上乘。业务系统的优劣从根本上决定了图书馆的整体竞争力。因此,信息技术人员作为图书馆技术创新型人力资源,在图书馆的发展过程中起着举足轻重的作用。

### (三)采编人员

采编人员是图书馆藏书建设和文献资源建设的主要责任者,他们的任务是合理利用经费完善馆藏,制定合理的订购标准,用较少的购书经费满足较多读者的阅读需求,保证馆藏质量;及时了解读者对馆藏的使用情

①杨景荣.图书馆知识管理的内涵及实现[J].图书馆工作,2009,(2):8.

况，正确处理馆藏与读者需求的关系；丰富并广开购书、购刊渠道，确保采购质量。同时，图书馆网络化、自动化的发展，要求编目数据具有高度的规范化和标准化；在联机编目环境下，编目工作已实现编目数据的共享，编目人员应努力提高编目数据质量，以保障图书馆自动化、网络化的顺利进行。

### （四）参考咨询人员

参考咨询人员是既具有某一学科背景，又具有图书馆学情报学专业知识和技能的参考咨询馆员，是某个学科的信息专家，是学科知识导航系统的领航员。他们具有一定服务能力及与读者沟通的能力，为读者提供咨询、导向、查新、定题跟踪和培训等服务。充分利用现代网络技术，整合馆藏所有载体类型的资源和网络资源，主动向特定学科的读者提供个性化的信息服务，使图书馆的信息服务变被动为主动，变辅助型解答服务为研究型信息服务，使参考咨询员直接地参与到科研工作中，实现与学科建设、与读者之间的无缝衔接和良性互动。通过具有个性化的服务吸引读者，维护读者权益，他们是图书馆开展信息服务、参与竞争的主力军。

### （五）报刊管理人员

报刊管理人员是负责图书馆中外文报刊的管理、编目和读者咨询等工作的。作为报刊工作实践活动的主体，为了适应信息时代的需要和报刊管理网络化发展的客观形势，要不断地充实、调整和改变自身的各种素质和能力。比如：在期刊文献资源的开发上，要注重其深加工，形成文献信息产品；在报刊文献资源的服务上，要努力提高文献信息服务水平，突破信息服务的时空、地域的束缚，提供多功能全方位的文献信息服务；在对报刊文献资源的管理上，要实现报刊文献资源的信息处理标准化、信息检索自动化、信息传递网络化、信息服务多元化和服务手段现代化，实现真正意义上的报刊文献资源共享。

### （六）流通管理人员

流通管理人员在图书馆一线部门工作，直接面向读者。他们通过长期工作积累的丰富经验，运用熟练业务知识对流通书库的借阅、归还等业务进行指导，是使图书馆基础工作能正常运行的操作型人才。图书馆要提供高质量服务，最终离不开具有良好素质的馆员。在图书馆的全面质量管理中，应通过各种措施提高馆员能力并调动和发挥其积极性、主动性和创造性，从而使馆员的自我价值得到实现，以达到图书馆管理的终极目标，为读者提供最优质的服务。另外，图书馆还有其他行政人员和财务管理人员等，他们在图书馆的业务中充当不同的角色。

## 四、图书馆人力资源管理

### （一）图书馆人力资源管理

从人力资源管理的角度看，图书馆人力资源管理概念有宏观和微观两种解释：

宏观层面的图书馆人力资源管理是指决策者与管理者在图书馆管理活动中进行的人力资源战略规划，制定人力资源发展的方针、政策，分析与预测图书馆人力资源的存量与需求，控制与评价人力资源利用的管理过程。宏观的图书馆人力资源管理通常是由国家主管部门和机构进行决策与实施，其中某些图书馆人力资源管理的内容需要融入社会人力资源管理之中，借助社会发展的管理政策，动员社会管理力量进行系统化的管理。如对图书馆专业人员资格的培训与认证工作。

微观层面的图书馆人力资源管理主要是指具体制定图书馆的人事管理制度与相关的方针、政策，确定人员编制，规定人员的业务职称标准和考核标准，明确岗位要求与薪酬制度，配备与培训图书馆工作人员，协调图书馆各部门人力资源关系等图书馆管理活动过程。如果说宏观的图书馆人力资源管理的重点在于营造图书馆人力资源使用的社会环境的话，那么微观的图书馆人力资源管理则侧重于对图书馆工作人员的录用、选拔、培训、使用、考核与奖惩等具体指标的制定与运用。微观的图书馆人力资源管理通常是由图书馆的人事管理部门来执行与完成。

宏观的人力资源管理与微观的人力资源管理是图书馆人力资源管理不可缺少的重要内容，在很大程度上决定了社会与图书馆、图书馆与部门、部门与个人之间的互动关系，也决定了图书馆事业发展的未来趋势。

图书馆人力资源管理的目的就是要通过人力资源的合理调配与培训，建立图书馆组织机构与工作人员之间的良好互动关系，实现图书馆各种资源与人力资源的最佳结合。这是因为图书馆服务的开展，各种图书馆资源的利用、操作和配置以及图书馆形象的塑造都是由图书馆员来实现的。人力资源的优化配置是提高图书馆核心竞争力的关键因素，是图书馆可持续发展的坚强基石。

### （二）图书馆人力资源管理的必要性

人力资源管理是图书馆持续发展的基础。人力资源是图书馆服务工作的主体，是图书馆事业的灵魂，是图书馆生存与发展的生命线。

1.网络时代工作的需要

随着网络时代的到来，图书馆的管理工作发生了巨大的转变，大量高素质、高层次的创新型知识人才不断涌入图书馆，他们成为图书馆发展最重要的资源。因此，加强对图书馆人力资源的管理，要构建科学有效的人力资源激励机制，应把激励的手段和目的结合起来，改变思维模式，真正建立起具有图书馆特色、时代特点和馆员需求的开放的激励体系，使图书馆在激烈的市场竞争中立于不败之地。

2.提高图书馆员综合素质的需要

图书馆员的素质关系到图书馆的长远发展，提高馆员的综合素质是进行人力资源管理的首要任务。图书馆只有确立以人力资源发展为核心的指导思想，对人力资源进行科学合理的规划、开发与管理，激发其潜能，才能提高工作效率，实现图书馆可持续发展目标。

3.图书馆人力资源配置结构的需要

目前，图书馆的人力资源状况是缺少能够开展高层次、高质量的信息服务的复合型人才，人员配置处于结构性短缺状况。而未来图书馆人力资源管理，将逐渐确立以信息研究和信息技术人员为主、传统技术人员和管理人员为辅的人力资源配置结构新模式。

## 五、图书馆人力资源管理内容与原则

### （一）图书馆人力资源管理内容

图书馆人力资源管理包括三个方面的内容：人力资源的分析与评价、人力资源的开发和利用、人力资源的控制和激励。通过对图书馆人力资源的信息管理、招聘、调配、控制、培训等手段，实现求才、用才、育才、激才和留才等管理模式，使图书馆员与图书馆的工作保持最佳比例，达到最佳状态。

1. 人力资源规划

根据图书馆的发展战略和工作计划，系统地全面分析和确定人力资源需求的过程，如评估人力资源现状及其发展趋势，收集和分析人力资源供求的信息和资料，预测人力资源供求的发展趋势，结合实际制订图书馆的人力资源培训与发展计划等。

2. 工作分析

工作分析是图书馆人力资源管理最基础的工作，对各个工作岗位进行考察与分析，以便确定其职责、任务、工作条件、任职资格和享有权利，以及相应的教育培训情况等，以便最后形成工作职务说明书。

3. 馆员招聘

根据人力资源规划和工作分析的要求，馆员招聘主要由计划、招募、测评、选拔、录用、评估等一系列活动组成。图书馆可以在内部聘任，也可以向社会招聘，按照平等就业、择优录用的原则招聘所需要的人才。

4. 馆员培训与发展

馆员培训与发展主要包括馆员职业生涯规划、馆员发展、业绩评估等。对馆员进行培训和开发，可以促使馆员更好地提高工作效能，增强对图书馆的归属感；对图书馆而言，可以减少事故、降低成本、提高工作效率和经济效益。

5. 馆员激励

馆员激励就是通过运用各种因素激发馆员的动机，引导和强化馆员的行为，调动馆员工作的积极性，使之产生实现图书馆目标的行为过程。

6. 绩效管理

绩效管理是图书馆管理者参照工作目标或绩效标准，采用一定的考评方法，对馆员的工作表现和工作成果等做出评价。对绩效突出的馆员应进行物质和精神方面的奖励，对表现差的馆员应给予批评甚至惩罚，目的是调动馆员的积极性，使图书馆人力资源管理工作健康高效地运行。

7. 薪酬管理

薪酬管理是图书馆人力资源管理的重要组成部分，图书馆要从馆员的资历、职级、岗位及实际表现和工作成绩等方面综合考虑，制定相应的、具有吸引力的工资报酬标准和制度；同时，也是图书馆吸引和留住人才，激励馆员努力工作，发挥人力资源效能的最有力的杠杆之一。

8.职业生涯管理

职业生涯管理是个人和图书馆对职业历程的规划、对职业发展的促进等一系列活动的总和,它包含职业生涯决策、设计、发展和开发等内容,有助于提高个人人力资本的投资收益,有助于降低改变职业通道的成本,有助于图书馆事业的发展。

9.人力资源保护

人力资源管理涉及劳动关系的各个方面,如劳动用工、劳动时间、劳动报酬、劳动保护、劳动争议等方面内容。图书馆应根据国家劳动保护的有关协议条款的规定,依法行事,处理相关的劳动关系,以确保馆员在图书馆工作过程中的安全与健康。

**(二)图书馆人力资源管理原则**

图书馆人力资源管理是图书馆管理和发展战略中重要的工作内容,需要政府和社会的积极支持以及图书馆各级领导与管理部门的协同努力。从根本上说,图书馆人力资源管理的核心是优化图书馆人力资源结构以及合理使用专业人员,它直接关系到图书馆组织生存与发展,也是衡量人力资源管理效果的主要标准。在图书馆人力资源管理活动中应遵循“以人为本”的指导思想,坚持体现以下几个基本原则:

1.以思想和行为为中心

这是图书馆人力资源管理基本思想的具体体现。图书馆工作人员是图书馆的第一资源,他们是图书馆工作的生命与灵魂。由于图书馆工作人员是由具有精神和情感的血肉之躯构成的特定群体,有着自己的理想与追求,渴望实现自己的人生价值。因此,在图书馆人力资源管理过程中,就应采取柔性管理策略,认真观察图书馆工作人员的思想和行为的变化,注重维护图书馆工作人员的利益,强调对图书馆工作人员的人性化管理,激发他们的工作热情,为图书馆工作人员创造良好的工作环境,使之努力实现图书馆的既定目标。

2.以需要和能力为标准

这是图书馆人力资源管理指导思想的具体运用。图书馆人力资源管理的主要内容是对各类专业人员的配备和使用。如何构建图书馆组织机构与工作人员之间的互动关系,实现图书馆各种资源与人力资源的最佳结合,是人力资源管理的关键问题。因此,在图书馆人力资源管理活动中应充分注意按照因事择人、因才器用的管理规律,不但要根据工作岗位的实际要求来选拔和使用各类专业人员,同时还应根据人们的能力和素质的差异去安排不同的工作。只有这样,才能够最大限度地激发图书馆工作人员的个人潜力和工作热情,并使之产生理想的工作效果。所以,以工作需要和工作能力作为图书馆专业人员使用的基本原则是进行人事制度管理和人员配备的基本要求,也是提高工作效率和避免人力资源浪费的有效措施。

3.以平衡和团队为动力

任何事物都是运动并发展的,图书馆人力资源管理也是如此。随着社会的变化和发展,图书馆工作人员客观地存在着适应社会的滞后现象。因此,在调整图书馆与社会发展关系,做好图书馆组织机构的重组与变革的同时,还应进行相应的人力资源调整,以保持与社会和图书馆发展的动态平衡,同时也应注意图书馆人力资源的专业结构平衡、年龄结构平衡以及知识结构平衡。要做到这一点,就要不断强化图书馆工作人员的继续教育和业务培训,注重图书馆人力资源的引进与流动。通过对在职人员的继续教育,提高工作人员的工作技能和水平,改善图书馆人力资源结构,并通过对人员的引进改善和调整图书馆工作人员的能力结构,组成科学合理的组织团队,以团队的精神和力量来推动图书馆事业的发展。

总之,图书馆人力资源管理应该建立在尊重知识、尊重人才的基础之上,充分发挥图书馆工作人员的聪明才智,调动其积极性。只有"以人为本",强调人的主观能动性,合理组织图书馆人力资源队伍,才能使图书馆事业兴旺发达。

### (三)图书馆人力资源管理目标

图书馆人力资源管理目标就是组织人力资源配置的最佳效益,提升图书馆人力资源的贡献率,提高馆员的整体素质和水平,实现读者素质的整体提高和推进图书馆组织建设的改革创新。

图书馆的人力资源管理目标分为三个层次,即直接目标、具体目标和最终目标。

1.直接目标

通过人力资源管理活动,如通过激励机制、奖勤罚懒与按业绩、劳动量、创造性进行合理分配等来吸引图书馆员、留住馆员、激励馆员和再培训馆员。

2.具体目标

通过调整机构设置，实行定岗、定员、定额管理模式，打破年龄、资历、学历、职称等限制，让所有员工能进能出，职务能上能下，待遇能升能降，促使优秀馆员脱颖而出，充分调动图书馆各类人员的积极性、创造性，从而提高整个图书馆工作的效率。

3.最终目标

通过图书馆有效的人力资源管理来保证组织的良性循环，促进组织的发展，增强组织的凝聚力和适应外部环境不断变化的灵活性。

## 第二节　图书馆人力资源管理的对象和原则

### 一、图书馆人力资源管理的对象和内容

图书馆的人力资源管理，包括人力资源的开发与利用两个方面。人力资源开发，是通过人力资源的投资、培训、选择和保护等环节，提高人力资源的生产力，挖掘人力资源的潜力，保护人力资源的再生能力。人力资源的利用，是通过人力资源的计划、激励、绩效评估、沟通等环节，使人力资源得到最充分有效的使用，避免浪费，形成健康向上的竞争与文化氛围。人力资源开发和利用的目的是提高图书馆的工作业绩。对组织的业绩起决定作用的是个人的业绩。影响个人业绩的主要因素包括个人特点、组织特点和工作特点，因此图书馆人力资源管理的对象是个人、工作和组织。图书馆人力资源管理包括几个方面的内容：人力资源的分析与评价、人力资源的开发和干预、人力资源的控制和激励。图书馆人力资源的管理，就是找出影响图书馆人力资源潜能和活力发挥的因素，分析影响工作绩效的原因，进行有针对性的开发工作。

### 二、图书馆人力资源配置原则和策略

#### （一）图书馆人力资源配置原则

人力资源配置就是根据经济社会发展的客观要求，通过一定的形式和

机制，科学合理地调配人力资源的管理行为，从而促使人力资源与其他资源合理有效地结合，产生最佳的工作效果。简言之，人力资源配置是指合理分配人力资源，使之与组织中的职位实现有效地结合的过程，它是人力资源管理的一个重要组成部分。

图书馆人力资源配置应遵循以下原则：

1.整体配置原则

实现图书馆员的优化配置，必须符合馆情，从整体和大局考虑配置，应打破原有人事管理体系，立足整体，优势互补，避免不必要的岗位重置和人员浪费。在充分发挥人的特点和优势的基础上，形成一个完整的人力资源有机体系，最大限度地发挥图书馆的管理职能和人的主观能动性。

2.读者需求原则

以读者的信息需求为依据来配置图书馆员，是任何环境下图书馆人力资源配置的根本指导思想。图书馆员合理配置要与读者的数量、读者水平及读者对信息资源的需求直接相关，用以满足读者作为配置的出发点和最终归宿。

3.因地制宜原则

图书馆员配置要符合图书馆实际人员结构的要求，做到因地制宜，即按图书馆人员层次进行图书馆员重组融合与调整布局，以达到合理配置人员。

4.动态发展原则

图书馆员结构配置是一个动态的渐进过程，虽然有其相对的稳定性，但总的趋势是变化的；另外，学科是动态的，图书馆员配置要随着学科和图书馆事业发展而进行相应的调整，使图书馆员配置满足图书馆事业发展的需要。

### （二）图书馆人力资源配置策略

1.优化图书馆领导班子配置

优化图书馆领导班子配置。首先，图书馆领导要有较高的学识水平，较强的决策管理能力和民主严谨的工作作风；其次，要加强对图书馆人力资源优化配置和整体规划的制定，全面推行全员聘任制。

2.合理设置岗位，优化人员配置

由馆领导、业务骨干、外请有关专家等组成的智囊团，根据图书馆工作和服务发展的特点，对各岗位进行认真细致的调查研究，广泛搜集有关岗位职能方面的信息，如工作的业务流程、工作强度、所需时间、所需技能、工作量等有关信息，对所取得的岗位信息进行深入分析；在此基础上，对比岗位之间的性质、岗位的专业技术性等因素，更新划分职能业务部门，确定各部门高级、中级、初级岗位的数量，建立合理的岗位结构，明确各级岗位的职责及任职要求，以达到合理配置人员的目的。

3.加强对馆员的培训和继续教育

在科学技术高度发展的今天，馆员不仅要适应传统意义上的图书情报工作，还要能够胜任一切基于网络知识信息的服务。因此，图书馆领导要根据工作性质、岗位特点、人员性格、专业和特长等，帮助和指导馆员设计职业发展计划，并积极争取和创造条件，为馆员提供培训、继续教育的机会，通过脱产、进修、函授教育和在职培训等多种形式，帮助馆员不断更新知识和技能，完善知识结构，提高学识水平。这不仅有助于馆员自身的发展，更重要的是关系到图书馆人力资源的优化配置以及工作效率和服务质量的提升。

## 三、图书馆人力资源管理的模式

组织的战略、人力资源管理开发和组织的绩效之间有很大的关联。为了增强组织的竞争力，必须采取有效的人力资源管理模式。图书馆作为一个组织，要提高工作绩效，也应实施有效的人力资源管理。简单地说，图书馆人力资源管理工作就是要实现求才、用才、育才、激才和留才的管理模式。①

### （一）求才

制订图书馆人力资源计划，设计统一的选才标准，建立双向选才机制，关键是树立良好的图书馆形象，靠形象吸引人才。

### （二）用才

在尊重和信任图书馆员工的基础上，关心人才，大胆使用人才，使人尽其才，创造良好的用人环境，发挥人才优势。关键是要树立以人为中心的管理思想。

①刘扬．图书馆人力资源管理初探[J]．才智，2016，(5)：268-269.

### (三)育才

建立系统的图书馆员工培训教育体系,通过培训教育,开发人才潜力,使个人的职业生涯开发和图书馆的组织开发相结合。关键是要形成经营即教育的管理哲学。

### (四)激才

建立良好的激励机制,通过各种激励措施,充分调动人才的积极性。可以采用目标管理,配合考核、评估和奖励的机制。关键是要依靠企业文化的凝聚力。

### (五)留才

树立人才为本的思想,珍惜人才,留住图书馆所需要的人才,以事业留人。关键是要满足图书馆员工的需要。

## 第三节 图书馆员职业资格与聘任

### 一、图书馆员职业资格

图书馆员职业资格是指图书馆员在信息资源组织与提供利用活动中应具有的能力和知识。具体来说,图书馆员职业资格是指图书馆员在信息资源组织、信息资源获取、信息技术利用、信息服务活动等领域中有效完成工作任务所必须具备的基础知识、理解能力和基本技能。它是选拔、录用图书馆员的主要依据,也是图书馆员职业发展的必要条件。

一些欧美国家规定,要成为图书馆专业人员,必须在经图书馆协会认可的图书馆学院或图书馆情报学院修满一定的学分,然后才能获得图书馆员专业资格。在美国,获得这一资格的基本条件是具有图书馆学或情报学硕士学位。可以说,在这些国家里,图书馆员是从事社会知识服务的专业人员。尤其是在美国和英国等发达国家,图书馆员之所以普遍受到社会的尊重,有较高的社会地位,正是因为他们以一流的信息服务为国家的政治、经济、科技文化等各个领域的发展做出了贡献,以高效优质的服务赢得了社会的广泛认同和赞誉。

此外，一些专业组织也对图书馆员的职业资格做了进一步研究与认定。例如：美国专业图书馆协会认为，专业图书馆员（美国图书馆界工作人员为专业馆员、支持馆员、学生助理，不同级别馆员的收入差距较大）特有的专业资格是：对专题范围内的印刷版和电子版信息资源有深入的了解，能根据所服务对象的战略性信息需求来设计并管理信息服务。

国际图联与联合国教科文组织公布的《公共图书馆服务发展指南》指出：专业图书馆员应当能够设计、规划、组织、实施、管理并评估图书馆信息服务工作和制度，以便满足社区图书馆信息服务用户的需求。这些工作包括馆藏建设、馆藏资源的整理与利用、为用户查找和利用信息提供辅导与帮助以及系统开发，以方便使用图书馆资源。其中对专业图书馆员职业资格的规定是：①分析社区的资源与信息需求；②制定和实施发展服务工作的政策；③规划公众服务措施并参与提供服务；④获取和提供信息；⑤使用适当的资料解答信息和参考咨询问题；⑥协助用户使用图书馆资源和信息；⑦制定服务措施，满足如儿童等特殊群体的需求；⑧建立和维护数据库，满足图书馆及其用户的需求；⑨设计图书馆信息服务工作和制度，满足公众的需求；⑩制定采购政策和馆藏体系；⑪管理图书信息系统；⑫分编图书馆资料；⑬宣传图书馆的服务；⑭评估图书馆的服务措施和制度，并衡量其实际效果；⑮选择、评估、管理以及培训员工；⑯经费预算；⑰制定工作规划；⑱参与新图书馆、重新装修图书馆和流动图书馆的设计和布局；⑲跟踪图书信息服务，包括相关技术的发展等。[①]

根据国际上对图书馆员职业资格的认识，作为一名合格的图书馆员，应该符合以下职业要求：①具备良好的个人品德修养和文化修养，以及为公众提供服务的志向和献身精神；②受过良好的社会教育，具备一定的学科知识和专业背景，具有系统的知识理论和专业服务能力；③具有社会权威部门承认的专业图书馆员资格，精通图书馆学或情报学的基本知识和基本技能，有着良好的业务修养；④具有运用信息技术的基本能力和素养，能熟练运用计算机技术、网络技术、通信技术以及信息检索技术为用户提供所需要的信息服务；⑤具有一种或几种外语能力，以提高图书馆信息服务的质量和效率；⑥具备一定的图书馆活动的管理能力、研究能力、创新能力、语言文字表达能力，以对图书馆活动中的各种问题进行深入研究与

①袁红军．图书馆员职业制度发微[J]．图书与情报，2009，(1)：37-40.

分析,从而提出解决的方案。

## 二、馆员的甄选与聘任

图书馆员的选拔和聘用是图书馆人力资源开发和管理的一项基本任务和重要环节,它决定了图书馆人力资源的结构成分以及具有的能力水平。图书馆员甄选是指对从事图书馆工作的人员进行公开选拔和测试,其目的是挑选符合需要的图书馆工作人员,提高工作效率,降低图书馆员职业培训的成本。图书馆员聘用是指在甄选的基础上,对具有专业技术资格和技术能力的竞聘人员进行录用和聘任,其目的是对录用的工作人员明确岗位职责并授予一定的岗位权利,以充分发挥所聘人员的才能和作用,它是图书馆人力资源管理的主要过程。

### (一)图书馆员甄选任用的原则

1.“三公”原则

图书馆要获得高质量的图书馆员,提高自己的管理水平,就应在甄选和任用未来馆员的过程中坚持公开、公平、公正原则。图书馆应打破传统的自我封闭的形象,把图书馆所需的工作岗位和人员数量以及任职资格、录用时间向社会和图书馆组织内部公布,鼓励社会成员和图书馆职工参加竞选和竞聘。要做到机会均等,一视同仁,坚持任人唯贤,并通过相关的制度来确保选拔和聘用人员的质量。为此,图书馆应为选拔优秀人才创造良好的政策环境和工作环境,以保证图书馆运用科学的方法吸收和录用最合适的工作人员。

2.用人之长的原则

知人善任、扬长避短,是图书馆员选聘过程中应该注意的重要原则。应该采取客观、辩证的态度,将待用人员的长处和短处、主流与非本质等方面做反复仔细的掂量,区别对待。人无完人,倘若只看到其短处,看不到长处,就会陷入无人可选的困难境地。在甄选员工的过程中,关键在于如何根据岗位要求,发挥工作人员的长处。对于待用人员来讲,若能在一个最适合其个性特点的工作岗位上发挥其长处,就能各得其所,人尽其才;对于图书馆组织而言,也是得到最合适人才的合理途径。

3.用人不疑原则

它又称为信任原则。对既被任用人才,要放手使用他们,发挥其主动性、积极性和创造性，支持员工取得各项工作成绩。一个人如果得不到管理者的信任，处处受到猜疑，他就不会全身心地投入工作中去，智慧和才能就不会得到充分发挥。只有充分信任，放手支持选拔和录用的工作人员大胆工作，才能使之充分发挥其聪明才智，为图书馆创造更大的成就和效益。

4.注重潜力的原则

要注重竞聘人员的潜在发展能力。有些人在担任现职时表现出色，但当被选拔到高一级职位时，却不能胜任工作的需要。因此，在对应聘人员进行考核时，应注重对其工作能力、知识范围、思想品德以及交往能力进行全面考核和评定，同时还应注意其团队精神和协作精神的评定。要正确评价竞聘人的发展潜力，根据其处理复杂问题的能力和是否具备高层次人才所需的基本素质进行甄选和聘用。只有这样，图书馆组织才能够避免“提拔过头”的现象，避免造成人力资源的误用和浪费。

5.条件适当的原则

在选聘过程中，选聘的条件可能很多，候选人过五关斩六将才能够得到想要的岗位。但是，这些条件的设置不能脱离组织实际，过于苛刻，必须要根据图书馆组织的目标以及这一目标对人员配置职能的要求等方面来客观设计，应对待聘职位的性质进行工作分析，并充分考虑这一职位对人员提出的要求来选拔人才，这样才不至于浪费大量的时间、精力和费用，同时又能够得到图书馆所需要的各类人才。

### （二）图书馆员甄选聘用的途径

图书馆进行人员选拔与聘用通常有两种途径：一种是对图书馆内部的员工进行选拔，另一种就是对社会成员进行公开招聘。

1.内部选拔

内部选拔是指从馆内已有的人员中进行选拔提升。这就要求在组织中建立起详尽的人员工作表现的调查登记材料，以此为基础建立数据库，以便在职位出现空缺时，能够据此进行分析研究，从而从中选出符合要求的人员。

在图书馆内部选拔人才有以下几个优点：①由于对图书馆内人员比较了解，可以通过充分和可靠的人事管理资料进行分析与比较；②被提升的组织内部成员对图书馆组织运行的状况以及现存的问题比较了解，能够比较快地适应岗位要求;③通过对图书馆内部成员的选拔,可以使广大员工看到工作的希望和前途,增强自信心,鼓舞士气,并使其保持良好的工作热情;④可以使图书馆快速获得员工对图书馆业务培训的回报。

但从内部选拔人才也有可能产生一些弊端:①容易造成"近亲繁殖"的后果。由于组织成员已经形成了长期的思维定式,难以产生新的观念和行为,因而此举不利于图书馆组织的发展与创新;②如果图书馆工作岗位所需人员的缺口比较大,而又一味坚持从图书馆内部选拔人才,就有可能导致不适合图书馆岗位要求的工作人员上岗,这样不仅使图书馆失去了获得一流专业人才的机会,也会对图书馆组织的发展形成阻力。

2.外部招聘

外部招聘是指从图书馆以外的途径来获得人才。外部招聘的渠道很多,例如广告、职业中介、学校、图书馆员工的推荐等。要使外部招聘得以有效地实施,就必须将图书馆空缺岗位的相关情况事先告知应聘者,例如岗位的性质和要求、工作环境的现状和前景、报酬以及福利待遇等。图书馆外部招聘的优缺点恰好与内部选拔互补。

对外招聘的主要优点是:①有较广泛的人才来源来满足图书馆的需求,并有可能招聘到一流的人才;②可避免"近亲繁殖",为图书馆带来新鲜空气,新的思想和方法可以为图书馆补充新鲜血液;③由于大部分应聘者都具有一定的理论知识和实践经验,因而可以节省在培训方面所耗费的大量时间和费用。

但它也存在不足:①如果图书馆中有胜任的人未被选用,采取外部招聘的方法可能会使这部分人才感到不公平,可能会产生与应聘者不合作的态度,同时会使其士气和积极性受到打击;②应聘者对图书馆的历史和现状不了解,需要有一个了解和熟悉的过程;③由于对应聘者的实际工作能力并不十分了解,因而在招聘过程中不可避免地会过分关注其学历、文凭等。

总而言之,无论是内部选拔还是外部招聘,都各有长处和不足,不是十全十美的甄选聘用的方法。但在实际工作中,我们可以遵循一些一般的规律。例如:当图书馆内有适合该空缺岗位要求的人选时,应首先从内部进行选拔;当空缺的岗位是图书馆内的关键职位,而图书馆内部又无人可胜任时,就应该从外部招聘。这两种方法应该结合使用,从外部招聘进来的人员应该从基本工作做起，然后根据其表现来进行适当的提升。

### （三）图书馆员甄选聘用的程序与方法

图书馆员甄选与聘用的流程可根据图书馆的规模和性质以及岗位的要求来进行设计。首先应从岗位的需要出发进行工作分析。确定某项专业工作所需人才的业务水平的目的是确认甄选的标准，是识别最佳人选的前提。例如：选择担任文献采选人员、编目人员、咨询课题主持人与计算机管理系统设计人员时，对他们的要求是有区别的。外语水平与知识广度是外文采选工作的基本要求，编目人员必须要有系统的图书情报专业知识，而专题咨询与计算机管理系统设计人员则需要较深厚的专业理论基础。同时，也要考察工作对候选人的个性特长的要求等，然后针对这些要求设计甄选的方式，如问卷调查或是进行面试等。通过对候选人的甄选，决定其是否被录用，以及被任用到何种岗位。设计甄选与聘用活动的程序时，应考虑到实施过程中相关因素的影响，例如时间、使用、甄选的难易程度以及实际意义等。

图书馆员甄选聘用的方法主要有笔试和面试。其中笔试可以通过各种测验来对以下内容进行考察分析：①智力测验。目的是考量候选人的记忆力、观察力等。主要是考察候选人在继续学习上的能力，同时也对候选人有个基本的了解。②专业测验。目的是测验候选人所具有的专业技能，以及进一步掌握技能的潜力和能力。例如：对参考咨询人员的测验，就应该考察其在咨询工具的操作方面的能力，以及对信息的检索分析处理方面的能力等。③性格测验。目的是衡量候选人在性格上的特征。在图书馆的参考咨询中，十分强调与读者的沟通交流能力，若候选人在个性上不够耐心，沟通上欠缺技巧，就不符合该岗位的要求。④领导能力测验。目的是衡量候选人在领导能力方面的表现，以及在这方面的潜能。若待聘职位是关联的领导岗位或者是该类岗位的储备人员，就特别应该强调候选人在这方面的能力。

面试则是一种要求候选人口头回答主试提问，以便了解候选人的素质和潜能的甄选方法。面谈的优点是直接简便，可以快速淘汰那些明显不合格的候选人，但同时这种方式也很容易受到候选人表象的影响。由于很多图书馆没有实施现代人力资源管理制度，招聘选用人才时没有采取科学的方法，面试往往只是走过场，所以负责甄选人才的人员不能从中得到有价值的所需要的候选人的相关资料。图书馆在采取面试这种方式甄选人才时,必须警惕形式主义。面试的重点,一是了解候选人的工作能力,可以通过询问其以往的工作经历、经验来判断其是否适合该岗位要求;二是了解候选人的性格特点,观察其应变能力等因素。三是了解候选人的求职动机。另外,有的人将大城市的图书馆当作职业上的跳板,工作态度不端正,应该在面试时充分了解考察,早做判断。

总之,图书馆员甄选任用的方式并不是孤立的,而是根据实际需要灵活选用。在实际工作中,若是从内部选拔人才,对其个人情况都比较了解,可以根据岗位的要求重点考察其一两个方面的能力,而对于从外部招聘的人才,则需采用多种方式来进行全方位的考察。

## 第四节 图书馆人力资源的激励

### 一、图书馆实行激励机制管理的必要性

激励机制是管理者依据法律法规、价值取向和文化环境等,对管理对象之行为从物质、精神等方面进行激发和鼓励以使其行为继续发展的机制,是通过一套理性化的制度来反映激励主体与激励客体相互作用的方式。

#### (一)图书馆馆员的人性本身的需要

学者通常将人的需求分为生理需要、安全需要、社交需要、尊重需要和自我实现需要五种。从人性的基本需求来说,图书馆工作人员不仅需要薪金荣誉,更需要感性上的尊重和认可。激励可以产生有目的的行为去实现目标,且激励又可以减少防御性行为,增加建设性行为。

#### (二)图书馆管理的自身发展的需要

图书馆工作人员如果工作积极性不高,务必给图书馆发展造成很大的阻碍,所以必须充分意识并强调图书馆工作人员的主观能动性。这就需要建立科学、规范的人才激励机制,将人力资源的管理与图书馆的发展更好地结合起来。

### （三）提高图书馆管理效率的需要

在图书馆的管理中推行激励机制能提高人的自觉性、主动性、创造性和工作热情，从而提高工作绩效。有效的激励可使人积极主动而不是消极被动地工作，可以克服消极怠工，甚至劳而无功、劳而有害的行为。人的能力在执行某项任务的过程中是相对稳定的，而激励程度的变化却是很大的，所以激发人的动机就是管理的关键。

### （四）图书馆的组织文化建设的需要

图书馆是一个传播知识、技术、文化、服务社会、弘扬科学精神的地方，它有着与自身发展特点相适应的学术氛围和文化环境。图书馆作为社会文献信息中心，是开展思想教育、传播知识文化的有力工具，也是丰富人民群众生活和文化建设的重要平台。我们的图书馆工作人员既然是“人类灵魂的工程师”，那么，就应该大力提倡弘扬“图书馆精神”，激励图书馆工作人员的工作热忱、激发其创造性和积极性。

## 二、图书馆实行激励管理过程中应遵循的原则

为了使图书馆管理使用激励方法更科学、规范，充分发挥其积极作用，防止或减少消极作用。我们必须遵循以下激励管理的原则：

### （一）公平公正原则

人是社会的人。一个人的工作动机，不仅受所得报酬绝对值的影响，而且受相对报酬多少的影响。人做出贡献或投入，便期望得到公平的收益。管理者必须对每个图书馆工作人员的表现给予相应恰当的承认和报酬，使他们之间有一种比较，而且是一种正确积极的引导过程。孔子说过：“不患寡而患不均，不患贫而患不安。”激励作用的大小不在结果报酬的绝对值，而在人们对其进行的历史纵向比较以及周围的横向比较的相对值，在于个人对此相对值的满意程度。如果有人认为自己的报酬与贡献不相等，尤其是相比别人就会感觉不公平合理，从而影响工作情绪和工作劲头。

### （二）实事求是原则

激励作用的基础在于人的需求的客观存在性。需求也必须与一定的生产力、生产关系及社会环境相适应。根据工作人员的实际工作情况、具体业绩来客观、公正地给予相应的报酬、奖励，但是也只有符合图书馆客

观发展要求、在客观条件允许的范围内激励才有效。要结合实际情况制定奖励标准、明确等级,要使职工清楚自己付出的劳动越多,图书馆办得越好,自己所得才会增加。

### (三)奖惩相结合原则

激励机制有两重性,即奖励——正强化与惩罚——负强化。如果一个人工作出色,就能得到适当的奖励和表扬,使这种动机行为得以继续保持和增强,否则他们会有意控制自己的努力和产出。如果一个人实际得到的比应得的多,而又没有通过批评和惩罚来否定和警告,那么会助长他们不好的思想,更会影响他人工作情绪。研究证明,作为阳性诱因的奖励总是比作为阴性的惩罚效果好。所以,应该以正向的激励为主负向的惩罚为辅,两种激励方法配合使用,相互补充,正确引导图书馆工作人员的思想态度和工作方法。

### (四)物质激励与精神激励相结合的原则

人要生存发展既有物质要求也有精神欲望。图书馆工作人员也有自身的需求和欲望,但是重视物质奖励绝不是提倡个人抛开集体和他人的利益,专为自己奋斗,绝不是提倡一切向钱看,而是要正确处理好集体、他人和个人的关系,发扬团结协作精神。如果只看重物质激励,会产生"拜金主义"的错误思想,若只单纯精神激励,则会使图书馆工作人员感到不能解决物质需要、太虚伪。因此只有两者相结合才能发挥激励的最佳效果。

## 三、图书馆施行激励机制的基本方法

随着社会的发展及激励活动的不断实践,不仅激励因素在不断丰富,激励方法手段也在不断变化。在图书馆管理过程中,必须遵循激励机制管理的基本原则,建立一套科学有效的激励机制管理方法,使外部因素的激励和员工内在激励相结合统一,从而不断提高员工的工作积极性,建立和谐、高效、充满活力的图书馆工作新模式。

### (一)规范图书馆自身的组织、人事制度

在图书馆管理工作中要建立一个"能进能出、能上能下、能升能降、优秀人才脱颖而出,充满生机与活力的用人机制"。如果要使激励积极作用更好地发挥,图书馆的领导首先要"其身正,不令而行",以身作则,起到垂范作用。如有可能要让职工参加管理,增强主人翁感。只有这样才能激发

馆员的工作热情,形成强大的内聚力。

### (二)建立科学的人才评价机制

科学的考核机制和人才评价管理方法是图书馆“人本管理”中张扬馆员个性、发挥馆员才智和释放馆员创造力的必要保障。图书馆必须建立一套科学合理的考核评价指标,在激励因素的引导下,建立以业绩考核为主,品德、科学文化、专业、身心素质、沟通、创新等多方面共同考核的人才评价机制,从而形成一个良好、和谐的人才成长环境。①

### (三)科学定岗,建立“责任制”

图书馆岗位评价就是在通过对图书馆各个专业技术岗位的调查分析,获取充分资料的基础上,测定和评价图书馆各个专业技术岗位之间相对价值的一种工作。根据图书馆发展的要求,不断进行岗位评价,能够进一步优化岗位、改进程序、明确分工、划清职责、理顺关系,以提高工作效率和工作水平,更好地促使激励工作人员,锲而不舍地奋力追求。

### (四)开展竞争,调动馆员的积极性

图书馆引进并建立优胜劣汰的竞争压力机制,可以让馆员之间看到自身与别人的水平差距,进而充分调动广大馆员的积极性。要让压力根植于馆员的头脑之中,渗透于馆员的行为方式之中,具体到馆员的日常工作中,从而产生一种拼搏向上的动力,促使馆员更努力地履行岗位职责。图书馆应该针对各部门的特点,制定不同标准,坚持“效率优先、兼顾公平”的原则,开展时间竞争、效率竞争、服务竞争等。这种机制能够发掘每个馆员的潜能,调动整体的积极性,使图书馆显现出一派勃勃生机的局面。

## 第五节　图书馆人力资源的租赁和外包

### 一、图书馆人力资源租赁

图书馆人力资源租赁是一种新兴的用人机制,是人力资源配置的新方式,这种新兴的用人机制,促进了人力资源开发,缓解了人才分布不平衡,

①艾家凤. 高校图书馆人力资源管理研究[M]. 合肥:中国科学技术大学出版社,2015.

优化了人才配置，是发挥人才价值的最好方式。

### (一)人力资源租赁

人才租赁制度是目前国际上通行的一种新的人力资源配置方式，起源于美国、日本等发达国家。随着全球市场的竞争加剧，越来越多的组织意识到，要想在一个动态的市场条件下成为胜利者，必须要有配套的柔性流动员工队伍来提高组织响应的速度和对成本有效性的反应，从而加速了人才租赁业的发展。

1.人力资源租赁

人力资源租赁是指人力资源租赁公司通过合同的形式，吸收、储备人才，然后根据用人单位的需要，再将人才出租给用人单位，与用人单位签订租赁合同。一般来说，人力资源租赁公司对人员的招聘、测评、培训、工资、福利、保险、休假等人事劳资关系负责，用人单位负责使用人才，向租赁公司支付人力资源租赁租金和手续费，与所租人员未发生隶属关系。人才租赁又称“人才派遣”。这种用人机制劳务关系的核心是“人”与“才”相分离，“人”由人才租赁服务机构管理，“才”为用人单位服务。它的特征是用人不养人，多种人才租赁形式满足着用人单位各类型多层次的需求。

人力资源租赁市场主体分为四类：供方、需方、中介人、管理者。人力资源与租赁公司共同构成供方。人力资源既是市场主体，又是市场交换的客体。严格地说，市场客体是指人的才能，人只是才能的载体。租赁公司既是中介人，又承担部分供方的职能，如培训、管理、支付工资等。当事人的交叉性、主客体的综合性是人力资源租赁市场区别于其他租赁市场的显著特征。中介人就是指收取佣金和手续费的租赁公司。管理者包括直接管理人和间接管理人两个方面。直接管理人主要是国家各级劳动人事部门；间接管理人有立法管理的权力机关（各级人民代表大会），有司法管理和行政管理的公检法、厂商和税务管理部门。①

2.人才租赁的形式与特点

人才租赁主要有这几种形式：①短期租赁；②双休日租赁；③钟点租赁；④集体租赁，企事业单位通过人才租赁服务机构把闲置的人才部分或整体地派遣给第三方；⑤项目租赁，以完成某个工作项目为准的租赁人员；⑥假期租赁，高校图书馆之间或之内利用寒暑假期完成一定的工作进

①李朝云．图书馆人力资源管理探微[M]．合肥：安徽大学出版社，2011.

行人才租赁。

人才租赁的特点可以用三个字概括，即准、快、低。准就是用人单位根据需要有针对性地迅速准确地选用所需人才；快就是用人手续方便快捷；低就是人才是现成的人才，只需承担租赁费、被租人的工资等，不需要对其进行培训，节约了成本。人才租赁制度使人员使用与人事管理相分离，对合理配置人力资源起到了积极的促进作用。

3.人才租赁的优势

人才租赁是人力资源外包服务发展到一定高度的产物，是对后者发展的有益补充。可以从以下三个角度来分析其优势：

(1)人才租赁对于全社会的优势而言

一方面可以优化全社会的人力资源配置，在短时间内可以缓解企业“用人荒”，特别是人才的燃眉之急，缓解人力资源供求矛盾。另一方面为全社会的人力供方提供了一种全新的就业模式，也为人力需方开创了一种新型的用人模式，增加了就业机会，缓解了就业压力。

(2)人才租赁对于租赁企业的优势而言

一方面创造了一种灵活多样选择的用人模式，企业可根据事态变化和自身实际需求，迅速找到需要的人才，降低了人才交易成本。另一方面有效降低了企业和员工之间发生的法律摩擦成本，使企业有精力可以投入发展核心竞争力。

(3)人才租赁对于人才的优势而言

一方面通过强大的人才租赁机构后盾，降低了信息不对称造成损失的风险。另一方面自己通过在多家企业公司工作的经历积累了丰富的工作经验，为日后自身发展奠定了坚实的基础。

### (二)图书馆人才租赁

人才租赁是指用人单位根据工作需要，通过人才服务机构租赁人才的一种新型的用人方式，也是一种全面的高层次的人才代理服务。近年来，人才租赁作为优化人力资源市场化配置的一种探索性实现形式，在我国得到了迅猛发展，并受到社会的广泛关注。

1.图书馆内部实施人才租赁制的可行性

图书馆实行内部人才租赁制，是在国家大力提倡事业单位人事制度改革的政策指导下进行的，是进一步实行人性化管理的重要形式。它改变了传统的人事制度，变人事管理为人力资源开发，缓解了人才分布不平衡，优化了人才配置，是发挥人才价值的最好方式。图书馆实施人才租赁制可实现图书馆整体人才资源共享，为调整人力资源管理提供依据。对于组建一个强大的专业技术人才队伍，调整人才培训方向都有重要帮助。

图书馆实施人才租赁制打破了图书馆内部各部门人事壁垒，集中优势力量，提高图书馆的服务质量和研究水平，增强图书馆的竞争力。图书馆实施人才租赁制满足了图书馆人才的挑战性、进取性心理以及价值创造的心理需求，有利于人尽其才，充分调动人才工作的积极性，挖掘人才潜力，起到稳定人才和吸引人才的作用。

2. 图书馆人才租赁制实施具体措施

(1)成立机构

图书馆应成立人才租赁中心，建立门类齐全、信息准确的图书馆人才库。人才库包括本单位业务部门、行政后勤等方面所有技术骨干人员，包含高学历的管理人员、专业技术人员以及具有某项专长的高技能人才。

(2)租赁形式

人才租赁可实行短期租赁、长期租赁形式。为满足图书馆内部某项重大任务需要，如迎接省级图书馆一级馆评估，迎接馆庆等重大活动可签订短期租赁活动，日常较稳定的工作签订长期租赁。这样可随着工作量的变化，随时变动部门人员，充分做到人才的柔性流动。

(3)租赁程序

部门所需人才，由部门主任向馆人才租赁中心提出用人意见，馆内有合适人选的，由人才租赁中心从人才库挑选符合条件的人员名单，经部门主任最后选定，本人同意，由人才租赁中心直接派遣，并签订租赁合同。

(4)提交方案

人才租赁中心与馆内各部门深入沟通，了解具体情况和需求，拟定租赁方案，应明确各方权利、义务及薪酬待遇。

(5)签订协议

经协商无异议，签订人才租赁协议，并按照协议，各方履行相应的权利和义务。

3. 图书馆人力资源租赁的意义

人力资源租赁在国家、组织、个人和租赁公司中发挥着重要的作用，具有重要的实践意义。第一，对图书馆来说，减少了招聘、选拔、录用、培训、离退休、人事管理等环节，馆员使用成本降低。例如：图书馆在承担某项任务或科研项目时，在一定时间内需要租用相关专业的技术人才；图书馆双休日、晚间及寒暑假期间对读者都实行开放服务，通过人力资源租赁，可减少图书馆用人成本；另外，以岗租人，能有效控制馆员人数，精简图书馆管理机构，人力资源使用效率提高；同时，减少用人风险，有利于图书馆吸纳优秀人才成为正式员工。第二，对租赁公司来说，可以拓展业务，增加利润。租赁公司能从人力资源租赁中获取丰厚的佣金收入。第三，对人力资源来说，能够充分发挥自己的专长，提高自己的收入水平。此外，就个人来说，一般人不熟悉国家劳动人事政策和办理程序，由租赁公司代其跑人事劳动部门，调档案、办保险、落户口等，节约了时间，消除了后顾之忧。第四，对国家而言，可以促进第三产业的发展，是国民经济新的增长点。同时，还可以扩大就业面、缓解就业矛盾，具有一定的社会作用。

## 二、图书馆人力资源外包

### （一）图书馆人力资源外包

1.图书馆人力资源外包

图书馆人力资源外包是指图书馆根据工作需要将某一项或几项人力资源管理职能外包出去，将原来由组织内部人力资源部承担的工作职能，包括人员招聘、工资发放、薪酬方案设计、保险福利管理、员工培训与开发等，交由人力资源机构进行管理、实施，以降低人力成本，实现效率最大化。通过外包，可以使图书馆人力资源管理人员从作业性、事务性的工作中解放出来，把精力、时间用于思考战略规划、职能建设、提升人力资源竞争力等方面。

人力资源外包总体上分两大类：人事代理和人才外包（有的又称为人力资源租赁、劳务派遣等）。人事代理，即员工仍与用人组织签订劳务合同。但相关的档案、薪酬、培训等事务，由专业服务公司代理。人才外包即员工与用人组织没有任何人事关系，劳务合同及相关档案、薪酬体系，只与专业服务公司有关。

2.图书馆人力资源外包方式

图书馆人力资源外包形式多种多样，具体根据组织外包的目的、服务商资质、环境等因素多方面决定选择何种外包方式。

(1)部分外包

指将所进行的一项人力资源管理活动的一部分(干不了或干不好的)进行有条件(按照提供的信息资料和在规定的时间内完成)的外包。例如,设计一项绩效考评系统,但是组织内部不能有效地设计出相对应的考核指标,这时可以进行外包。

(2)整体外包

组织在进行一项人力资源管理活动时,没有做过相应的工作,但工作又相对比较重要,此时要进行整体外包;还有一种情况是,在实施此项管理活动时,成本太高或者效果达不到预期目标,必须借助于外部综合的人力资源公司或者专门的咨询机构,如实施员工职业生涯设计工作等。

(3)小包干

把组织的一种或多种人力资源管理活动全部进行外包,自己只对活动结果进行检验和考核。例如,组织的招聘活动完全由外部招聘机构来进行,组织只提出相应的员工资格条件、员工的考评等。

(4)大包干

有的组织没有人力资源管理部门,他们把所有人力资源管理活动全部进行外包,组织不进行相关的活动,不仅不进行设计,而且不进行实施,组织只提供建议和实施监督。例如,部分高新技术组织、虚拟结构的组织等进行具体的人力资源管理活动时可进行大包干。

(5)综合外包组织

在进行人力资源管理活动时,可能不只是其中的一种,很可能是其中的几种外包的综合运用,发挥各种外包的整合协同作用。例如,人员测评的小包干和绩效考评的整体外包(设计)等。

### (二)图书馆业务外包的发展状况

1901年,美国国会图书馆开始进行印刷目录卡片的分销服务,这一服务当年就惠及212家图书馆。英国的国家书目局从1956年起也建立了全国性的编目卡片销售服务。到20世纪60年代后期,美英等一些国家的图书馆开始以机读编目磁带(MARC tape)供应图书馆界,并进行机读编目的回溯性转换工作。这些早期的外包业务节省了其他图书馆在编目方面的人力和时间,对促进编目规范化、标准化起了很大的作用。20世纪80年代，日本京都图书馆率先实行图书馆业务委托管理，即业务外包，这一行为带来了世界性的图书馆业务外包风潮。据2007年曹秋霞对我国广东20所高校图书馆的调查显示，正在实行编目业务外包的有14所，占调查总数的70%。

随着现代信息技术在图书馆的广泛应用，图书馆自动化业务成为图书馆业务外包的重头戏。在二十世纪七八十年代，我国图书馆刚刚出现计算机的身影时，美国图书馆已将图书馆自动化这项业务招标承包出去。目前，美国图书馆已普遍将大量机械性劳务，如清扫、保卫、拆包、贴书标、上架、装订等工作以比馆内成本更低的价格承包出去，甚至将数据库建设也交给专业公司来完成，完全体现了高效、低耗、优质的管理目标。尽管对图书馆业务外包的评价毁誉参半，但客观地说，专业的编目公司、数据库建设公司、清洁保安公司的服务在性价比上远远高于图书馆自我运行的性价比。虽然图书馆业务外包模式目前还不成熟。而且还存在一些有待解决的问题，但随着图书馆现代化、网络化程度的提高，虚拟馆藏比例的上升及联机编目的普及，图书馆内从事信息贮藏与处理的人员将减少，而从事读者信息服务人员，尤其参考咨询人员将成为图书馆的核心人员、主力军、领航员，因此图书馆的整个组织机构、工作流程、人力资源使用等都应重新分配，合理使用。

# 第五章 图书馆知识管理

在我国，图书馆知识管理起步于20世纪90年代，并随后在图书馆界引起了广泛的关注。图书馆知识管理是知识管理理论与图书馆实践相结合的一种新的管理思想和方法，它全面、系统地实现了图书馆管理的创新，这些创新主要表现在基本理念、管理内容、管理职能、管理原则、管理方法等方面。

## 第一节 图书馆知识管理的含义

随着知识经济时代的到来，知识管理已经成为时代的一种新的管理，是人类管理史上一项最伟大而深刻的革命，是信息化和知识化浪潮的产物。知识管理产生于知识型企业的管理实践并已得到了成功的验证，正在成为世界范围内企业管理的新趋势。图书馆作为知识的宝库，有必要及时研究和借鉴知识管理的经验，不断改进现有工作，与时代前进的步伐保持一致。

"知识管理"一词是美国麻省莱克星顿著名的恩图维星(Entovation)国际咨询公司于20世纪90年代初首次提出的，但至今仍未有一个公认的明确定义。其中较具代表性的观点有：

英国加特纳集团公司(Gartner Group Inc。)认为，知识管理是为发现、管理和分享企业信息资产所提供的一条综合途径，这些信息资产包括数据库、文献、策略、程序和未成文的存在于员工中的技能与经验。

David J.Skyrme博士认为，知识管理是对虚拟知识及其创造、收集、组织、传播、利用与宣传等相关过程的系统管理，它要求将个人知识转变为某个组织可以广泛共享与适当利用的团体知识。

美国德尔集团创始人之一卡尔·弗拉保罗从知识管理的目的出发，认为知识管理就是运用集体的智慧提高应变和创新能力,是为企业实现显性知识和隐性知识共享所提供的新途径。

Yogesh Malhotra认为,知识管理是当企业面对日益增长的非连续性的环境变化时,针对组织的适应性、组织的生存和竞争能力等重要方面的一种迎合措施,本质上它包含了组织的发展进程,并寻求将信息技术所提供的对数据和信息的处理能力以及人的发明创造能力这两方面进行有机的结合。

还有人认为。知识管理就是以知识为核心的管理,它是指对各种知识的连续管理的过程,以满足现有和未来的需要,以确认和利用已有和获取的知识资产,开拓新的机会。①

显然,人们对知识管理的看法各不相同,都有自己的见解。同时多种见解都以企业监管为立足点。其实,知识管理是一种普适性很强的管理理论和方法,它不仅很适合企业,而且也很适合许多别的组织,尤其是图书馆。其理由如下:

第一,知识是图书馆生存的基础,是图书馆职能的永恒主题。图书馆所存在的意义就是保存和传递文化知识。无论记录知识的载体是竹帛、纸张还是胶片、光盘,图书馆在几千年的时代变迁中能够生存发展靠的是它保存着凝聚古今中外亿万人民的智慧所创造的知识。这些文化知识是人类共同的精神财富,也是图书馆赖以生存的依托和基础。正是由于图书馆保存着人类共同的文化知识遗产,它才能成为人们共同学习和交流的场所;它的社会性、科学性、教育性和服务性才具有稳固的根基。

从纸的发明、印刷术的推广应用、电子计算机的应用、现代通信网络技术的推广应用,图书馆经历了一次次的变革与挑战,并引发了图书馆职能的不断拓展与强化,但保存人类科学文化知识始终是图书馆特有的职能。用知识传递、交流来促进社会生产力的发展始终是图书馆神圣的职责。人类社会的发展历程是知识积累的过程,只要人类社会还存在、还向前发展,它就离不开知识的保存和交流,就离不开图书馆。

第二,图书馆知识管理是图书馆事业发展的需要。自20世纪90年代以来,我国的图书馆事业就面临着两大背景:

①王岩.图书馆知识管理对图书馆管理的创新[J].中国管理信息化,2016,19(15):170-171.

一是知识经济的产生与发展，给人类社会以巨大的影响，知识成为最重要的一种资源，成为基本的生产要素。图书馆能否在管理知识和运用知识上发挥作用，成为一个现实问题。

二是新技术特别是信息技术的飞速发展不断地改变着社会的文化，图书馆一直随着新技术的应用而发生管理与服务方式的改变，网络产生以后，给图书馆以更大冲击，是由网络替代图书馆组织和传播知识，还是由图书馆利用网络将更高质量的知识传递给需求者，图书馆必须做出选择。

毫无疑问，图书馆应用知识管理的理论与方法，能够提高图书馆文献组织与管理的质量，能够提高信息资源的可存取性，能够提高图书馆服务的针对性和效益，从而更好地为经济建设和社会发展服务，最大限度地发挥图书馆的作用与潜能。

三是图书馆是国家知识基础设施的重要组成部分。要想发展知识经济，就要加强国家知识基础设施的建设。所谓国家知识基础设施，主要指的是高校、科研系统、企业和知识机构与广大劳动者紧密联系在一起的社会网络。

通过这个网络的协同和互动，使知识得以生产、传播和应用，使人们在经济活动的各个环节都可以很容易地获得和利用所需要的知识。可见，国家知识基础设施属于广义知识管理的范畴。图书馆始终被誉为知识的宝库，是典型的知识机构，也是传播知识的中介机构，它的基本职能和任务就是对知识进行收集、加工、存储、管理、检索利用并提供服务。

图书馆的文献、设备、技术人员本身就是知识经济中生产要素的组成部分，随着数字化和网络化的普及，许多图书馆已经成为整个知识网络的组成部分，成为知识传播利用的主要渠道。

四是图书馆具有知识管理的传统和优势。图书馆自古就存在知识管理的实践能力。在没有发明印刷术之前，各种文献的资源是很少的，但是仍有知识管理的实例存在。例如我国东汉刘向、刘歆父子，奉命依当时社会情况，将能够收集到的文献材料与文献资源组织编制成《七录》《七略》，并把征集到的文献分为7个大类，再予以摘记大要。2000多年前这种编制目录与摘要式的文献管理，就是具体而有效的知识管理。

古代的石渠阁、天禄阁等藏书阁就是知识管理的单位。明朝《永乐大典》的编制和清朝古今图书集成《四库全书》的编制，都是极为重要的系统化知识管理。此外,图书馆具有进行知识管理的独特优势:一是拥有丰富的知识资源,社会上没有哪一个机构所拥有的知识资源量能够与图书馆相比;二是图书馆馆员的职业技能优势。图书馆馆员属于知识工作者中的一类,是知识与智慧的价值创造者。

早在1994年,Michigan大学图书馆信息学院的L.B.Rosenfield教授就指出:图书馆馆员等信息管理人员对信息资源进行"重新包装"(repackaging)的知识和技能,会在使Internet变成一个有价值的信息空间中发挥更为重要的作用。美国宾夕法尼亚大学的詹姆斯·奥唐纳教授更是这样推崇图书馆馆员"我们看重的不是信息本身,而是通过筛选得到确实需要的信息。在大学体系内,图书馆馆员很可能比教授略胜一筹,因为图书馆馆员作为一种职业,他们一直都在搜寻、筛选、组织、编排各种信息,帮助人们直接获取信息。这种本领肯定是我们最需要的。图书馆馆员肯定会成为一支生力军,我敢打赌。"

1993年,F.W.Lancaster在《人工智能和专家系统:它们将如何作用》一文中指出"很少有证据支持这种信念,即具有智能的设备不久将能够胜任现在由受过良好训练和经验丰富的图书馆信息人员执行的许多智力任务,就这个主题而言,许多作者看上去似乎过于乐观了,事实是与图书馆职业相关的真正的智力任务主题分析、信息需求译解、检索策略拟订以及诸如此类的工作是难以授权给机器去做的……在可预见的未来,图书馆信息人员的专业技能也不可能被人工智能所取代。"

由此可以看出,图书馆知识管理既具有必要性,同时也具有可行性。对于图书馆知识管理具有的意义,分别从以下几个方面来定义。

王均林主张,图书馆知识管理其实就是对其显性知识和隐性知识的收集、整理、存储和使用,并使其充分发挥作用的过程。

夏萍提出,图书馆知识管理就是通过对图书馆拥有的包括信息、知识各种要素在内的所有智力资本进行组织、开发和运营,实现知识创新、知识扩散和知识增值的过程。

柯平指出,图书馆知识管理就是运用知识管理的理论与方法,进行图书馆的业务、财务、人事等各个方面的管理。它不是要取代传统图书馆管理的全部内容,而是图书馆管理的一个新领域。广义的图书馆知识管理,则包含着两大范畴:一个是对图书馆馆藏知识资源的组织与管理,另一个是运用图书馆的集体智慧开展业务活动,提高图书馆创新能力和可持续发展能力的图书馆管理。

罗文荣和莫翔伶认为,图书馆知识管理是指应用知识管理理论和方法,合理配置和使用图书馆各种资源,充分地满足用户不断变化的信息与知识需求,并提升现代图书馆的各项职能和更好地发挥其作用的过程。

综上所述,以上的几种定义基本上都揭示了图书馆知识管理的本质,充分发挥出图书馆所拥有的知识作用。但是,前两种定义过于简略;柯平的定义没有明确"图书馆职业知识管理"和"图书馆馆藏知识管理"的相互关系;罗文荣和莫翔伶的定义没有系统地反映出图书馆知识管理的思想和方法。

事实上,图书馆知识管理的定义应满足下列条件:比较全面地概括目前图书馆界对知识管理的各种认识和思考;比较系统地反映出图书馆知识,管理的思想、方法和应用层面的内容;比较完整地分析图书馆知识管理的内涵和外延;比较科学地界定图书馆知识管理的应用价值。在此基础上,本书给出的图书馆知识管理的定义是:

图书馆知识管理包括图书馆知识的获取、整理、保存、更新、应用、测评、传递、分享和创新等基础环节,通过图书馆知识的生成、积累、交流和应用管理,复合作用于图书馆的多个领域中,进而实现图书馆知识的资本化或产品化,进而提升图书馆的服务能力、创新能力、竞争能力以及可持续发展能力。

这个定义凸显了图书馆知识管理的以下特征:

第一,图书馆知识管理依赖于知识。由于在图书馆知识识别、获取、整理等全过程中,环节众多,作用机理复杂,因此必须加强对图书馆知识的基础管理,确保在一个图书馆系统内知识可以不断地生成和发展。知识的基础管理是整个图书馆知识管理的前提。

第二,图书馆知识管理是以知识为中心的管理。主要强调的是知识管理可以帮助图书馆实现隐性知识显性化和知识的共享,是一条提升图书馆运营效率的新的途径。图书馆知识管理不像对数据和信息的整理分析那样简单,也不以书本或教条来管理图书馆,而是把信息、流程与人三大因素有机联结起来,在交流和互动中实现知识的共享、运用和创新,是利用知识提升图书馆效率、创造图书馆价值的过程。图书馆知识管理是管理理论与实践中“以人为本”主线的进一步发展，实现知识与人的能力相结合，才是“知识创造价值”的管理目标所在。

第三，图书馆知识管理是对流程的一个优化。依据知识的存在与业务流程的相互结合，可以将图书馆知识管理划分为知识的生成管理、知识的积累管理、知识的交流管理和知识的应用管理四个相对独立的环节，它们之间是首尾闭合的环路关系。这四个环节相互影响，形成一个有机的管理体系，构建起有效的作用传导机制。

从各个环节的具体内容来讲，围绕“知识增值”这个核心，知识生成管理是基础和前提；知识积累管理是保障，是知识源与流、因与果之间的重要联系渠道，通过积累可以形成图书馆的集体智慧，提高图书馆对信息环境的应变能力；知识交流管理是动力，通过交流可以将各种知识组合成强有力的资源和力量；知识应用管理是手段，直接创造价值。

第四，图书馆知识管理是方法。知识管理作为管理方法，并不只在图书馆的个别领域中发挥作用，它与图书馆管理的各个层面的应用主题相结合，以基本方法和规律指导图书馆开展藏书管理、组织设计、人力资源管理、资源规划和馆读关系管理，成为辐射到图书馆各个层次的，以资源整合、潜力挖掘和“知识创造价值”为特征的管理活动。

第五，图书馆知识管理能够创造价值。知识管理在图书馆应用过程中的核心是“知识的增值”，因此“知识创造价值”是知识管理对图书馆所有业务流程进行改进和变革的基本要求，将在外延上促进图书馆知识的资本化和产品化，确保图书馆具备良好的服务能力、创新能力、竞争能力和可持续发展能力。

## 第二节　图书馆知识管理的内容

### 一、图书馆知识生成管理

知识生成管理作为整个图书馆知识管理的前提，主要包括了知识的获取和知识创造两个环节。知识获取可以从图书馆内部或者外部来获取。因此，在图书馆知识生成的管理过程中，可以把知识的来源清晰地分为三个部分，即从图书馆内部获取、从图书馆外部获取和创造知识。

在图书馆的外部，获取知识的目标主要在于获得出版社、书商、信息服务公司、同行、读者以及行业和社会发展的相关知识。这些知识隐含在繁杂的商业数据、行业信息和调查资料、读者与竞争对手的个体知识之中，只有对外部信息不断进行收集处理并促进图书馆与外部的交流，才能确保图书馆获得外部知识来源。

创造知识是图书馆知识生成管理中的另一个来源。尽管知识的创造活动往往是伴随知识的应用和交流全过程进行的，但它终归体现为知识的重新生成和总量的增加。知识创造作为知识的来源之一，是最难以把握的，因为创造意味着要培育、创新知识，而不是简单地发现或积累知识。为了保持图书馆的生命力，图书馆不断需要新的知识，但很显然，这些知识不可能纯粹来源于原有知识或外部。

成功的图书馆会通过提高各个部门员工的工作兴趣来增强图书馆创造知识的能力，有的图书馆甚至允许员工参加与日常工作没有直接联系的项目以增强整体的知识来源。这些做法包括设立鼓励创造知识的项目、思想观念竞赛、参与多种项目工作的机会，以及提供充分的知识创造条件，保证图书馆馆员具备接触外界大范围刺激和信息的条件。

## 二、图书馆知识积累管理

知识积累管理是确定图书馆知识的最终存在形式，因此也是图书馆知识交流和应用的基础。知识积累管理的目标是将知识生成管理中所获得的知识进行保存和管理，同时能够为知识交流和知识应用创造系统、及时、高效的环境，因此知识积累管理的实现途径主要依靠知识的整理、保存和更新三种方式。

知识的整理、保存和更新构成了知识积累管理，但从管理过程来看，知识积累管理要解决的根本问题是对不同知识如何实现积累，而不是损耗。这就要从知识存在的基本形态入手考虑。知识存在的基本形态是显性和隐性。显性知识是指经文献记录下来的、公共的、结构化的、内容固定的、外在化的和有意识的知识；隐性知识是指个人的、未经文献记录的知识，它对语境敏感，是动态创造和获取的，是内在化的和基于经验的，常存在于人的思想、行为和感知中。由于前者可以被编码、结构化进而存储在数据库中,任何成员都可以通过计算机或网络直接调用,而后者与知识的所有者没有分离。往往需要通过直接交流才能传播和分享,因而这两种知识的积累显然需要不同的方法。[①]

对显性知识通常可通过知识数据仓库来管理,而对于隐性知识通常以专家系统或智囊团的形式来管理。图书馆知识积累管理的关键,就成为方式选择及不同选择下如何更好地面对知识对象的问题。

## 三、图书馆知识交流管理

图书馆知识交流管理中所要解决的问题在于:如何通过通信、协作和交流的形式,来实现知识的分类、整理和存储等管理,进而满足不同主体对各类知识的需求,最终促进对知识的应用,为图书馆创造价值。

知识交流管理要求图书馆从技术和文化等多方面做出安排。技术是实现图书馆内部知识传播的重要方法,它们也有助于建立鼓励知识共享、团队合作和互相信任的图书馆文化。在知识积累管理中,我们通过对不同知识采取不同的积累策略,使用知识数据仓库来管理显性知识,使用专家团方式管理隐性知识。与此相应,在知识交流管理中,也会产生两种交流方式。

第一种方式是间接交流,表现为知识的贡献人与知识的使用人之间不需要直接接触,他们都面对共同的对象——图书馆知识数据仓库,即知识的贡献人将知识提供给知识数据仓库,知识的使用人从知识数据仓库中提取工作中所需要的知识。

第二种方式是直接交流,表现为知识的贡献人与知识的使用人之间直接进行联系,联系的方式多种多样,如可以是组织会议、培训,也可以是E-mail或NetMeeting,通过一对一、一对多的方式获得解决问题的知识。

间接交流的基础是完善图书馆的知识数据仓库。健全的知识数据仓库和完善的信息网络是促进间接交流的技术基础。但对于直接交流来讲,最大的挑战在于如何结合知识的积累,推动隐性知识的显性化,使知识的传播、共享更加简便。在隐性知识的直接交流管理中,除了完善专家团的管理模式外,最重要的是创造和推动各种隐性知识共享的机会,让隐藏于各处的隐性知识不断交流、碰撞,推动知识的创新。

①穆颖丽,江涛.现代图书馆知识管理与实践[M].郑州:河南人民出版社,2012.

## 四、图书馆知识应用管理

知识应用管理就是在知识生成、知识积累的基础上，借助知识交流，进而实现知识的价值。

知识应用管理的前期准备工作决定了应用的效率。能够在前期做好规划，可以节省图书馆在寻找有价值知识过程中的成本。图书馆知识应用管理的前期准备工作主要有：

第一，分析图书馆各部门和人员对知识资源的需求。为确定知识应用的目标，图书馆必须全盘考虑各个业务部门（采编部、流通部、技术部、咨询部、网络部等）和行政部门（财务、人事、后勤、馆长办公室等）的具体需求，总结其中的特殊性和通用性，对知识仓库的内容、关系结构、文件类型等进行总体规划。

第二，规划和设计知识分类体系，提高应用前的知识评测能力。在确定知识仓库的总体规划后，图书馆需要依据专业的分类模式（如公认的、行业通用的、技术领域通行的分类），结合自身需要，规划出详细的知识分类体系。为使知识应用有效开展，在准备工作中要高度重视知识的评测、分析。整个知识库的框架性结构，不断充实和加入有针对性的知识资源，做到准确适用，并根据实际情况不断修正和完善知识。

第三，规划、开发知识管理系统。针对集中管理（通用性）和分散使用（个性化）的现实需要，知识管理系统的核心功能一般要满足生成、积累、交流的需要，图书馆往往要根据自身实际进行有效的系统规划和软件开发。

第四，建立知识管理部门和相应的运作机制。为推动知识的应用，图书馆一般需要设置独立的知识管理部门或职能小组，其主要职能包括收集通用的知识资源，组织其他部门和人员提供专门的知识，对图书馆知识资源进行汇集、过滤、整理，推动知识管理的理念传播和实际运作等。

在应用的前期要做好准备工作与知识的生成管理、积累管理和交流管理等相互地结合起来。通过应用管理，不仅可以梳理知识管理活动中各个环节间的相互关系，同时可以通过知识测评分析各个环节知识的适用性，继而加强彼此之间的联系，更好地促进图书馆知识管理的展开。为了推动知识的应用，图书馆还要从文化和环境入手创造“知识拉动力”，要在组织形式上建立跨职能的合作团队。

# 第三节 图书馆知识管理的实施

自从图书情报界的有识之士察觉到知识管理思想的价值以来,许多人将知识管理与图书馆联系在一起做了理论上的探讨。绝大多数图书馆将传统的文献管理等同于知识管理,认为那就是知识管理的全部,尚缺乏现代知识管理意识,更不可能将现代知识管理提上议事日程。与此相反,发达国家图书馆实施知识管理的实例正在日益增加,如美国、英国、加拿大、新加坡等国。因此“图书馆知识管理的实施”是一个迫切需要研究并富有现实意义的课题。①

## 一、设立知识主管

知识主管(Chief Knowledge Officer,CKO)指的是一个组织内部专门负责知识管理的官员,是随着近年来知识管理的发展而出现在企业内部的革新的高级职位。专门进行知识的收集、加工和传递的工作,同样应该创建知识主管机制。为了使知识管理成功,知识主管应该设立在有支配权和有责任的上层管理梯队里,譬如由一名副馆长专任或由馆长兼任。

图书馆知识主管的主要职责是:制定图书馆知识政策;提供决策支持;帮助员工成长。具体而言,图书馆知识主管应做到:了解图书馆的环境和图书馆本身,理解图书馆内的知识需求;建立和造就一个能促进学习、积累知识和知识共享的环境,使每个人都认识到知识共享的好处,并为图书馆的知识库做贡献;监督保证知识库内容的质量、深度、风格并使之与图书馆的发展一致;保证知识库设施的正常运行;加强知识集成,产生新的知识,促进知识共享。 要完美地履行上述职责,图书馆知识主管必须拥有以下四方面的能力:

CKO应是一位技术专家。CKO必须了解哪些技术有助于知识的获取、储存、利用和共享。

CKO应是一位战略专家。要实现有效的知识管理,仅仅拥有合适的软硬件系统是不够的,还要求图书馆CKO把图书馆知识开发、共享和创新

①冯媛. 图书馆知识管理理论与应用[M]. 南昌:江西高校出版社,2015.

视为竞争优势的支柱,对包括信息在内的所有知识资源进行综合决策,实施全面管理。

CKO应是一位环境专家。在德尔福集团1998年2月2日召开的知识管理人员研讨会上,与会知识主管一致认为知识管理工作“20%是技术成分,80%是文化成分”。换言之,CKO作为环境营造者的角色较之技术专家的角色要重要得多。环境专家的工作包括:空间设计,如办公室和休息场所的设计、建立和布置学习中心、重新设计绩效衡量和部门主管评估体制,甚至包括改进图书馆管理层对CKO自身业绩评估的尺度。但更根本的是,作为一个环境专家要把图书馆所有管理培训计划和组织发展行为都紧密地与知识管理结合起来,要在这些活动中更加重视提高图书馆的知识创造能力。

CKO应是一位创新专家。CKO的动力来源于想要有所作为的愿望和坚持不懈的决心。他们应能够孕育和提出新思想,善于倾听他人建议,如果意见合理并符合图书馆的知识远景则应支持。

## 二、改造图书馆的组织结构

知识管理倡导运用集体的智慧来提高组织的应变能力和创新能力,而设计出合理的组织结构是建构图书馆核心能力的一条有效的途径。面对现代信息技术的挑战和不断变化的用户需求,图书馆必须积极引进企业为实施知识管理而进行的“业务流程重组”(Business Process Reengineering,BPR)或称“企业再造”的管理思想,重新调整图书馆的组织结构和内部关系,进一步增强自身的适应性和竞争性。

图书馆组织结构的设计应以读者为中心,以用户需求为导向,充分实现服务的专业化、个性化,减少管理层次和重复作业,合理配置资源,增强图书馆运行的弹性,提高工作效率。通过业务流程重组,使图书馆建立一种能够迅速适应读者需求的新的服务机制,实现与各个信息系统的交融,给资源的共享、优化、合作和知识的创新带来勃勃生机。

在网络环境下,图书馆的组织结构应改变以往固定的等级模式,打破传统的图书馆职能部门之间的界限,以适应功能的不断拓展和变化。

一是在图书馆外建立“知识联盟”,引进外部知识及经验,以获得能力的扩展和转换。在组织内知识清点的基础上,组建专家网络以提升图书馆的知识、资源和技能水平，增进图书馆之间的相互学习和知识交叉，协同发展。

二是在图书馆内建立“柔性组织”，更多地强调组织形态的扁平化和组织行为的柔性化。如采用以团队或小组为基本组织单元的网络化结构的组织形式，将更体现跳跃与变化、速度与反应，更强调人的个性与创造力的发挥。具有灵活、适应性强、高度参与并富有动态性的特点。

## 三、组建完备的图书馆知识库

图书馆的知识管理的目标之一是图书馆内部进行的知识共享。传统的知识传递过程往往会受到很多主客观因素的制约，进而不能及时有效地将知识传送给所需的人们。如果建立起知识库，就可以解决这个问题。图书馆应有计划地建立图书馆整体以及各个部门、各个岗位的专业知识体系，将现有知识分门别类、提炼加工，同时还要及时收集所需的新知识，以形成有本馆特色并不断发展的系统性知识库，协助馆员高效提取所需专业知识资源用于各个部门和各个岗位的实际工作以获得良好的工作绩效。图书馆知识库可分成以下四个子库：

### （一）内部显性知识库

该库收纳内部已经或可以用文字形式保存并可检索使用的一类知识，如研究报告、咨询案例、访谈录等。建立该库的关键是有系统性和便于查找。

### （二）外部显性知识库

该库主要收纳社会公共知识。政府出版物、期刊、报纸、学术会议录、标准文献、专利文献以及信息机构制作的具有版权的数据库等，都是社会公共知识的载体，图书馆应根据自身实际跟踪分析并收集相关的部分，以形成自己的特色知识库。

### （三）内部隐性知识库

该库收纳存在于馆员头脑中的经验、数据、技巧等意会知识。组建内部隐性知识库的基础是尽量把这些意会知识编码化，以供馆员访问和咨询。另外，可以组建内部网络开展电子讨论，让馆员将自己的经验输入内部网络，并对别人的提问和建议给予积极的反馈，管理者则将这些内容全部存入子库。这样一来，一个包括馆员经验、见解和窍门的内部隐性知识库就建立起来了。

### (四)外部隐性知识库

外部隐性知识库也可以称“外脑”或“智囊库”。用户中不乏各行业、各学科领域的专家,若有效地加以利用就可以形成图书馆宝贵的无形资产。因此,图书馆应在平时的知识服务过程中与用户建立良好的互动合作关系,并建立图书馆的外部专家人才库以及将专家解答的问题加以编码储存的知识库。

## 四、创立图书馆知识管理系统

图书馆知识管理系统是一种用来支持和改进图书馆对知识的创新、存储、传送和应用的信息技术系统。当前,关于知识管理系统出现了很多的模式,如基于层次模型的知识管理系统、基于一般系统框架的知识管理系统、基于知识生命周期的知识管理系统、基于知识实践框架的知识管理系统、基于资源的知识管理系统以及基于XML的知识管理系统等。

我们在开发图书馆知识管理系统时,应注意以下几个方面:

文本检索与多媒体检索。即要求所开发或利用的搜索引擎能够检索到与检索表达式不完全匹配但实际含有相关信息的文档,而且能够按照相关率高低对检索条目排序。

知识地图。即要求把知识库中的资料与知识目录连接起来。

用户接口设计。即要求知识库管理员在选择工具时,必须考虑是否有标准接口或是否可以按照与组织的其他应用一致的方式来定制。

合作与通信。即允许被地点和时间分离的团队成员共享那些解决新建议的必要信息,包括方案文件、工作计划、个人计划、讨论组等。

标准查询。即要求知识库引擎允许知识库管理员定义标准查询,这种标准查询涉及所有用户专门配置文档的关键词,也允许用户公布个人查询。

个性化。即满足知识库管理员手工创建用户文档,或基于E-mail标题与原检索式中检索词的自动生成文档来实现知识库的个性化。

知识目录。即要求知识库引擎在用户检索知识地图时,能够识别相关主题专家和馆藏存储信息。

近似组过滤。即满足为用户创建表定义主题选择来实施近似组过滤。

彼特·美索和罗伯特·史密斯认为,从社会技术的观点来看,组织知识管理系统(Organizational Knowledge Management Systems)不仅仅是信息技术系统,而是由技术基础、组织基础、组织文化、知识与人组成的复杂综合体。因此,今后成熟的图书馆知识管理系统除着重于信息技术外,还应该考虑图书馆组织、图书馆文化与人力资源等问题,以保障图书馆的可持续发展。

## 五、建设学习型图书馆

知识管理的策略之一就是建设起学习型的图书馆,在学习型图书馆中,学习、知识、共享、提高员工的素质将会是图书馆的一种重要的职能和目标,图书馆会经常开展一些培训学习的活动。在学习型图书馆中,学习已经内化为图书馆的日常行为,融入图书馆的血液之中。主动学习、自觉学习将代替被动学习,制度性学习、系统化学习将代替零星式学习。总之,向学习型图书馆发展可以从根本上改变一个图书馆的处境。

学习型图书馆具有一些显著的特点。在思维方式上,学习型图书馆具有以下特点:有一个人人赞同的共同构想;在解决问题和人事工作时,摒弃旧的思维方式和常规程序;成员对所有的组织过程、活动、功能与环境的相互作用进行思考;人们之间坦率地相互沟通(跨越纵向和水平界限),不必担心受到批评或惩罚;人们摒弃个人利益和部门利益,为实现图书馆的共同构想一起工作。

在组织结构上,学习型图书馆具有以下特点:适应于团队工作而不是个人工作;适应于项目工作而不是职能性工作;适应于创新而不是重复性的工作;有利于馆员的相互影响、沟通和知识共享;有利于图书馆的知识更新和深化;有利于图书馆增强对环境的适应能力。

建设学习型图书馆,需要进行五项修炼,即改进心智模式、自我超越、系统思考、团体学习和建立共同愿景。其中,系统思考是五项修炼中的核心技术。

### (一)改进心智模式

心智模式是指根深蒂固于心中、影响着人们认识周围世界以及如何采取行动的许多假设、成见和刻板印象。改进心智模式就是图书馆成员和图书馆自身打破既成的思维定式,解放思想,进行创造性思维的过程。改进心智模式的修炼包括以下内容:辨认跳跃式的推论;推出对事物的假设;探询与辩护;对比拥护的理论和使用的理论。

### (二)自我超越

自我超越是指突破极限的自我实现和获得娴熟的技艺的过程。自我超越的修炼包括以下内容:建立个人愿景,即树立个人远大理想和宏伟目标;保持创造性张力,即不断地从个人愿景与现实之间的差距中创造学习与工作的热情与动力;解决结构性冲突,即排除阻止个人追求目标和迈向成功的结构性心理障碍;运用潜意识,即发展潜意识与意识之间的默契关系,以增强意志力。

### (三)系统思考

系统思考是五项修炼的核心,它教会人们运用系统的观点看待图书馆的生存和发展,进而将图书馆成员的智慧和活动融为一体。系统思考能引导人们由看事件的局部到纵观整体,由看事件的表面到洞察其变化背后的深层结构,由孤立地分析各种因素到认识各种因素之间的互动关系和动态平衡关系。

五项修炼的每一项都呈现三个层次,即演练、原理和精髓。其中,演练是指具体的练习,原理是指导练习活动的基本理论,而精髓则是指修炼纯熟的个人或团体所自然地体验到的境界,这种境界往往只可意会,而难以用语言或文字来表达。

五项修炼将创造出有利于图书馆成员自我激励、自我管理和自我评价的组织环境;造就整体搭配、互相配合的团队精神;形成"输出资源而不贫、派出间谍而不叛"的群体整合功能;达到管理的人性化和制度化之间的平衡,以及馆员个人事业发展与图书馆发展之间的协调一致。这些都是现代图书馆的管理者孜孜以求的。

### (四)团体学习

团体学习是发展图书馆成员互相配合、整体搭配与实现共同目标能力的过程。通过团体学习,可以获得高于个人智力的团体智力,形成高于个人力量之和的团体力量,在团体行动中,达到一种"运作上的默契"和形成一种"流动的团体意识"。

在图书馆中,针对图书馆改革的需要、针对图书馆任务的需要、针对部门的需要等,都可以组织团体学习,让团体成员在学习中理解和创新。以图书馆的人事改革为例,当图书馆的人事改革目标确立以后,要通过学习使全体馆员认识到改革的重要性和必要性,愿意去改革并努力为改革献计献策,解决改革中出现的个人利益与整体利益的冲突、短期利益与长远利益的冲突,变消极因素为积极因素、变被动改革为主动改革,变照搬模仿为开拓创新。

图书馆是社会教育、文化和学术的一个中心,是一个非营利性组织,当这个组织遇到复杂问题时,既要进行学习,也要发挥团队精神。图书馆团队精神要求为实现人类文明进步和社会发展,以知识信息服务为己任,增强责任感和使命感,通过勤奋努力、团结协作、坚持不懈、不断创造,促进人类知识与信息的生产、传播与利用。

团体学习的修炼需要运用深度会谈与讨论两种不同的团体沟通方式。深度会谈要求团体的所有成员摊出心中的假设,暂停个人的主观判断,自由而有创造性地探究复杂的议题,以达到一起思考的境界;讨论则是提出不同的看法,并加以辩护的沟通技术。通常团体用深度会谈来探究复杂的议题,用讨论来形成对事情的决议。

### (五)建立共同愿景

这是图书馆成员树立共同的远大理想和宏伟目标的过程。通过建立共同愿景,把图书馆全体成员团结在一起,创造出众人是一体的感觉。共同愿景深入人心以后,每个员工都会受到共同愿景的感召和鼓舞。对图书馆来说,建立共同愿景,就是要确立新时期图书馆的目标和任务,树立图书馆的形象、将馆员的个人价值与整个图书馆的价值统一起来,将个人的责任与整个图书馆的使命统一起来。

这样形成的图书馆规划与图书馆设计不只是代表图书馆馆长的意愿,而是图书馆全体成员的志向和符合时代需要的可实现的工作指南。建立共同愿景的修炼包括以下内容:鼓励个人愿景,即鼓励个人设计自己的未来;塑造图书馆整体形象,即培养图书馆成员的集体观念,从集体利益出发分担责任;融入图书馆理念,即将共同愿景融入图书馆理念之中;学习双向沟通;忠于事实,即从事实与共同愿景之间的差距中产生图书馆的创造性张力。

# 第四节 图书馆知识管理系统建设

知识管理离不开知识管理系统的支持。知识管理系统不是一个单纯的知识发布系统,而是用来进行细分工作的开放的模式,主要面向协同工作、内容的管理和业务数据的挖掘、提高员工的知识和领导决策,是基于数据管理和信息管理,信息及其内涵的确定、获取、评估、系统化以及应用,以推动业务战略。

## 一、知识管理系统的概念

知识管理系统(Knowledge Management System,KMS)是一个关于知识收集、组织和传播的管理技术集合,即知识管理的实施平台。由于“知识管理”的概念至今都没有得到统一,所以“知识管理系统”也有不同的定义,其具有代表性的观点如下:从技术实现角度,知识管理系统是实行知识管理的技术平台,作为实现知识管理的计算机系统,它是一个具有知识管理能力和协同工作能力的软件系统,是一种融管理方法、知识处理、智能处理乃至决策和组织战略发展规划于一身的综合系统。知识管理系统也是一个有助于知识收集、组织和传播的管理技术集合,是使知识可以脱离个体而具备专家性、综合性、完备性和系统性的软件系统,是实现知识管理的工具。

从企业建成学习型组织的角度来说,“知识管理系统是指以人和信息为基础,以整合组织知识学习过程、实现组织竞争力的提高为目的,利用先进的信息技术建立起来的网络系统”“是建构学习型组织的工具”,它由内部网、知识资产管理、动态知识管理、数据仓库、协作和工作管理、工作流管理、文本和文档管理七部分组成。

从企业电子商务的角度来说,知识管理系统是对有价值的信息即知识进行强化管理的系统,是实现企业“流动性整合”的工具,是企业电子商务的基础,它包括对客户、供应商和企业内部职工的知识加以识别、获取、分解、储存、传递、共享、创造、价值评判和保护,并使这些知识资本化和产品化。

综上所述,各学者都从自身的研究领域和应用领域出发,从不同角度对“知识管理系统”进行描述,虽然至今尚无定论,但可以理解为是一个组织实现知识管理的平台,是一个以人的智能为核心,以信息技术为手段,对知识进行创造、捕获、整理、传递、共享,继而创造新知识的人机结合的管理系统。

## 二、知识管理系统与信息管理系统的关系

信息管理系统是指运用计算机和通信技术手段对信息进行加工和管理的系统,即所有的能够支持信息收集、处理、存储和传播的系统都可以称为信息管理系统。从技术的角度看,信息系统是为满足组织对信息的需求,综合运用计算机、通信、网络、数据库和信息处理等多种现代信息技术而形成的系统。其功能包括:信息输入,信息处理,信息存储,信息传播。而知识管理系统是管理信息系统的延伸和发展,是一个对知识进行创造、捕获、整理、传递、共享,继而创造新知识的完整的管理系统。

### (一)知识管理系统与信息管理系统的区别

收集、处理和传播的对象不同。信息管理系统收集、处理和传播的对象是反映现实世界中事物客观属性的信息和显性知识。而知识管理系统收集、处理和传播的对象除具有显性知识外,还强调的是要以人的头脑为载体,具有创新特征。

系统产品的价值取向不同。信息管理系统提供的信息要求满足及时性、新颖性、针对性和准确性等特点,具有上述性质的信息产品被认为具有较高价值。而知识管理系统所提供的知识产品更倾向于创新性、科学性、经验和技巧的验证,注重知识产生和应用的背景及其内在联系,能对新知识再创造提供支持的系统产品被认为最具有价值。系统的产品形态不同。传统的信息管理系统提供系统输出的形态通常是一些报告、文档、报表、总结性数据或提示性信息。新型的信息管理系统类型(如DSS,即决策支持系统)具有一定的分析能力,可提供一些预测信息和分析数据。而知识管理系统提供的结果则形态多样,是集文字、图形、声音、影像为一体的,通过超媒体链接而得到的输出,结果具有动态特征,可根据不同的需要产生不同的结果形态。

处理对象的加工深度不同。信息管理系统信息的加工更多的是进行

计算、合并、汇总、连接等表层的处理。而知识管理系统的加工过程则较多着眼于对知识的解析、分类、合成、整理、建立映射联系等深层的处理。因此,知识管理系统对知识的加工深度远远大于信息管理系统。

### （二）知识管理系统与信息管理系统的联系

这两类系统都是由收集、处理、存储、传播以及共享的过程构成。信息管理系统与知识管理系统的完整过程是由一系列处理阶段所组成,两类系统在各自处理问题的方法上虽然有所差异,但是其过程都一样,没有本质的差异。①

两类系统的产品都能提升组织价值。无论是信息管理系统,还是知识管理系统,系统最终提供的结果(信息或知识)都是对组织具有价值的无形产品。在信息时代的今天,及时、有效的信息能为组织开拓创新提供依据。知识是组织进行创新和发展的重要源泉,有效的知识挖掘和利用能为组织创造新的价值。

新型的信息管理系统(如DSS等)都已具备了知识工作支持、管理决策支持、高层战略信息分析和基于网络的共享等功能,这些功能事实上正是运用已有知识进行再创新的过程,同时又是知识管理系统所需要的。因此在信息管理系统与知识管理系统之间没有明显的分界线,只是对信息和知识加工和挖掘的深度不同。

两者都建立在信息技术基础之上。信息管理系统是集计算机硬件、软件、数据存储和网络通信等技术为一体而构成的技术系统;而知识管理系统也正是依仗上述技术而建立的系统,所以两类系统的实现都离不开现代信息技术的发展和支持。虽然现在又有了一些新的用于知识管理的技术进展,如知识仓库、数据挖掘工具、群件技术等,但这些都同属于信息技术范畴,同样适用于信息系统的实现。

## 三、知识管理系统的类型

### （一）基于层次模型的知识管理系统

这种模型是由Sprague(1980)提出的,将知识管理系统分为三个层次。第一层次为知识管理工具,包括组成知识管理系统基本构件的专家系统语言(如Oracle PI/SQL)或程序语言(如C++)。第二层次为知识管理系统发

①朱芳.E-图书馆的知识管理系统建设[J].边疆经济与文化,2011,(4):147-148.

生器(如Lotus Notes),它被用来建立各种特殊的知识管理系统。第三层次为所构建的专门知识管理系统。

### (二)基于知识生命周期的知识管理系统

这种模式是Ruggles建立的一种知识获取(知识挖掘)、知识编码和存储(知识重组)、知识传递(知识共享)、知识利用(知识应用)的知识管理系统,来考察知识管理系统对每阶段知识的影响。这种基于知识生命周期的知识管理系统具有简化概念的优势,但它不能提供知识管理系统丰富的内在性,也不能指明缺少哪些方面的研究。

### (三)基于一般系统框架的知识管理系统

这种模式把知识管理系统当作一种信息系统,通过其输入(知识、人员、工具)、处理(知识人员、工具的交互)、输出(有用的知识)和反馈(输出结果与输入的处理比较)来进行研究(Sprague,1980)。这种框架的优点是结构简单,覆盖面广,所有知识管理系统的主要组件都可包含其中。它的主要缺陷是不能突出知识库的重要性或人们之间知识转换的本质特征。

### (四)基于知识实践框架的知识管理系统

这种模式以组织的知识管理实践为中心,突出支持实践活动的知识管理系统的类型与方式。它从问题识别的过程与所要解决问题的分类两个方面考察知识管理实践。

### (五)基于XML的知识管理系统

在对企业进行知识管理需求分析和知识管理流程分析的基础上,提出了基于XML的知识管理系统模型。这种模式由智能代理、文档转换接口、内容管理、知识发布与共享、工作流协同、决策支持、XML与数据序接口、知识管理数据库八部分构成。基于XML的知识管理系统与其他知识管理系统相比,具有的优势有:统一、良好的文档结构;易于统一存储,便于分类管理;采用Web浏览器;通过XML在Web上实现知识发布与共享;具有基于元数据的快速搜索,检索效率高;能较好地实现异构系统的传递;具有技术上的先进性,代表未来的发展方向。

### (六)基于资源的知识管理系统

这种类型的构成模式主要代表有De Sanctis和Gallupe提出的基于知识库子系统、用户接口子系统、群组支持或知识转换子系统、用户(知识发生器)子系统四部分资源的知识管理系统。Meso和Smith(2000)所开发的知识管理系统由知识、技术基础、组织基础、人力资源、文化五部分资源组成。Bowman(2002)认为所构造的知识管理系统由外部信息、内部信息、资源库创建与管理工具、知识库、元数据、知识检索工具、网关接口、万维网与互联网、格式自动化应用、数据仓库/数据挖掘与抽取工具、企业应用11个模块构成。这种模式的优点是显示了知识管理系统主要组件的内部关联,同时突出了作为知识管理系统用户的知识发生器和知识使用者的重要性。它的主要缺陷是未能详细地说明哪些方面的知识管理系统研究会是富有成效的。如基于Web资源的知识管理系统。

### (七)基于本体的知识管理系统

本体(Ontology)是共享概念模型的明确的形式化规范说明,其目标是捕获相关领域的知识,提供对该领域知识的共同理解,确定该领域内共同认可的词汇,并从不同层次的形式化模式上给出这些词汇之间相互关系的明确定义,它采用框架系统对客观存在的概念和关系进行描述。提出的基于本体的知识管理系统采用三层体系结构。客户端用户代理通过SOAP协议将客户请求发送至中间层,中间层根据用户的请求负责从本体知识库中检索所需知识并返回给用户,同时中间层还能够从外部自动获取所需知识并存储在知识库中,数据库层负责知识的存储与共享。

## 四、知识管理系统的功能

### (一)知识应用功能

知识应用功能是知识管理的最终目标,即利用具有专家系统或人工智能的技术对经过前三种功能交流过的知识进行具体应用和做出决策。

### (二)知识发现功能

知识管理系统从各种信息源获取知识,并按照分类的基本框架或分类学将其组织起来,其作用是使知识寻找者可以通过显性知识的交流和隐性知识的交流来获取和使用知识。

### (三)知识创新功能

知识创新功能是知识管理的最终目的。管理者通过应用知识以及用户在反馈过程中进行的交流、探讨,能够使新的知识和思想与原有知识结构之间发生碰撞并激发产生新的知识,实现知识的创新。

知识管理的基本功能可以通过知识管理工具的有机组合来实现。数据库和知识库是知识管理系统的存储模块,是知识的载体,用于存储显性知识和隐性知识;知识管理系统通过发现并创建知识,不断充实数据库和知识库;系统对创建的知识进行加工以便于系统组织和管理;系统通过构建的协作共享平台达到知识的重复利用,实现知识的价值。

### (四)知识交流功能

1. 隐性知识交流功能

知识管理系统通过跟踪个人的经历和兴趣,中介代理可以借助它把需要研究某些课题的人与在这些领域拥有知识的人联系起来,即将知识寻找者(用户)与最佳的知识源匹配起来,共享他们的经验与知识。

2. 显性知识交流功能

知识管理系统利用显性知识的交流,从外部的信息源中提取知识,经过滤后找到与知识寻找者有关的知识。它帮助研究人员(用户)就一个问题或者感兴趣点进行交流,并针对已经通过外部化获取的知识进行重新编排,并以最合适的方式表示出来。

## 五、知识管理系统的特点

安全性。系统在对象的层次之上保证数据和应用的安全。

可管理性。系统拥有强大的、复杂的可管理界面,维护系统的高效率、保证元数据的重新设计和变化。

分布式。知识管理系统可以在组织内部或外部不同的计算平台上使用同样的规则实现知识的获取、传递和共享。

灵活性。知识管理系统能够处理任何形式的知识,包括不同主题、结构和载体的知识。

协作性。知识的创造、共享和使用离不开人与人之间的协作关系。

开放性。知识管理系统实际上是一个平台,而不只是工具。

集成性。知识管理系统是多种应用工具的集成。

可扩展性。知识管理系统运行在高效能的多处理器系统中,支持群集、负载平衡以及动态连接池,以便处理大数据量、多用户的访问。

高性能。知识管理系统可以实现高效率的访问。

实时性。知识管理系统可以为用户在全部应用中提供实时的数据。

易用性。系统的使用方便易学,知识成为系统的核心。

建设性。系统能推断出用户的知识需求,并能超出用户所表达的需求主动提供相关联的知识。

敏感性。知识管理系统能够根据用户的背景知识和经验对知识进行整理组织,并按照用户的特点提供相应的知识信息以满足其需求。

先进性。知识管理系统支持先进的元数据格式,将用户与复杂而混乱的数据相隔离,用户可以通过简单熟悉的词汇和规则使用系统。

## 六、图书馆知识管理的技术平台

### (一)图书馆知识管理的信息门户

当前,在教育科研领域的学科信息门户(Subject Information Gateway,SIG)已达数百个,涉及各个学科领域。在欧洲,始于1996年的DESIRE一期工程,使一大批面向数学、医学、社会科学、工程科学的信息门户相继诞生,并已发展到大规模普及实施阶段。美国加利福尼亚大学洛杉矶分校的人文学科门户也是一个代表。

信息门户是一个应用框架,它将组织的所有应用和数据集成到一个信息管理平台之上,并以统一的用户界面提供给用户,使组织可以快速地建立组织对组织和组织对内部员工的信息通道。

图书馆信息门户是一种“以内容为中心”的服务方式,它为了满足网络环境下图书馆用户的多重需求,利用现代网络技术和通信技术,通过统一的Web界面,为用户提供图书馆虚拟和实体的信息资源,并提供智能化、个性化服务的一种服务手段和方式;它为用户查找各种异构资源提供了统一的平台;为用户提供学科知识导航,展现信息资源之间的关联;提供多数据库的整合检索,集成智能化、个性化服务,为用户提供获取目标信息的一站式服务。

国内的中国科学院于2002年最早启动建设了生命科学、化学、数学物理、资源环境和图书情报五个学科信息门户。学科信息门户是网络指南、资源导航、指示数据库的进一步发展,根据特定用户的需求对网络中的相关信息进行资源集成和更深入的揭示,并提供信息检索服务。其整合的信息资源是信息工作者根据一定的标准选择过的,有的甚至有资源评价规则和定期测试审核机制，因而具有准确性、可靠性较高的特点，是用户从网上检索相关专业领域信息的一种重要资源。

图书馆信息门户作为有别于普通网络搜索引擎的信息服务平台，通过灵活地整合、可靠地组织、无缝地链接用户所需的信息资源和信息服务，将一个分布式的纷杂的信息空间组织成一个方便的用户信息系统，提供浏览和检索双重功能以满足用户各方面的信息需求。一方面，图书馆信息门户对信息和知识内容具有强大的管理能力，支持各种结构化和非结构化的信息或知识，并将其以可视化知识地图的组织形式展现于用户眼前，有利于用户的知识查找、搜寻和获取；另一方面，图书馆信息门户设置的自由知识交流社区，支持知识生命周期管理，通过各种交流形式或渠道，灵活地鼓励用户和馆员等获取、存储处理、传播共享和创新应用知识。

一个图书馆的信息门户对内是一个知识管理系统，为馆员提供及时的业务交流平台以挖掘和共享知识，尤其是隐性知识财富，创建和改造图书馆文化，建立虚拟学习型组织；对外则是一个知识集成系统，为用户提供知识型服务，包括知识的导航、传递、获取、交流、共享与创新等。

图书馆可以运用计算机网络最新技术，根据图书馆业务工作实际，把图书馆信息门户与知识管理概念集成起来；以网络为基础，将图书馆知识管理信息门户系统与协作软件结合在一起，创建出统一的图书馆知识管理平台，从而构建起一个图书馆知识管理系统平台。

图书馆信息门户和知识管理系统可以互为所用，二者融合是一种趋势。学科知识导航、定题服务和参考咨询是图书馆信息门户为用户提供的必不可少的服务项目，这些服务设置都离不开馆员或学科馆员的参与，馆员或学科馆员的素质直接影响图书馆信息门户的服务质量和效果。馆员或学科馆员素质的提高依赖于一个良好的学习环境和文化氛围，图书馆知识管理系统就是为解决这个问题而出现的。

将图书馆数字知识库管理系统和门户软件以及协作软件以新的方式组织和集成，可以形成一个图书馆知识管理信息门户系统。图书馆知识管理信息门户作为一个统一入口，既是图书馆用户获取图书馆信息服务的入口，也是图书馆管理平台的入口，同时还是图书馆工作人员进行知识分享交流的平台，由此集成知识信息、人员和业务流程，进入图书馆各类信息和知识的管理与服务，从而完成图书馆满足用户信息需求、提供信息服务的根本任务。

## (二)基于J2EE的图书馆管理技术平台

### 1.J2EE集成管理系统平台的构成

(1)Java技术

J2EE平台的基础是Java技术,其本质就是一个可移植的面向对象的环境。各个厂商的产品,可以通过使用Java的API接口实现与J2EE平台的兼容。

(2)通信要求

J2EE各系统平台、各层、各组件间的通信与相互操作的兼容,主要通过Internet协议、RMI协议和CORBA协议等来实现。

(3)组件技术

组件技术是一种软件重用技术。J2EE支持的组件有Applet、EJB组件、Web组件(JSP和Servlet)和各种客户应用,这些组件均在各自的容器内运行。

(4)服务形式

在J2EE平台规范中,定义了包括数据存取服务接口、事务服务接口、命令与目录服务接口、安全服务接口和消息服务接口等五种服务接口来提供一些基本的服务。

### 2.图书馆应用J2EE技术的优势

(1)效率性和灵活性

在J2EE体系结构中,EJB组件分离了业务逻辑和表示逻辑代码,也把应用程序逻辑和系统服务分开,使开发人员的工作简化,只专注于实现业务逻辑、由容器自动实现与信息系统层数据的连接,开发效率大大提高了。而作为“瘦客户端”,易于升级维护,几乎没有客户端的维护成本,只需改动业务组件,客户端显示就会自动随之改变。灵活性表现在客户端显示的灵活多样性。图书馆既可使用浏览器为外部用户提供联机公共检索(书目查询)系统(OPAC)的Web检索。也可使用客户端应用程序为内部工作人员提供更深层的检索。灵活性也表现在组件的可移植和重新部署上,图书馆的业务流程可以在其他图书馆的系统软件中进行移植和重新组合。

(2)集成性和可扩展性

J2EE是由Sun引导、众多厂商共同发起、得到广泛认可的一系列工业规范,而非Sun产品。国际商业机器公司(IBM)、甲骨文公司(Oracle)、应用基础结构软件公司(BEA)等许多大公司,均已参加开发J2EE兼容技术。支持J2EE的应用服务器已有IBM Web Sphere Application Server、OracleApplication Server等数十个。J2EE的集成性和可扩展性主要体现在能达到一定程度的互操作性,这不仅表现在支持异构环境,包括各类操作系统、机器平台、各种软件语言或开发工具生成的各种功能,还表现在对遗留系统和应用的集成能力。而且J2EE作为互联网的底层基础构架服务于互联网,其设计的首要目的是支持互联网应用,被采用最多的Web服务器软件大多基于J2EE。

图书馆现在一般均已使用图书馆管理系统及其他数据库系统和信息服务系统,因此必须考虑到知识管理信息门户在技术上与现有各类遗留系统的兼容性,以及新系统、新应用、新的Web服务等的集成性和可扩展性。这些已经使用的系统均可在J2EE开放性的构架平台上兼容,所以构建图书馆知识管理所需的技术平台选择J2EE比较理想。

(3)安全性

J2EE体系结构中,业务逻辑和表示逻辑分离,可在EJB组件与Web组件间设置防火墙。EJB技术允许在每个EJB组件上实施安全策略。J2EE的安全服务接口,还可采用身份认证和资源授权访问模式来保证安全。图书馆可以通过设置用户权限,设置组件功能访问权限,增设防火墙等多种方法以提高安全性。

(4)成熟性和重用性

J2EE早在1999年就形成了成熟的架构,目前已有多年应用的经验积累。J2EE组件的技术特性实现了软件重用技术,可以实现一次编写,多次运行知识拉动力,既可将同一个组件提供给不同的应用,也可将一个组件和其他组件集成为复杂组件加以应用。图书馆要面向不同的应用群体,如图书检索功能需要针对用户和工作人员显示不同的检索界面和结果界面。应用EJB组件重用技术,就可使用同一个检索组件。

3.J2EE平台的层次

J2EE是基于三层(多层)分布式的体系结构,分为客户层、中间层和信息系统层。中间层由Web层和业务层构成，业务层还能够根据实际应用的需要，细分为多层，形成多层体系结构。

(1)企业信息系统层

在企业信息系统层中运行的信息系统软件，包括基础系统、数据库系统、事务处理系统、其他遗留信息系统等。

(2)客户层

客户端负责用户与系统的交互，可以是基于Web的——用户的浏览器在客户层中运行(HTML、Applet)，也可以是不基于Web的——运行独立的应用程序。

(3)业务层

业务层是J2EE体系结构中的核心层，也称EJB(Enterprise Java Bean)层。通过运行EJB组件来实现信息系统的业务逻辑功能。EJB从客户端接收数据进行处理，再将数据送到信息系统层存储。EJB也可以从信息系统层检索获取数据，处理后返回客户端。

(4)Web层

Web层由JSP页面和显示HTML页面的Servlet等组成。通过运行此层的Web组件来响应客户请求，调用相应的业务逻辑、EJB查询等。

4.J2EE集成管理系统的含义

目前图书馆集成管理系统多数基于现有的图书馆集成管理系统client/server体系，这种集成管理系统结构存在很多问题，如升级维护麻烦、软件投入和连接费用大、网络易阻塞、需要客户端与服务器的高度耦合、可重用性差、可伸缩性小、安全性差等。

图书馆知识管理的技术实现，最终需要开发实用的图书馆知识管理系统。针对这种结构的集成管理系统存在的问题，人们开发出了J2EE集成管理系统，即Java 2平台企业版(Java 2 Platform，Enterprise Edition)，它是美国太阳(Sun)公司开发制定的基于Java技术的分布式组件计算平台规范。

J2EE平台提供了一个多层次的分布式应用模型和一系列开发技术规范，使应用逻辑根据功能划分成多层，每层支持相应的服务器和组件，组件在分布式服务器各自的组件容器中运行，并通过相关协议进行通信，实现组件的相互调用。这些层次分别是客户层、Web层、业务层和企业信息系统层。J2EE这种基于组件的集成管理系统，具有平台无关性，或称为高度的可移植性和兼容性平台的多层体系结构。

5.图书馆知识管理系统的技术平台

客户层。客户层可以是一个标准的Web浏览器,也可以是协同工具。它的需求既可以通过浏览器向应用层发出连接请求,也可以通过协同工具向应用层发出指令或客户层进行内部知识交流。

信息系统层。信息系统层包括数据库和知识库。数据库主要用来保存图书馆所有业务活动需要使用的数据和业务活动的结果,是图书馆正常运行的核心。知识库保存了知识管理系统建模的结果及建模过程中的日志文件信息。数据库和知识库通过中间件关联起来,利用数据仓库技术、数据挖掘技术、专家系统从数据库中抽取、提炼知识。信息系统层接收从应用层来的操作请求,完成相应指令并返回操作结果。

应用层。应用层又称中间核心层,包括业务层和Web表示层,它是整个系统的核心。它一方面负责与客户层进行交互通信,另一方面还要进行对信息系统层的操作,并把结果返回给客户层。用户间的协同、多项目组的管理等功能,都由应用层完成。应用层具备区分数据和知识的功能,可以把数据保存到信息系统层的数据库,把知识保存到信息系统层的知识库。

# 第六章 图书馆服务思维

## 第一节 服务思维概述

服务思维是人类众多思维的一种，是指人们从事服务活动的主导思想，它反映了人们对服务活动的理性认识，是各种服务活动的核心，是服务组织在创造价值的过程中，对客户或服务对象的服务原则、服务态度、服务方式的集中体现，是服务组织规范服务人员心态和行为的准则，同时也是服务组织提供给顾客能满足其某一种或某几种需要的服务的功能、效用。顾客购买、体验某种服务，并不是为了“拥有”这种服务，而是利用这种服务来获得这些功能和效用。通俗地讲，服务思维是指服务组织用语言文字在单位内外公开传播的、一贯的、独特的和顾客导向的服务主张和服务理想。

服务思维主要包括宗旨、精神、使命、原则、目标、方针、政策等。宗旨是服务组织建立的根本目的和意图，使命是服务组织在社会经济发展中担当的任务和责任，目标是服务组织运行和发展预期达到的境地或标准，方针是服务组织在经营管理上总的发展方向或指导思想，政策是服务组织在处理内外关系或配置资源时所提出的有重点、有倾向性的观点及实施方案，原则是服务组织在其行为中恪守的准则或坚持的道理，精神则是服务组织较深刻的思想或较高的理想追求或基本的指导思想。在服务思维中，“宗旨”和“精神”的思想层次较高，但比较抽象，缺少操作性；“目标”“方针”“政策”较具体，比较容易操作，但思想层次相对较低；而“使命”“原则”的思想层次操作性介于上述两组思维之间。

服务思维在实践活动中存在外显化与内隐化两种形态。内隐化的服务思维是指能够和实践相统一的服务思维，已经成为一种组织文化，此时“服务”二字深深地扎根于服务组织所有人员的内心深处，虽然不一定能够清晰地意识到,但却时刻支配着他们的行动和行为,使其能够和“服务”保持高度的一致,使其能够忠于职守,踏踏实实地为社会和顾客服务。外显化服务思维是指与实践相脱离的服务思维,是口号式的只说不做的服务思维。实际上它并没有真正深入到服务组织人员的内心深处,还仅仅处于一种很肤浅的表面的层次,并不能很好地支配他们的行动。例如很多图书馆和图书馆员可能都认识到,我们的职责就是全心全意为用户服务,但在其实际工作当中,却往往置用户的根本利益于不顾,经常出现一些违背用户利益的事情。消费者需求在有形产品中可以转变成具体的产品特征和规格,同时这些产品特征和规格也是产品生产、产品完善和产品营销的基础。但是服务产品是不具备这些具体的规格的。因而服务企业需要明确“服务产品”的本质或“服务思维”。

根据林斯凯特(J.Heskett)的观点,任何服务思维都必须能够回答以下问题:服务企业所提供的服务的重要组成要素是什么?目标分割市场、总体市场、雇员和其他人员如何认知这些要素?服务思维对服务设计、服务递送和服务营销的作用。在定义服务思维时需要考虑以下方面:[①]

第一,服务最终是由雇员提供的,特别是由那些与消费者发生交互作用的雇员所提供,所以服务企业的服务思维在满足消费者需求的同时还要满足雇员需求。从这个角度上讲,服务思维必须包括一套经由多数雇员同意的通用价值观。

第二,服务企业在定义服务思维时还需要在服务设计、服务递送和服务营销方面做出以下努力:保证充足的商品补给;保证商品种类繁多;雇用称职员工;将店址选择在交通便利的地段等。很多公司在定义服务思维时都包含了“提高雇员自尊,增强雇员满意度,加快自我发展,提高服务灵活性”等内容。服务企业在要求雇员尊重消费者的同时,应要求雇员增强自尊,增强对工作的满足感。所以,服务企业在定义服务思维时,必须要考虑服务思维对雇员技能和雇员性格的要求。

第三,服务企业在定义服务思维时,必须保持服务系统中前台和后台的一致性。单纯地考虑前台的需要,而忽略了后台要求的服务思维绝不是成功的思维,反之亦然。

---

①职珂珂,陆铭.大数据思维应用于图书馆服务的思考[J].图书馆学刊,2016,38(7):14-18.

除了上述因素之外,服务思维还要能明确地表达出服务企业需要雇员提供什么标准的服务,消费者期望获得什么标准的服务。

服务思维在服务活动中发挥着以下作用:

一是有利于服务的有形化。服务组织的服务思维作为一种思想,一般都以语言文字的形式向顾客公布和传达的,而语言文字是“有形”的信息,因此,“有形”的服务思维有利于无形服务的有形化,而且思维本身正是服务有形线索所要提示的主要内容。但如前所述,服务思维的“有形化”本身是不够的,还必须内化在人的思想深处,成为一种自觉意识。

二是有利于体现和建立服务特色。策划、设计出比较优秀的服务思维往往是独特的,有个性有特色。如深圳南山区图书馆程亚男同志提出的“关爱、无限完美、超值”的服务思维颇有特色,给社会与读者以深刻的印象。

三是有利于发挥服务组织人员的工作积极性和创造性。服务思维的一部分是针对服务组织内员工,用于激励他们,这就能起到某种程度政治思想工作的作用。同时,服务思维还能统一全体员工的思想和心态,而服务行为正是来源于员工的思想和心态,因此,思想和心态的统一有利于整个服务组织服务行为的统一。

四是有利于监督服务组织员工的服务行为。既然服务思维的一部分是针对服务组织员工的,并且是向顾客公布和传达的,因此服务思维一方面能对员工的服务行为起到某种警示作用,另一方面还能引导顾客对员工服务行为的监督。

服务思维具有公开性、传播性、一贯性、独特性、顾客导向性五项基本特征和前瞻性、继承性、挑战性、竞争性和深刻性五项一般特征。

服务思维的核心可以归结为顾客导向的观念,即一切服务主张和服务理想都可以和应当归结为最大限度地满足顾客的期望和要求。既然是顾客导向的,服务思维就没有必要隐瞒,应当向服务组织内外公开,让尽可能多的人了解,以体现服务思维的真诚。服务思维既然是公开的,就离不开公开的手段——传播。好的服务思维是适合传播和有传播效果的思维。服务思维的一贯性体现在它相当长时间内是比较成熟的、稳定的,是一贯的主张或追求的理想,不是心血来潮,不是稍纵即逝的思想火花,也不是随意改变的主意。服务思维都是人倡导的,而人是有个性的,这种个性就会融合在他所倡导的思维之中，并通过思维的独特性表现出来。服务思维从根本上讲来源于顾客期望，顾客期望的动态性和变化性的特点和服务思维对工作的领导地位要求服务思维必须具备前瞻性，而且服务思维也必须继承传统服务中合理、正确的部分，并在继承的基础上进行思维创新。服务思维是对服务理想水平的一种描述，但理想水平总是高于现实水平的，因而具有挑战性。倡导服务思维的主要目的是指导服务组织在激烈的市场竞争中用更优秀的服务去争夺顾客与用户，服务思维是有竞争意义或战略意义的。服务思维是用以指导服务行为的，但服务思维只有深刻，即抓住人心，才能打动人心并化为员工自觉的服务行为。

在倡导服务思维的过程中，优秀的服务组织领导人应高度重视身体力行和用自己的言行去感染和带动全体员工，使大家都接受组织的服务思维。

一是服务思维对服务管理具有极其重要的意义。在工业部门中，产品的制造者、生产者、分销者很少有机会直接接触消费者，他们仅能通过最终的有形产品间接地影响消费者的需求。服务部门却不然，服务递送系统与雇员都属于服务产品不可分割的一部分。服务递送系统包括雇员能力、雇员表现、雇员态度等因素，它与雇员都直接影响消费者需求的实现。从这一角度来讲，明确服务思维对服务管理具有指导意义。

二是服务思维容易被人曲解。原因有两个方面：第一个原因来自雇员本身。服务无处不在，加上服务业中雇员的行为，特别是前台工作人员的行为又具有一定程度的自主性，这两个因素共同作用使得雇员的行为、态度等发生不同程度的变化，这些变化在一定程度上影响雇员理解和推行服务思维。第二个原因来自消费者本身。

为了避免发生类似的情况，服务企业需要尽量明确定义本组织的服务思维，明确本公司的服务思维对于消费者和雇员的具体意义。服务企业要想成功推行服务思维，有三点需要特别注意：市场细分、定位消费者目标市场和创新服务递送系统。

第一，市场细分。消费者不同，他们的需求和期望就不同，因此，需要对消费者市场进行分析，细分出不同的消费者分割市场。每个分割市场还可以根据不同的消费者需求层次再细分为若干子市场。一个消费者分割市场要尽量与其他消费者分割市场区别开来，并予以区别对待。

第二,定位消费者目标市场。每个细分市场中的消费者需求都存在明显的不同,服务企业在提供服务时也要有相应的变动,尽量为顾客量身定做。公司在分析不同的消费者细分市场时,必须注意到以下两个因素:细分市场的整体吸引力及其在服务组织中的竞争力。

第三,创新服务递送系统。服务的本质决定了消费者需求和雇员需求的变化都很大,一个明确的服务思维要有独创性,否则就很难满足具有变化性的服务递送系统的需要。麦当劳快餐店、地中海俱乐部等都是服务业中"创新型公司"的典型,这些公司拥有规范的消费者细分市场,并严格按照各个细分市场中消费者的不同需要或期望来设计服务。创新服务递送系统面临的主要问题有:如何保持服务递送系统中不同组成要素之间的连贯性,如何保持服务递送系统时间上的连贯性。

## 第二节 图书馆服务思维的概念

现代图书馆服务面对新的环境和新的需求,必须树立新的思维。对图书馆来说服务思维的树立与创新不仅是自身发展的需要,同时也是应对网络环境下各种挑战的竞争要求。图书馆服务思维是指导图书馆服务工作的基本方针,是图书馆整体工作思维的主要组成部分,是图书馆用户服务原则、服务态度、服务方式的集中体现。它是在长期图书馆服务工作实践的基础上总结出来的,反映了图书馆服务的客观发展规律,是图书馆服务工作的前进方向、奋斗目标、理论依据和行动准则。图书馆服务思维是图书馆主体在图书馆工作实践中,从图书馆产生的服务性出发,对一系列图书馆问题形成的总体看法。所谓"图书馆服务思维"就是服务的自身定位问题,即为谁服务和怎样服务的问题。

图书馆服务的形式经历了从封闭到开放、从面对面到远程、从定时到随时、从无偿到有偿、从局部到全球、从被动到主动、从信息到知识等一系列的转向,并且呈现出了多种服务并存、手段与方式不断更新与拓展的态势,与图书馆服务方式和内容同步演变的,便是图书馆新的服务思维的形成和不断更新。快速变化的图书馆服务方式和手段,必然引发图书馆服务思维的转向，进而引发服务思维的创新。其主要观点有：文献信息服务是图书馆的基本产出，读者和用户是图书馆的直接顾客，不断满足读者和用户明确的或潜在的知识信息需求是图书馆改革和发展的落脚点。

图书馆的社会价值是通过服务来体现的。近年来随着我国社会的进一步转型，“服务”的概念和范围发生了一些变化，表现为：读者服务的模式从“以藏书为轴心”向“以读者为轴心”转化；读者服务的对象从“图书馆读者”向“社会读者”延伸；读者服务的范围从“图书馆服务”向“资源共享服务”拓展；读者服务的内容从“传统馆藏提供”向“电子信息资源存取”发展；读者服务的重点从“一般借阅咨询服务”向“电子信息咨询服务”转移；读者服务的手段从“传统手工操作方法”向“综合文献技术应用”发展；读者服务的功能从“单纯文献传递服务”向“多元化信息服务”扩展；读者服务的观念从“无偿免费服务”向“有偿收费服务”转变等。①

图书馆服务思维的第一特征是鲜明的选择性，在现实条件下，图书馆成了图书馆服务产品的提供者，广大读者（用户）成为图书馆服务产品的利用者和消费者，他们有权选择图书馆服务。图书馆服务的选择性蕴含着图书馆供方的竞争。因此，作为文献信息服务提供者的图书馆，在读者（用户）自由选择利用图书馆的竞争机制下，必须努力提高服务质量和品位，为社会提供优质的服务以满足读者（用户）的需要。

图书馆服务思维的另一特征就是层次性，读者（用户）有不同层次的“消费需求”，图书馆必须区别对待，分层服务。

## 第三节 图书馆服务思维的演变

思维的演变是变革行动的先导，没有现代图书馆思维，图书馆的服务就难以更新，走不出墨守成规的困境，因此，要树立和强化与知识经济时代发展相适应的现代化图书馆思维，这是图书馆不断发展以及图书馆员实现自我更新的前提条件。

多年来，我国大多数图书馆的服务思维可以简要地概括为“藏、封、守、

---

①黄俊贵，邓以宁．社会阅读与图书馆服务[M]．合肥：安徽大学出版社，2010.

旧”，这是在一定发展阶段，科技水平、社会意识和传统习惯等多种因素共同作用的结果，即将藏书、馆藏信息作为图书馆的主体，并成为读者服务的唯一物质基础；只面向本单位的读者（用户），封闭的服务思维削弱了图书馆的交流和社会功能，阻碍了图书馆服务宗旨的全面实现；图书馆为读者提供的是“等上门，守摊式”的服务，实质上是被动的服务；多数图书馆依旧作为借书和藏书的场所，忽视了图书馆作为学习场所的功能建设，在提高图书馆服务质量的同时，忽视对读者的尊重，忘却了为读者提供人性化的服务。

近现代意义上的图书馆从19世纪50年代开始，在一百七十多年的发展历程中，孜孜以求的服务思维随着时代和社会的发展而不断发展。图书馆学界已经达成“服务是图书馆的宗旨”的共识，明确了图书馆在本质上就是一个服务机构，承认和坚持这一点有助于图书馆的正确定位，并可通过优质服务获得更高的社会地位。图书馆服务是衡量图书馆办馆水平的主要指标，是图书馆工作的核心。近年来，关于网络环境、知识管理、知识经济时代图书馆服务的文章很多，一些新的服务思维值得关注，这些服务思维主要有“以人为本”的信息服务、集成化信息服务、平等的信息服务等思维。通过对图书馆服务思维历史演变过程的梳理与回顾，可以看出，伴随构建和谐社会理论研究的新的图书馆服务思维，和谐服务思维将成为图书馆学界的新焦点。

## 一、杜威的图书馆读者服务“三适当”准则

19世纪下半叶，图书馆学在美国得到巨大发展，卡特和杜威是其中一批卓越的图书馆学家的代表。1876年美国著名图书馆学家杜威提出图书馆读者服务“三适当”准则，即“在适当的时间，给适当的读者，提供适当的服务”。这条准则将图书馆资源的选择、提供与图书馆服务结合起来，对确立图书馆的服务思维具有开拓意义。

## 二、阮冈纳赞的图书馆学“五定律”

1931年，印度图书馆学之父阮冈纳赞在其所著的《图书馆学五定律》书中提出了著名的图书馆学“五定律”，它们是：书是为了用的（Books are foruse）；每个读者有其书（Books are for all）；每本书有其读者（Every book hasits reader）；节省读者的时间（Save the time of the reader）；图书馆是一个

生长着的有机体(A library is a growing organism)。第一定律“书是为了用的”,这是图书馆的基本法则,是图书馆开展一切服务工作的前提和存在的价值。它表明图书馆不仅具有收藏和保护图书的职能,更重要的是要使图书充分发挥它的作用。它彻底改变了传统图书馆以“收藏”为主的服务观念,确立了以利用为根本的服务宗旨,点出了图书馆工作职能的精髓。第二定律“每个读者有其书”,它改变了“书为特定少数人服务”的思维,提出了图书的社会化。阮冈纳赞认为应一视同仁地向每个人提供图书,所有人都享有看书、学习和享受的机会。这种坚持平等权利原则的主张,鲜明地体现了以人为本的服务宗旨,揭示了近现代图书馆服务的本质。这条定律也即“书为人人”。第三定律“每本书有其读者”,其基本思维是让每一本书都能得以适用,使每本书找到需要它的读者,强调的是图书馆的藏书应具有较强的针对性,能充分发挥效用。为此,图书馆应努力采取一切的手段与方式来“为书找人”。这条定律为图书馆开展读者服务提供了理论基础。可以说,它与第二定律从根本上确立了图书馆服务从“书本位”向“人本位”转变的基本思想认识。第四定律“节省读者的时间”,它强调的是图书馆服务的效率和效益,也就是说要改革管理方法,节省读者的宝贵时间。第五定律“图书馆是一个生长着的有机体”,它概括了图书馆的发展观,认为图书馆的发展不仅包括图书馆内部的藏书、读者和工作人员的不断发展,也包括由于客观形势的变化而引起的图书馆工作在深度和广度上的发展。这条定律对图书馆事业的可持续发展提出了理论依据。阮冈纳赞的图书馆学“五定律”是对杜威图书馆服务“三适当”准则的继承和发展,深刻揭示了图书馆的使命、存在价值、发展机理和发展规律,强调了图书馆应以读者为中心、服务至上的思维和图书馆要适应社会需求的发展思想。这五条定律所体现出的“以人为本”的思想,对图书馆学的发展具有深远的影响,为确立现代图书馆服务思维奠定了思想基础,被图书馆界一直尊为经典理论。

### 三、米切尔·戈曼的图书馆学新五定律

1995年美国学者米切尔·戈曼(Michael Goman)在阮冈纳赞的基础上,又提出了图书馆事业的五条新法则,人们称之为“新五律”。其主要内容是:第一定律“图书馆服务于人类文化素质”,认为为个人、团体及整个社

会服务是图书馆工作最重要的原则，是图书馆工作产生、存在与发展的第一推动力。第二定律“重视各种知识传播的方式”，认为面对电子图书的冲击，应重视各种知识传播方式。因为每一种新的传播方式都是对原有传播方式负载能力的增强与补充。第三定律“明智地采用科学技术，提高服务质量”，认为要明智地将新技术与新方法成功地结合到现有活动和服务的过程中，充分利用科学技术的优势来提高服务的质量。第四定律“确保知识的自由存取”认为图书馆应成为人类文化成果和知识的共同收藏之所，要努力保持向所有人开放，使所有人都有机会使用。第五定律“尊重过去，开创未来”，强调图书馆应在继承和发展传统服务的基础上，调整和变革图书馆服务的功能和意义，通过不断地创新，以发展的眼光看待未来，才能与时俱进，既保持自己的特色，又争取更美好的前景与未来，在时代发展中立于不败之地。①

“新五律”是针对当今图书馆及其未来发展趋势而提出的，具有其鲜明的时代特征。它是对阮冈纳赞图书馆学五定律所蕴含真理的重新解释，它强调了服务的目标、质量，而且把服务的内涵提高到了人类文化素质、知识传播和对知识的自由存取的高度，指出随着时代的发展，科技的进步，信息环境用户的需求都在发生着变化，图书馆工作不断地出现新的内容，但服务仍是图书馆的最根本所在。

## 四、南开大学柯平教授的图书馆服务的“新五定律”

南开大学的柯平教授结合信息时代图书馆服务的发展要求，对新老五定律的服务精神进行了提炼，他提出了建立图书馆服务的“新五定律”：第一定律是“全心全意地为每一个读者或用户服务”，强调依然要从思想上树立“以读者或用户为中心”的服务思维。第二定律是“服务是‘效率、质量与效用’的统一”，强调了服务过程中要注意“效率”“质量”“效用”三者缺一不可，既要保证质量和效用，又要节省读者时间。第三定律是“提高读者和用户的素养”，强调图书馆应采取各种有效措施，努力提高读者和用户的各方面技能与素养，以保证其能自如获取图书馆提供的各种知识与信息。第四定律是“努力保障知识与信息的自由存取”，强调的是图书馆服务的最高境界和目标。第五定律是“传承人类文化”，强调图书馆服务

①王昶．“互联网+”时代图书馆传统读者服务模式的演变与发展[J]．图书馆学刊，2016，38(11)：72-75.

的长远目的是促进生产力的发展和社会的进步,促进人类文化的发展。

## 五、范并思教授的图书馆Lib2.0五定律

当前,我们面临着新一轮的Web2.0所带来的Lib2.0浪潮的冲击,面对改变了的新的信息环境,新老五定律又孕育了新的思想内涵。2006年3月,范并思教授在自己的博客上提出了Lib2.0五定律;第一定律是“图书馆提供参与、共享的人性化服务”。指出Lib2.0所实现的不仅是要提供人性化的服务,将人文思维自觉地运用于信息技术中,使用户在图书馆服务和利用服务的方式上拥有更多的自主权,能够更好地相互分享,而且要创造条件让用户积极地参与。共享与参与的思维已成为图书馆在网络时代存在的基础。这个原则是阮氏的“书是为了用的”在新的网络环境下的应用与拓展。第二定律是“图书馆没有障碍”。它表明人们在使用图书馆时要没有障碍,每个人都可便利地获得他想要的信息。这个原则是与阮氏的第二定律“每个读者有其书”相对应的。第三定律是“图书馆无处不在”,在信息时代只有实现了图书馆无处不在,才能真正体现“每本书有其读者”的精神。第四定律是“无缝的用户体验”也就是说对用户而言,图书馆提供的资源与服务是一体的,它是网络环境下节省用户时间的最高境界。它是阮氏第四定律“节省读者的时间”在新时期的另一种表述。第五定律是“永远的Beta版”。它体现为图书馆信息资源与信息系统的永续生长,“永远的Beta版”的Web2.0术语,准确地描述了在网络时代“图书馆是一个生长着的有机体”的时代特征。

可见,范并思教授的Lib2.0五定律同样强调并深化了图书馆服务是人性化、无障碍的服务,强调用户的参与和协作,注重用户的体验。指出在Web2.0技术的支撑下,以用户为中心、参与、共享、无障碍获取、无缝、高效的服务是图书馆存在的基础,强调了图书馆的服务无处不在。

从以上这些新老五定律的提出可以看出,服务是贯穿图书馆发展始终的原动力,服务的内涵随着时代的需求不断变更和升华。但无论图书馆如何发展,发展形态如何改变,唯一不变的是图书馆的服务宗旨,服务始终都是第一位的。“以人为本”“服务第一”的思维成为图书馆改革和发展的出发点和归宿,成为现代图书馆服务的最高思维。

## 第四节 图书馆服务思维的基本内容

20世纪80年代中期我国图书馆界提出了“读者工作是图书馆工作的出发点和归宿”的服务思维，对我国图书馆的服务工作起到了极大的导向性推动作用。进入21世纪后，又提出了一些新的服务思维并指导着图书馆服务工作的理性发展，如上海图书馆实施“面向市场的文化教育功能，信息集散的枢纽功能，信息加工的增值功能和信息营销的市场功能”的思维，深圳南山区图书馆学习“麦当劳作风七原则”、“小天鹅二三四五方针”，开展“七要”“七不要”，言行规范“一二三四五”，这些都是图书馆服务思维创新的典范。21世纪图书馆应该具备以下一些服务思维。

### 一、“以人为本”“用户至上，服务第一”的服务思维

从哲学的角度看，所谓的“以人为本”，简单地说就是正确认识和处理人与其他生产要素的辩证关系，重视人的创造力及其主导能动和决定作用，将人作为“活力源”，从而形成的关于人的科学思维。从知识的角度说，“以人为本”符合辩证唯物主义的认识论。作为图书馆来讲，人、财、物、文献管理信息开发服务纵然千头万绪，但一切是受人统帅和支配的，是通过人的工作和劳动去实现的。

在图书馆服务中，坚持“以人为本”的服务，指的是在服务工作中，不管何时何地，都要“用户至上，服务第一”，要把“为一切用户服务为了用户”“满足用户的一切合理需求”作为图书馆服务工作的出发点和归宿。图书馆的社会价值是从满足用户需求中体现出来。一个图书馆办得好不好，其办馆效益、社会价值如何，主要以用户对图书馆的认识去衡量，要看他们对利用图书馆的希望程度，对服务项目和服务标准的信誉程度，对服务人员素质和服务水平的满意程度，对服务效果的认可程度。

图书馆工作以用户为主导，并在三个方面给予充分体现：一是用户对文献信息，即馆藏文献信息是否符合用户需要，馆藏的信息、知识量度，内容价值必须由用户做出判断；二是用户对图书馆员，即馆员的服务态度、服务能力、服务效果必须由用户来鉴定；三是用户对图书馆工作，即图书

馆的各项业务建设、制度规章、服务项目及设施是否反映用户利益与要求，必须由用户加以评价。“用户至上，服务第一”的表述与商业市场提出的“顾客至上”或“顾客是上帝”没有本质的区别。可以说，用户既是“上帝”，又是“主人翁”。为此，国内外许多图书馆将“用户至上，服务第一”作为馆训。为充分体现这一指导思想，图书馆采取成立读者工作委员会实施对图书馆工作的具体指导；定期向读者汇报工作，出版图书馆工作年报，如实反映取得的成绩和存在的问题，接受全社会监督；推行义工制，邀请读者积极分子义务协助图书馆工作等。

体现“用户至上，服务第一”的思维，还应该体现在尊重读者的阅读自由，不对读者设置不符合政策、不符合人权的障碍；不能愚弄读者，不能为了显示图书馆的“业绩”或某领导人的“政绩”，不管社会需求和读者意愿，花样翻新，经常搞具有轰动效应的宣传，读者并未获益，只是被当作宣传的玩物；不侵犯作者的著作权，因为任何作者都可能是图书馆的读者，有效、合法地利用和保护他们的著作权，正是图书馆生存、发展的重要条件；用户利用图书馆的合法权益必须得到尊重，要提高服务的文明水平，绝不出现对读者的不恭用语，即使读者行为出现不轨亦不能采取“偷一罚十”等违法措施。事实表明，图书馆服务工作只有在实际上而不是在口头上确立读者是图书馆的主人地位，才能“一切为了读者”，真正做到全心全意为用户服务。

## 二、重视服务成果的思维

服务作为智力劳动必然要产生成果。重视服务成果的观念对于强化服务的目的性非常重要。这具有二层意思：一是不仅把服务作为一个图书馆工作过程，更重要的是把它当作一个目的。既然是目的就得要看重服务成果，这种成果包括服务活动中的工作成果和开发文献信息产品的成果。为此，服务工作自始至终都要具有需求观念，要经常性开展调查研究，并建立长期的反馈系统，不断改善服务，提高工作质量，争取获得最大的效益。而图书馆服务工作人员也务必改变“守门人”终日流于上班下班、不求效益、不思进取的状态。二是要重视服务成果而不异化服务成果。对图书馆服务成果要正确分析、对待，它是一个潜移默化的过程，有一定量的局限，不可能立竿见影，一般都由量变到质变。所谓异化用户的劳动成果就是将用户自身的努力、创造所取得的成就都归结于图书馆的服务,往往对此广为宣传,并向用户颁发“读书成果奖”“读书贡献奖”等。目前,有一些图书馆为显示自己的服务成果,一些用户为获取殊荣及在图书馆得到相应的服务优惠条件,彼此需要的“双向动力”似乎使此项活动异常热乎。对服务成果的异化,也是对用户劳动成果的异化,应属“打假”之列,切切不可作为提高图书馆社会价值的举措。重视服务成果必须树立科学、务实精神,以长期不懈的努力,从优质而具体的工作成果和特色而有效的信息产品成果所产生的社会效益和经济效益中显示出来。

## 三、竞争的思维

在谈到服务产品的微观特征时,我们曾提出它具有相互替代性。图书馆服务也具有一定的替代性,它与社会其他服务活动关系密切,彼此间相互补充,从而形成了一种竞争。

作为精神文化服务而言,广播、电视、文娱、体育、信息网络正在日益发展提高,任何人都无法摆脱社会文化的影响和制约,并同时参与文化的活动与创造。当今图书馆的生存条件面临着重大挑战,人们不仅可以享用丰富多彩的广播、电视节目,还可以不出家门利用网络图书馆来获取各类信息,甚至可以通过网上书店购买书刊。在所有竞争对手中,网络对图书馆的冲击最为明显。网络仿佛是一个庞大的图书馆,随时向人们提供无所不包的信息,任何人只要家里拥有一台电脑,连通网络,就可以跨时空跨地域的漫游信息世界。网络的发展势必削弱人们对图书馆的依赖程度。同时,面对开放式的环境,用户与网络之间是一种人机对话交流形式,没有传统图书馆服务形式中一些人为负面因素的影响,既能较好地满足用户迅速获得文献信息的需求,还节约了人们往返图书馆的时间、交通费用等这些边际成本。在这种情况下,人们将有是上网还是去图书馆进行选择的权力,若能够在家里“坐享其成”还有谁愿意花时间和精力前往图书馆。近年据传媒的报道,各地图书馆的借阅活动不同程度上都出现了波动。

大众传媒及信息网络发展的动力是科学技术与社会需求,但它们对图书馆既构成一种冲击,同时也提供了一个动力和机遇。纵观精神文化的求乐、求美、求知的总体功能,图书馆作为社会求知的知识载体将永远在精神文化中处于龙头地位,并且日益具有求乐、求美功能。以下的调查数据足可证明即使在经济、文化相当发达的西方国家，阅读，尤其在图书馆中的阅读，仍然具有不可替代的作用：

第一，在美国成年人中，有7/10的人每天都要看报纸，而9/10的人经常离不开报纸。

第二，1997年，在美国2/3的人拥有借书证，6/10的美国人至少到图书馆一次，1/10的人至少去过25次，在到图书馆的人中，1/2看书刊资料，1/5上网，1/5使用计算机，2/5以上去借书。

第三，1994年，美国公共图书馆藏书量6.3亿册，流通量16亿零34万册，流通率为233%，全国平均每人借出3册。

第四，在日本，对1000名坐电车乘客进行一次调查，发现每4个人就有1人看报，占33.8%，看书的占37.3%，看杂志的占28.9%。

第五，联合国教科文组织对旅游者携带何种物品进行过一次问卷调查，其中90%的人回答是带书刊和收音机。

由此可见，阅读渗透于生活的每个角落，为其他文化服务不可替代。另外，网络对图书馆更多的是一种互补的关系。这是因为一方面网络上对用户有用的信息资源并不是太多，有些资源还是以商业性质出现，图书馆的资源优势仍然存在；另一方面网络的利用毕竟需要有计算机、上网等技术条件做前提，此外网上阅读还极易产生疲劳，没有传统阅读的休闲和随意。因此有人认为，图书馆真正的竞争对手是书店以及各种形式的社会读书组织。目前书店越来越多，它们将售书与提供宽松的读书、选书形式结合，阅读环境舒适、自由，尤其是特价书市不断出现，往往其中的顾客大都是阅读而不买书。社会读书组织，诸如书友会、读书社、读者沙龙、读者俱乐部、图书银行等，它们采取会员制形式，以少量的交费，享受互惠借书刊或优惠购书等，远比图书馆服务灵活、方便，颇受读者欢迎，已构成对图书馆服务工作的一个威胁与挑战。为此，我们应该充分发挥自己的优势，努力克服封闭、保守状态，进一步深化信息开发，加强网络化与数字化建设，提升服务人员素质与服务水平，化被动为主动，力争在各类精神文化服务方面牢固占据自身应有的地盘。

### 四、特色服务的思维

在科技、经济、教育迅速发展，社会需求日益多样化的环境下，扩大规模，并非是图书馆发展的最佳出路。相反，盲目的外延式发展有可能使图书馆在将来陷入进退两难的境地。企业界对此有许多深刻的经验教训，如一味地产业扩张使企业难以生存，而特色产品和服务却往往能够在竞争中占据优势。因此，现代图书馆没有必要去追求自身规模的大而全，而应树立特色服务的思维，充分利用网络和图书馆资源的优势，开展特色服务，使之在激烈的社会竞争中求生存、求发展。

近年来，北京、上海、湖北等地出现的特色图书馆和图书馆特色服务是非常成功的，获得了社会和图书馆用户的一致赞誉。特色图书馆和图书馆特色服务是在改革开放和市场经济这个大背景中孕育出来的具有中国特色的新事物，它的出现给我国的图书馆事业注入了新的活力。从发展的轨迹看，特色服务开始是在图书馆改革实践中从传统的常规服务中派生和发展起来的，表现出“人无我有，人有我优”的与众不同的特性，在长期的工作实践中逐步形成并相对稳定下来，展现出各个图书馆的个性。

特色服务之“特”主要有三个方面。①

第一，对象上的特色。特色服务的服务对象往往突破了地域和用户服务工作常规，适应了“为一切用户服务”的宗旨。

第二，服务方式上的特色。特色服务改变了传统的在出纳台前坐等用户上门的被动服务模式，而是走出图书馆大门，在更为广阔的空间，采取多样的服务措施，体现了“一切为了用户”的宗旨。

第三，服务内容上的特色。图书馆开展特色服务，其资源必然是对一些专题和学科具有相对丰富的收藏，能为用户提供比较专业和专门的服务。

虽然特色服务的形式呈现出多样化的格局，但是，如果我们对图书馆特色服务的内容加以认真分析和研究，不难看出特色服务所具有的共同特点：一是适应社会公众的需要。特色服务项目的设立，充分考虑了社会公众的需求程度和地区环境的特点，因而具有强大的生命力和深厚的社会基础，这是搞好特色服务的先决条件。二是具有专题馆藏资源的优势。图书馆的特色服务必须建立在文献资源特色化的基础上，并以此构成用户服务的基础，为取得较好的服务效果铺平道路。失去了这一优势，特色服务只是一种奢望和空谈。三是采用现代化的服务手段。特色服务显示出现代

①宫昌利．图书馆服务思维研究[M]．长春：吉林人民出版社，2019.

化的服务特征,如在文献载体上,由单一的印刷型书刊转变为书刊、音像制品和电子出版物、数字文献等多种载体;服务方法上,改变单纯的借借还还为文献的采集、流通、辅导、咨询以及情报信息服务于一体的新模式;在服务手段上,已不完全依靠手工操作,而是借助于计算机和网络技术进行文献信息的管理开发和利用。

### 五、"3A 新思维"

对于广大用户那些较低层次的文献信息需求,图书馆传统的服务模式和方式已基本可以使其得到满足。然而,如何满足广大用户那些较高层次的文献信息需求,应该说还有很大的研究空间。与知识创新相关的文献信息需求以及与审美、教学、认知相关的文献信息需求极为迫切。于是一种崭新的用户服务思维"Anytime、Anywhere、Anyway"(无论何时、何地、以何种方式),简称"3A 思维"便应运而生。所谓"3A 思维",就是说,无论用户在什么时间、什么地方、通过何种方式,都能得到图书馆方便、快捷高效的文献信息服务。要使这个思维变为现实,有赖于"虚""实"两个用户服务系统作为依托。所谓"虚",就是基于网络的虚拟用户服务系统或称虚拟参考咨询服务系统。目前,有一些高校图书馆网站已经建成了"网上(虚拟)参考咨询台",使用户可以随时随地与各位参考咨询馆员通过电子邮件或电话取得联系,获得各种与文献信息检索相关的指导和帮助,可以随时随地利用"常见问题解答"得到有关问题的答案,可以随时随地通过"网上参考工具书"查阅网上免费的在线词典、百科全书、地图集,可以随时随地通过"学习中心",学习、掌握各种电子资源的使用方法。所谓"实",就是基于流通、阅览声像等业务部门以及遍布各个部门的实体参考咨询台。"虚""实"结合,使图书馆服务的时间、空间从有限变为无限,服务方式也由比较单一趋向多元化。

### 六、协作服务的思维

由于现代科学技术迅速发展,文献数量急剧增长,无论哪一个图书馆都不可能做到把某一学科文献收集齐全。而现代社会生活丰富多彩,用户的文献信息需求繁复众多,无论在哪一个图书馆都不可能完全得到满足。由于社会分工高度专业化,文献信息服务活动整体化已形成互相依存、互相促进的态势,图书馆联盟的作用将日益突显,人们愈来愈依赖于行业内与行业间的合作与交流，从而使交流与服务更加呈现多元化。

几十年来图书馆界为使自身形成一股群体力量，开展协调与协作，取得了一定成绩。但与当今社会发展要求尚有相当距离，特别是文献信息资源“共建共享”工作中存在着论说多、实际行动少，共享的兴趣高，共建的积极性低，目的性不明确，直接为用户服务的社会效益不明显等问题。

图书馆服务特别是馆际互借和文献传递服务未得到有效利用，不少图书馆的服务工作局限于本馆的文献信息资源，服务工作组织管理人员缺乏资源共享观念，造成服务拒绝率较高。图书馆协作服务的目的在于提高服务能力与水平，使服务形式更加灵活多样，服务内容更加丰富全面。图书馆协作的组织形式是成立各种各样的图书馆服务联盟。鉴于信息网络已经成为全球化的格局，各图书馆在协作架构中怎样去组织、加工各种传统文献信息资源并有效地利用网络资源是服务工作中不可忽视的问题。

图书馆的协作服务实践要在各馆之间通过充分协调，从用户需求出发，选择关系全局、用户受益比较大的项目进行。这除了确定图书馆的资源建设方向外，还要解决为用户提供什么信息的问题。书目信息是图书馆开展服务，组织文献资源流通的基本手段，是文献信息资源“共建共享”的基础，务必优先集中力量做好，因为知识不仅靠积累，更重要的是靠检索。图书馆协作服务还应该包括社会团体及用户群，只有把图书馆融入社会，并从中有效地汲取利用智力资源、物质资源等，才能互相服务，彼此信任，良性互动。协作与竞争是对立的统一，为了共同的利益开展协作，从协作中显示自身的实力就是竞争；而竞争又是为了共同的利益，更好地提高图书馆的协作水平。

## 七、信息无障碍服务

国际图联、联合国教科文组织于2001年8月在美国波士顿召开的第67届国际图联大会上正式出版发行的《公共图书馆服务发展指南》指出：所有公众都有享受图书馆服务的权利，而不受种族国籍、年龄、性别、宗教信仰、语言、能力、经济和就业状况或教育程度的限制；必须确保那些由于某种原因不能得到主流服务的少数群体也能够平等地享受到各种服务，例如少数民族、身心残疾或居住在离图书馆较远而不易到馆的社区居民等。这种信息无障碍的服务思维是全世界图书馆数百年来共同的服务宗旨，其主要的服务对象是民众中的残疾人群体。

平等地获取知识信息是最基本的人权,图书馆开展对残疾人的服务是维护残疾人基本人权的体现。19世纪以来,世界各国图书馆先后开展了内容丰富、形式多样的信息无障碍服务,为残疾人创造了一个学习和接受教育的良好环境,让残疾读者有获得生活基本因素如利用图书馆的机会,从而享有包括图书馆所提供的各类服务在内的公共、行动自由以及一般的日常生活方式。

在工作实践中,信息无障碍服务思维可在以下几方面给予体现:

第一,以无障碍思维来设计图书馆建筑,包括残疾人专用坡道、盲道和相关卫生设施。

第二,从方便读者的角度出发,设身处地为残疾读者着想,开展送书上门服务。

第三,利用现代信息技术,大力发展网络服务和虚拟参考咨询服务。

第四,摆脱传统的图书馆空间和文献资源按文献载体和文献类型布局的模式,改按文献的内容主题来划分,避免读者包括残疾读者的来回奔波。

第五,根据残疾读者的具体服务需求,量身定做,开展个性化服务。国内信息无障碍服务开展比较早的图书馆如上海图书馆,1996年在当时新建成的馆舍对外开放时就构建了物理无障碍的建筑环境,并开辟了盲文阅览区。从2002年5月开始,上海图书馆还与上海邮电局合作,开展了为视障读者提供上门免费送还书服务,其中不仅包括免费邮寄的盲文读物,还包括了正常人也能使用的录音磁带等。

## 第五节 图书馆服务思维的创新

### 一、图书馆服务思维创新的必要性

在信息社会,图书馆的生存面临着众多的挑战。如今,人们不仅可以享用丰富多彩的广播、电视节目,还可以不出家门利用网上图书馆获取各类信息,甚至通过网络书店购买书刊。各种搜索引擎相继出现,改变了人们获取信息的方式。人们可通过搜索引擎查找所需要的信息，如利用Google、百度等就可免费获取网上各类信息。社会信息服务机构的大量出现，打破了图书馆单一提供信息服务的局面，人们获取信息的途径和方式有了多种选择。当人类社会进入信息时代，有人曾经预言，数字图书馆将取代传统图书馆，电子图书将取代纸质图书。从现实情况看，数字图书馆并没有取代传统图书馆，电子图书也没有取代纸质图书。上述种种现实表明，图书馆要适应信息时代社会发展的要求，必须加强图书馆的建设，树立新的服务思维。图书馆服务是一种有着丰富内容和具有重要意义的工作，是图书馆工作的重要组成部分，是图书馆这个组织联系社会与用户的桥梁，是图书馆工作最终价值的体现，是图书馆工作的出发点和最终目的。总之，图书馆服务工作要满足读者（用户）的需要，图书馆界应进一步探索图书馆服务工作的规律和特点，创新图书馆服务新思维，真正使图书馆服务工作迈上新台阶。

从社会发展的总体要求来看，图书馆必须进行服务思维创新。进入21世纪以来，信息技术的日新月异，使得知识交流、传播、创造模式发生了颠覆性的变革，网络资源成为用户获取信息的首选，信息用户将可以跨过传统图书馆直接获取信息，在应对挑战和顺应信息化潮流的过程中，图书馆必须要通过解放思想和开拓创新来不断实现自身的科学发展。由于服务是图书馆的生命线，思维是一切行为的基础和先导，图书馆只有创新服务思维，在服务中突显其竞争优势，以适应时代发展的需要。

## 二、图书馆服务思维创新的实质

图书馆服务思维创新，是通过更新观念，使图书馆人员主动为信息用户提供信息服务，是以提高服务质量为标准的更新和创新，创新的实质是一切为了读者的推陈出新，主要体现在其服务内容的丰富和完善。

信息时代，知识更新速度加快，为用户提供的信息内容只有具备了“快”“新”“精”“细”的要求时，才能称得上真正意义上的服务创新。因此，图书馆必须深化信息服务内容，充分挖掘馆藏实体资源和虚拟网络资源的内在价值，传统与现代互为促进，满足不同层次读者需求，这是图书馆服务思维创新的实质内容。

## 三、图书馆服务思维的创新内容

图书馆服务思维的创新是相对传统而言的，创新不是对传统的批判或抛弃，更不是一味地标新立异，这其中更多的应该是继承、发扬和光大。图书馆服务思维的创新主要包括以下方面的内容。

### （一）“自由、平等、博爱思维”

自由、平等、博爱是国际社会倡导的社会公义，也是国际图书馆界倡导的服务思维。图书馆界重视人的尊严与价值，包容人的弱点，注意为残疾人和其他弱势群体提供特色服务正是“自由、平等、博爱”精神的体现。“自由、平等、博爱”这些价值在图书馆服务中的体现，更多地表现在“平等”获取知识的权利上。尽管人生不平等是现实的真相，但我们不必为承认人类与生俱来的不平等而感到羞愧，人类之伟大及人类文明之意义就在于，它试图建立一个美好的制度，以此保障每个人生而自由，并且最大可能使社会趋于平等。虽然我们也承认“文明的多样性”，西方国家的一些普世价值目前不一定适用我们所有领域，但应适用于我们的图书馆界。

在西方国家，图书馆界自由、平等、权利、博爱等普世价值普遍被人们接受。在我国，长期的等级制度对平等思维是一道坚固的屏障。随着国家民主政治的大力推行，社会各界有识之士的共同努力，图书馆平等服务思维逐步受到重视，知识公平思维逐渐成为行业共识，自由、平等、博爱等普世价值逐渐被图书馆界接受。

### （二）一切用户思维

图书馆服务的本质就是为了利用，图书馆服务以用户为中心的思维，是把社会的每一个人作为图书馆的服务对象或潜在的服务对象，是为了所有使用图书馆的人。对“读者”概念最大的改变是因为网络的出现，网上图书馆的发展，使图书馆用户不再局限于本地，而是遍布天涯海角。一个人，无论在世界的哪个角落，只要点击了某一图书馆的网站，他就是该图书馆的用户。网络时代，图书馆用户到底有多少，不仅包括用借书证统计到馆的人数，还包括访问网上图书馆的人数。用户服务已经突破了传统“读者服务”的时间与空间的限制。

### （三）从“读者第一”到“用户第一”思维

对整个图书馆服务来说，读者至上是永远正确的，始终是最重要的，我们必须努力地做到这一点。21世纪的图书馆不仅仅要考虑“读者第一”，更要考虑“用户第一”。不仅重视人们对图书馆的阅读需求，还要重视图书馆不只为本地区、本部门的用户服务，还要为本地区、本部门以外的所有人服务。有了“用户第一”的思维，就可以反思现行图书馆服务的许多做法，如凭借书证发放座位牌、不准带书到图书馆自习、将不看书的读者赶走等，这些做法在考虑阅读保障的时候都忽视了用户利用图书馆的权利。图书馆要改善服务，既要改善阅读条件，吸引读者到图书馆来阅读，也要改善其他条件，吸引用户到图书馆来享有图书馆的所有资源。

**（四）以人为本，从心开始**

图书馆的服务要以人为本，处处把人放在最重要的位置。长期以来，图书馆的服务存在很多非人性化现象，如在馆内设置监视器，每个阅览室有防盗装置等。人性化服务是以尊重人、理解人为前提的，充分考虑人的需求，最大限度地给予人以自由空间的服务。过去强调制度，现在强调人性化。制度是基础，人性化是方向，两者必须结合起来。比如中国香港城市大学图书馆，看上去像一个家。图书馆的门口一侧有一个嵌在墙里的还书箱，进入图书馆借书咨询和阅览一应俱全，阅览室里有各式各样的阅览桌椅，阅览桌旁边有沙发，还有小的圆桌，看报纸、看书都行，用电脑也行，每个阅览桌旁边都配有废纸篓，侧面的墙上还有许多挂衣服的钩子，使读者感觉很舒适，很温馨。所以说，人性化服务不是口号，而是具体的行动，是细微处见真情的服务。①

智能技术的广泛应用使人们获取信息更加方便快捷，但人们也意识到，技术虽然给人们带来了便利但也有深深的遗憾，那就是人文环境的缺失以及虚拟交流给人们的心理、生理造成的影响。因此，现代图书馆不仅要专注于利用先进技术提升服务质量，还要更加重视和践行图书馆“以人为本”的服务思维，加强图书馆人文环境的持续构建。

无论时代如何改变，“人”是永恒的主题，无论环境变得多么复杂、多么智能，一切活动都还需要有人来参与，无论人们从事何种活动，都需要从“心”开始。也就是说，人总是在一定情感、意志影响下从事实践活动的。积极的情感情绪会给人们所从事的工作注入新的活力，推动工作向更好的

①黄小冰.“互联网+”思维下图书馆服务创新探究[J]. 中小企业管理与科技，2021，(4)：77-78.

方向发展,反之,消极的情感情绪则会阻碍工作的顺利进行,图书馆的工作亦然如此。因此,以人为本,最简单的含义就是要关注人的情绪情感,从而促使人在积极的情绪状态下去从事工作。而马克思又曾经说过:“人的存在总是在集体、在和他人的关系中、在为别人做事的过程中、在能够为别人做出自己的贡献的时候,才体现出自己的价值找到自己存在的意义”。因此,以人为本又意味着我们需要关注个人在集体中价值的展现。

中国最著名的管理专家王育琨也曾经说过:“人生就是不断提升心智的过程。”因此,以人为本,又意味着关注人们心灵的成长。

综上所述,现代图书馆的服务思维就是“以人为本,从‘心’开始”,即图书馆在服务过程中要更加关注用户需求、倾听用户意见,辩证地看待与处理馆员与用户之间的关系。图书馆服务过程中不仅践行“以用户为本,关注用户需求”的思维,同时采取相应的措施关注用户的心灵成长,如借鉴一些社会上流行的潜能开发、放松、静心等教练技术对读者实施教育,让读者学习心灵启蒙课程,教会读者学会认识自己的心理变化及情绪变化,促进自身成长。另外,图书馆更要给馆员以关怀,满足馆员的物质及心理需求,为馆员营造一种终身学习的环境氛围,激励其敬业精神与创新精神,让馆员在工作中找到成就感和职业归属感。每一个图书馆从业者都要明白:图书馆发展的最终目的是在领导与馆员之间、馆员与馆员之间、馆员与用户之间形成一种强大的凝聚力,建立起一种牢固的、相互信任的人与人之间的关系,从而使馆员不再是受支配的雇员,用户也不再是馆员所服务的客体,而都是具有主人翁意识的共同创造者,使现代图书馆在追求全体馆员物质与精神两方面幸福的同时,引领用户走上自觉、自知、自信、自强、自胜这样一种心灵成长的过程。

**(五)用户参与,资源共建**

心理学大师武志红曾经说过:“在一个关系里,如果对方只是得到而没付出,他自然就不会太在乎这个关系了。”而图书馆所构建的丰富的软硬件资源以及所提供的各种类型的服务之所以被用户冷漠地对待,就是因为我们一直在一厢情愿式地构造和付出着这一切。长久以来,我们一直关注的是我们能向用户提供什么,而没有重视用户能为我们提供什么,用户能为其他用户提供什么,我们一直缺少的就是Web2.0所倡导的用户主导、用户参与、用户分享、用户创造这样一种核心思维,而智能的产生和应用使得图书馆以用户为中心的核心价值观有了更加现实的技术基础和环境基础，同时把用户参与和互动作为图书馆资源建设与服务的前提依据。因此，泛在知识环境下，图书馆的发展要将这一思维贯穿图书馆资源建设与服务的全过程中来，通过应用Web2.0和泛在智能的相关技术让用户付出时间和精力来真正参与图书馆的资源建设，从而让用户开始重视这份投入，开始在乎这份关系，并乐于分享其建设成果。

图书馆邀请用户参与图书馆资源建设不是随意性的，而是有针对性的，其目的是通过用户来了解其他用户的真正需求，让部分用户成为馆员与图书馆用户之间沟通的桥梁，因为用户在面对用户时能够很容易地理解对方的真正需求，能够给图书馆的资源建设提出很多合理化的建议，同时让更多专业用户与图书馆员合作共建专题信息还可以提高图书馆资源利用率。泛在知识环境的不断发展，使得个人正在成为完整的信息收集、接收、处理、发布节点和服务单元，Living Library志愿者的加入也为图书馆的资源建设提供了人力资源方面的支持，这些因素使得图书馆邀请用户参与资源建设的思维更加容易得到实施。用户参与图书馆资源建设的方式为：图书馆利用myspace、facebook、wiki及目前备受关注的豆瓣网等技术构建图书馆用户的交流社群，使分散在不同应用系统间的个人知识产出不断沉淀，为图书馆积累了丰富的资源。

在加大用户参与图书馆资源建设的同时，图书馆还要积极与各相关单位合作，共建图书馆资源，以解决各图书馆目前广泛存在的经费紧张、空间有限、技术设备相对不足等情况。具体做法为：各图书馆首先要根据学校学科发展和专业特点合理购买本馆用户所需的纸质资源和数字资源作为基础保障；然后再加大力度收集网络中与各重点学科相关的网站和各种网络数字资源建立专题知识库来充实本馆馆藏，最后通过建立联盟的方式在利益平衡机制的前提下合理购买和共建共享资源，以优化本馆的馆藏资源体系。现代图书馆还要打破物理图书馆与数字图书馆之间的界限，积极利用数字图书馆对信息的搜集、组织、分析、传播的传统优势和泛在知识环境的智能挖掘技术优势建立各类数字资源体系。另外，图书馆还应加强与其他信息服务机构，如出版社和数据库商以及电信部门和网络服务商的跨界合作，达到资源、设备的充分共享，从而满足用户在泛在知识环境下的信息需求。

### （六）单体联合，实虚结合

全媒体时代，图书馆的“体”不仅包括了图书馆的物理体，同时还包括了物理体内更小部分的物理体以及它们所分别对应着的网络环境中的虚拟体。也就是说，我们不仅要关注图书馆的软硬件资源配置、环境完善等外在条件，同时还要在这种大的物理体之内根据用户的兴趣与需求建立更多小的物理体，如信息共享空间、兴趣学习小组、精品图书导读组、专家咨询组、学科服务组、资源导航组等，并在网络中建立相应的虚拟社区，以实现图书馆“实虚结合”的建设思维。为适应全媒体时代图书馆的资源与服务无所不在之特点，图书馆还需应用开源软件、语义网、Web2.0 等相关技术将图书馆的资源与服务制作成客户端软件的形式，由用户自行安装在自己常用的设备或智能手机上，从而使用户不必访问图书馆网站就可直接获得图书馆相关的资源与服务。

同时，我们还必须明确，全媒体时代图书馆各项工作的目的并不仅仅是为图书馆带来经济利益，更多的是为了将图书馆的信息资源和人才优势与信息机构的营销手段和资金优势相结合，从而让用户更多的来了解图书馆，对图书馆持有正确的认识，最终愿意接受和利用图书馆所提供的各种服务，并使图书馆的资源与服务发挥更大的社会效益。因此，还需要单“体”联合，即图书馆界内部联合，同时又与相关的服务机构联合，以联盟的形式为用户提供各种服务。这种联盟绝不是一种简单的联合，而是要打破以往以各馆为单位的联盟，采取由不同图书馆的馆员组成不同的具有独立领导能力的服务小组，提供灵活多变的服务方式与服务内容。即根据图书馆所服务的用户的类型、目标、兴趣和所在区域等的不同，将图书馆联盟的所有成员按专业、兴趣、年龄、能力等划分成许多独立的服务小团体，自如地融入各个需要他的用户群中去，服务小团体的构建也可视用户需求的变化不断地重组。

### （七）树立知识服务思维

知识服务是一种新的服务观念，注重对信息资源的深层次开发和利用，注重知识资源增值的一种服务。与传统信息服务相比较，其区别在：①传统信息服务关注的是为用户提供了什么信息资源，而知识服务关注的是为用户解决了什么问题。②传统信息服务只需关注用户简单提问，满足用户文献需求。知识服务则是一种逻辑获取服务，通过对信息的分析重组，形成新的知识产品。③传统信息服务满足于为用户提供具体文献信息，而知识服务致力于帮助用户寻求或形成“解决方案”。④知识服务关注其服务的增值，希望利用自身的知识和能力，为用户提供具有独特价值的信息产品。而传统的信息服务更多的是基于对资源的占有，通过“劳务”来体现自身价值。为此，知识服务需要图书馆员努力成为“一专多能”的复合型知识人才，将分散在相关领域的专业知识加以提炼，形成符合用户需要的“知识精品”。

### （八）树立竞争意识，提高馆员素质

随着社会文明与技术进步，图书馆形成了多层次的服务思维，图书馆不同服务思维的相继提出，要求图书馆员从多角度出发，用更优质的服务来最大限度地满足信息用户多元化的信息要求。为此，对图书馆员素质提出了更高的要求。

在道德上，图书馆员一是树立正确的职业观。由于图书馆是一个“生长”着的有机体，馆员职业观应随着图书馆的“生长”而演化提升。馆员的职业价值观经过理想主义、个人主义、技术功利主义、新自由主义的演化，逐渐形成注重服务和人文关怀、尊重理性、知识、真理，尊重对知识和真理的追求，热爱图书馆，倡导阅读，主张社会成员享有使用图书馆服务的平等权利，倡导合作和技术创新，倡导宽容、公正的职业价值观。二是培养良好的职业心态，提升职业认同感。一定意义上说，图书馆员是在为他人做“嫁妆”，无论在传统的手工条件下，还是现代化的网络时代，只有具备乐于服务、勇于奉献的精神，才会把图书馆工作当成人生的事业来经营，才有可能成为一名优秀的图书馆员。三是图书馆员要有较强的进取心。信息社会，图书馆受到其他信息服务机构竞争和读者流失等诸多挑战。面对挑战和竞争，图书馆员只有具备较强的竞争意识，有强烈的责任感，才会把更多的精力用在工作上，不断钻研业务，发现工作中存在的问题，寻找解决问题的办法。

在能力上，图书馆员一是具有信息获取能力、对信息的深度加工能力及传递信息能力。当代科技已广泛应用于图书馆工作，科技的发展，边缘学科的不断涌现，要求图书馆员应熟悉当代最新技术，有广博的知识，一定的学术研究能力，灵活的综合反映能力，敏锐的捕捉信息能力，开展深层次信息服务，并运用现代信息技术为用户提供服务，当好信息用户的信

息导航员。二是具备信息素养教育者的能力。在信息泛滥的今天,只有全社会信息素养整体提高了,才能真正促进社会的进步。在图书馆服务中图书馆员在不断提高自身信息素养的同时,还应充当信息教育家,"授人以鱼,不如授人以渔",图书馆员通过自身的努力,促进大众信息素养的提高,促进社会的文明发展。

### (九)创新服务思维

在文化传播载体和传播方式不断变革的挑战下,图书馆不仅要在硬件上有所提高外,更重要的是服务思维的不断创新。只有这样,图书馆才能适应新时代新读者的需求,在日益加剧的信息服务大战中立于不败之地。

创新是当代社会的一个主题,创新是一个国家的灵魂,在全社会创新的环境下,图书馆服务也要创新,这关系到图书馆服务应适应社会需要,与时俱进,关系到服务质量和水平的提升,甚至关系到图书馆的长久发展。图书馆服务树立创新思维,要求每一个图书馆员具有创新意识和创新思维,大胆提出与实施图书馆服务的新思路和新方法;要求每一个图书馆都有创新服务战略和对策,及时增添新的服务,在服务过程中快速应变;图书馆要努力营造创新的氛围,培育图书馆馆员的创新精神。

网络环境下图书馆服务的基础发生了根本性的变化,由基于实体馆藏的服务拓展为基于全球信息资源的读者服务。图书馆服务方式发生了极大变化,出现了远程服务、全天候服务、多维服务等服务方式。

所谓"服务思维的创新",即服务思维要不断顺应原有思维赖以生存的条件与机制的变化而变化。在信息技术飞速发展的今天,现代化的服务手段大大提高了图书馆的服务效率,丰富了图书馆的服务内容,确实给读者和用户带来了许多便利。

无论将来科技手段怎样发展、物态化图书馆如何现代化,服务都是贯穿图书馆发展过程的一条主线。但读者和社会对服务的要求会和以前大不一样,服务的思维会发生根本的转向。服务思维创新必须遵循三条基本原则,即国家指导原则、市场调节原则和图书馆自主发展原则。

从社会机构的分类上讲,图书馆一般是以国家投资为主体的社会公益性事业单位,在遵循市场经济规律的前提下加强国家的宏观规划指导是世界图书馆事业的通则。随着我国社会主义市场经济体制的发展和完善,国家对个体的制约作用将会越来越间接,制约的范围也将大大缩小,即意味着图书馆选择的自由权和自由空间不断扩大,这为现代图书馆服务开辟了更为广阔的空间,图书馆必须走自主发展之路。社会和广大人民的知识信息需求是图书馆赖以生存的基础,这种基础主要不是指体制和制度,而是指图书馆必须把市场规律作为其运行和发展的基本准则。从某种意义来讲,图书馆现代化的过程是一个建立起竞争机制的过程,没有竞争,就没有现代化,也就没有现代图书馆的活动。竞争是图书馆效率与效益的内在要求,是加快图书馆发展的需要。也就是说,在服务层面上一切为了读者是图书馆工作的根本出发点,首先要有“读者第一、方便读者、服务读者”的思维,在满足读者需求的过程中,要“换位看待”,在开展各项工作时,要坚持图书馆公共性、公益性、服务性的原则,不断提高图书馆的社会效益。

从图书馆服务的发展趋势看,图书馆服务的内容急需拓宽,其重点是加大信息知识服务和方便用户的服务力度。在信息知识服务方面,主要是增加网上信息导航服务和咨询服务内容。在方便用户方面,加大为社区和校外用户服务的力度,其内容包括职业介绍、市场动态信息、技能培训指南、市政服务咨询、家政服务咨询,等等。在文献信息服务方面也要创新,主要是加大参考咨询服务的力度,实现从文献信息服务向知识服务的跨越,提高图书馆服务的信息知识含量。网络环境的形成,扩大了图书馆可利用资源的范围。图书馆信息资源不能局限于本馆原有的印刷型文献信息,而要扩展到网络可检索和共享的其他服务器上的信息资源。随着网络的普及,人们的信息意识日益增强,信息需求从单一型、专业型向各行各业及生活领域扩展,形成了全方位、综合化的态势。以往的服务内容,都停留在一般性浅层次加工服务,即提供一两次文献服务上。图书馆要创新服务内容,拓宽服务范围,必须致力于文献信息的深度开发和充分利用,因此图书馆要转向对文献资料的深加工,形成有分析、有比较、定性和定量研究相结合的三次文献。

### (十)营销服务思维

营销服务需要图书馆全员的共同参与。图书馆领导在细节营销服务中的作用是至关重要的。图书馆领导是否具备营销观念、是否重视细节是图书馆开展细节服务的前提。图书馆领导往往更重视如何去发展,容易忽略已经发展的、有基础的、看似简单却不容易做好的日常工作,然而它们却是图书馆发展的重要组成部分。因为只有通过各种规章制度将细节制度化、规范化，建立各种“反馈”“激励”机制，才能确保营销服务深入开展。中层管理人员应该将工作重点放在如何让细节不断完善上，同时还应做好培训工作，营造和谐的服务文化氛围。一线工作人员工作重点是用心做好本岗位的营销服务，一丝不苟。总之，营销服务只有领导重视、基层执行有力，才能体现其精髓。

**（十一）“零服务”思维**

“零服务”的思维是企业管理中提炼出来的一种思维，这个思维本身是要说明没有（不需要）售后服务是最好的服务。后来人们把这一思维用到了服务上。“零服务”的思维具体内容包括“零距离”“零缺陷”“零投诉”服务。从图书馆读者服务角度分析，“零距离”服务是一种体现图书馆服务人员（馆员）与服务对象（读者）之间诚实、信任、贴近而真情、温馨、高效的服务。馆员与读者交朋友，建立起信任关系，让读者在图书馆服务中体会到馆员服务的人情味，进而形成亲和力，提高读者的满意度；“零缺陷”服务就是要求图书馆为读者服务做到尽善尽美，使读者对图书馆的服务无可挑剔；“零投诉”服务是图书馆最高的服务追求，通过卓有成效的服务，减少读者投诉，直至达到“零”投诉。近年来，图书馆虽然改进了服务方式，但在为读者服务的过程中，还存在很多不尽如人意的地方。如有的图书馆员和读者之间缺乏有效沟通，甚至因为馆员服务态度问题使馆员和读者之间产生一些矛盾。面对不能满足读者的要求，图书馆员要耐心地解释原因，诚恳地请求读者谅解，同时想办法为读者解决问题。如有的读者需要某种图书，但该书已被其他读者借出，遇到这种情况，图书馆员要细心向读者解释，并向读者推荐其他相关的图书或利用网络为读者提供该书电子版。“零距离”“零缺陷”“零投诉”的服务思维用于指导图书馆的读者服务工作，不仅可满足读者求知的需求，而且使读者享受到愉快的服务。图书馆要推行“零距离”“零缺陷”“零投诉”的服务思维，必须加强馆员培训，提高馆员素质，尽量缩小读者需求与图书馆服务之间的差距，实现图书馆服务的“零距离”“零缺陷”“零投诉”。

**（十二）“精细化服务”思维**

精细化服务就是人性化服务，真正做到以客户为中心；精细化服务就是高品质服务，在用户群中有口皆碑；精细化服务就是超值化服务，让客户得到意料之外的价值;精细化服务就是创新式服务,服务方式灵活多变。精细化服务注重细节,强调人性化,以客户为中心,按客户的需求提供服务。总之,精细化服务思维强调对客户的贴心服务,用爱心、诚心和耐心向客户提供超越心理期待的、超越常规的、满意的超值服务,服务方式灵活多变,在细节处显示出对客户的尊重,用真诚换来客户的信任,正确对待客户的抱怨,善解人意为客户着想,了解客户的心理,区别对待不同性格的客户,热情主动细致,从小事做起,服务到位。在数字化、网络化发展的今天,图书馆服务的硬件设施有了一定的改善,但图书馆服务的软件条件与国外相比,差距明显。如图书馆购买了专业的数据库和引进了先进的知识服务系统,为读者查找资料提供了良好的平台。但图书馆宣传培训工作没有做到位,致使有的读者不了解数据的使用方法。这就说明,图书馆有了好的信息产品,还要提供好的服务。图书馆不但要引进数据库、建立检索系统,而且还要大力宣传数据库的作用,做好读者培训工作,使读者能通过数据库查找到自己所需的信息。图书馆通过开设文献检索课,开展新生入馆教育、电子资源使用指南讲座,发放宣传册、问卷调查及通过网络在线问答、主页滚动信息、手机短信、校报、口头宣传等方式,对馆藏资源、馆藏结构和布局、馆藏检索方法、馆藏使用方法、馆内规章制度及深层次的服务项目和方式,如文献传递、馆际互借、科技查新、个性化定制推送服务等展开多层次全方位的宣传。通过宣传,使读者了解了现代图书馆的服务,在读者心目中树立起图书馆良好的形象,赢得读者的信任与青睐。通过宣传,图书馆日借阅量提高,电子资源的使用率也日渐攀升。可见,图书馆工作做细,可提高图书馆的利用率。精细化服务思维要贯穿图书馆服务的整个流程,让读者真正体会到图书馆服务的人性化。

# 第七章 图书馆服务体系

图书馆服务体系是由诸多服务体系构成的多功能、多层次的有机整体。这个体系包括文献外借服务、馆内阅览服务、馆外借阅服务、参考咨询服务、用户教育服务等等，各种服务都有其相对独立的功能、效果和适用范围。而作为整个服务方法体系的组成部分，各种服务之间是相互联系、相互补充、相互渗透、紧密结合的。

## 第一节 图书馆的信息资源体系

### 一、信息资源体系

#### （一）信息资源体系

信息资源体系是指信息资源各要素相互联系、相互作用而形成的具有特定功能的有机系统。它是指一定范围内，经过布局、搜集、整理、保存并提供利用的所有信息资源的集合。面向用户的资源与服务整合是根据一定的需要，对各个相对独立的信息资源系统中的数据对象、功能结构进行融合、类聚和重组，重新结合为一个新的有机整体，形成一个效能更好、效率更高的信息资源体系，从而保证信息资源更好地被利用。这包含三方面内容：一是将内部信息资源和外部信息资源进行有机融合，二是构成一个高效合理的信息资源体系，三是实现信息资源的整体利用价值。加强信息资源体系建设应从两方面入手：一是应当保证各图书馆每年都能入藏一定数量的各具特色的信息资源。二是通过信息资源整体建设，建立起能在一定范围内有效地保障社会信息需求的信息资源系统，称为信息资源保障体系。

#### （二）信息资源体系规划

信息资源体系规划就是根据信息资源体系的功能要求，来设计这个体系的微观结构和宏观结构。在微观层次上，就是每一个具体的图书馆根据本馆的性质、任务和读者对象的需求，确定信息资源建设原则、资源收集的范围、重点和采集标准，提出本馆信息资源构成的基本模式。在此基础上，制定信息资源建设计划，安排各类型信息资源的数量、比例、层次级别，形成有内在联系和特定功能的信息资源结构，建立有重点、有特色的专门化的信息资源体系。微观规划在时间上表现为短期规划，包括年度计划、季度计划等，是信息资源建设的具体实施计划。

宏观层次上的信息资源体系规划就是从一个系统、一个地区乃至全国的整体出发，对信息资源建设进行统筹规划、合理布局，制定各种类型的图书馆及各类型信息机构之间在信息资源的收集、组织、储存、书目报道、传递利用等方面的协调与合作规划，从而形成相互依存、相互联系的整体化、综合化的信息资源体系。它通常会受到各种内外环境：如政治、经济、文化以及各馆已经形成的馆藏体系、服务对象等诸多因素的影响。宏观规划又分为总体规划和长期规划。总体规划指一个图书馆对本馆信息资源建设的总方向、指导思想、最终目标等所做的构想与规定，解决信息资源建设中根本性、全局性和长远性的大问题。长期规划，通常有三年规划、五年规划等，主要用于确定规划期内信息资源建设的发展目标、任务及实现的途径和结果。

## 二、信息资源建设

### （一）信息资源建设的定义

目前，学术界对信息资源建设概念的理解还不完全一致，主要有以下两种理解。

1.情报学界对信息资源建设概念的理解

情报学界在图书馆界提出文献资源和文献资源建设概念之前，就已经对信息资源、信息资源建设的一些问题展开了讨论。随着20世纪80年代中期国外信息资源管理理论进入国内及我国正式与国际互联网接轨，信息资源建设就成了情报学理论界的研究内容及信息机构的工作内容。

1995年3月21日，国家计委、原国家科委与国家信息中心联合下发了《关于开展全国信息资源调查的通知》，对全国数据库和电子信息网络资源进行调查。1997年1月28日，原国家科委又下发了《国家科委关于加强信息资源建设的若干意见》,该文件将数据库建设确定为信息资源建设的重点。从上述这些文件中可以看出,情报学界所说的信息资源建设主要是指网络信息资源建设,即数据库的建设。

2.图书馆界对信息资源建设概念的理解

图书馆界认为,信息资源是经过人类采集、开发并组织的各种媒介信息的有机集合。也就是说信息资源既包括纸品型的文献信息资源,又包括非纸品的数字信息资源。所谓信息资源建设是指图书馆根据其性质、任务和用户要求,有计划地系统地规划、选择、收集、组织各种信息资源,建设具有特定功能的信息资源体系的整个过程和全部活动。

目前,信息资源建设已经成为图书馆界、情报界和其他信息工作领域普遍接受并广泛使用的概念。它与文献资源建设相比较,其内涵与外延更为广泛。因此,应将情报学界与图书馆界关于信息资源的不同理解加以整合,信息资源建设应该包括(传统型)文献信息资源建设和数字信息资源建设这两部分。因为只有将(传统型)文献信息资源建设和数字信息资源建设都包含进去,才能形成一个完整的信息资源建设概念,才是对信息资源建设含义的完整而准确的理解。

### (二)信息资源建设的主要内容

信息资源建设是人们对处于无序状态的各种类型的信息进行搜集、选择、加工、组织和开发利用等活动,使各种信息资源形成可利用的资源体系的全过程。其主要研究内容包括以下几个方面:

1.信息资源的体系规划

信息资源体系是指信息资源各要素之间相互联系、相互作用而形成的具有特定功能的有机系统。信息资源体系规划就是根据信息资源体系的功能要求,来设计这个体系的微观与宏观结构。

在微观层次上就是每一个具体的图书馆根据本馆的性质、任务和读者对信息的需要,确定信息资源建设的原则、资源收集的范围、重点和采集标准,提出本馆信息资源构成的基本模式,制定本馆信息资源采集政策,安排各类型信息资源的数量、比例、层次级别。形成有内在联系和特定功能的信息资源体系,使整个文献信息资源形成重点突出、有特色的多元化的信息资源体系。

在宏观层次上,还要与本地区、本系统的文献信息资源建设相适应,与本地区、本系统的图书情报服务机构协作、协调,统筹规划本地区、本系统文献信息资源的收集、组织、贮存、书目报道、传递利用,从而形成相互依存、相互联系的整体化、综合化的信息资源体系。

2.信息资源的选择与采集

根据已经确定的信息资源体系的基本模式,通过各种途径,选择与采集信息资源,建立并充实馆藏,信息资源的选择与采集是信息资源建设的基础工作。信息资源的选择与采集工作包括以下几个方面:

(1)印刷型文献的选择与采集

根据既定的信息资源选择与采集的原则、范围、重点、复本标准、书刊比例等,通过各种渠道和各种方式,采集所需要的文献,建立并不断丰富实体馆藏资源。

(2)电子出版物的选择与采集

这里所说的电子出版物是指以实体形式存在的、单机或在局域网络中镜像存储使用而非网络传递的电子信息资源。图书馆要根据读者需求、电子出版物本身的质量、电子出版物与本馆其他类型出版物的协调互补、电子出版物的成本效益等原则进行选择和采集。

(3)网络信息资源的选择与采集

网络信息资源包括付费订购使用的数据库、免费使用的网页信息资源等,网络数据库是图书馆通过签约付费,可远程登录、在线利用的电子信息资源。国内外许多数据库生产商或数据库服务集成提供商已开发出各种文献数据库,直接购买这些产品或服务。也是信息资源选择与采集的重要内容。

3.馆藏资源数字化与数据库建设

馆藏资源数字化是网络环境下信息资源建设的重要内容之一。因为只有经过数字化处理的文献才能通过网络为人们所共享。图书馆应通过计算机和大容量的存储技术、全文扫描技术、多媒体技术,将馆藏中有独特价值的印刷型文献转化为扫描版全文电子文献,制成光盘或网上传播。①

数据库建设是数字信息资源建设的核心内容。对图书馆来说,数据库建设主要有书目数据库和特色数据库建设。书目数据库是开发图书馆信

①黄雪梅. 现代图书馆信息资源体系的建设研究[M]. 北京:中国书籍出版社,2017.

息资源的基础数据库。也是图书馆实现网络化、自动化的基础;特色数据库是图书馆特色资源的集中反映,是图书馆充分展示其个性,提高其社会影响力和信息服务竞争力的核心资源。图书馆要根据本系统、本地区的社会需求和本馆的技术力量、经费等条件,选择适合的主题,系统地将馆藏资源中的特色文献制作成独具特色的文献数据库或专题数据库,并提供上网利用。

4.网络信息资源的开发利用

因特网信息资源极为丰富,图书馆对它进行开发组织,就可以使这些分布在全球的网络信息资源成为自己的虚拟馆藏。这种开发和组织就是根据用户的需求与资源建设的需要,搜索、选择、挖掘因特网中的信息资源,下载到本馆或本地网络之中,进行分类、标引、组织,通过网络或其他方式提供给用户使用,或者链接到图书馆的网页上,如建立因特网信息资源导航库,以方便读者迅速检索到自己感兴趣的有价值的网络信息资源。这种虚拟馆藏对图书馆及各类型信息机构的信息资源建设和信息服务具有重要意义。

5.信息资源的组织管理

图书馆对本馆已入藏的实体信息资源进行的组织与管理包括:对入藏的文献信息资源进行加工、整序、布局、排列、清点和保护,使信息得到有效利用;对数字化信息资源进行整合,将购买的数据库与自建的数据库有机地集成在一起,对其内容进行充分地展示,实现跨库检索,提供“一站式”服务,使用户能够像利用传统文献一样熟悉和利用数字信息资源。

6.信息资源共建与共享

信息资源共享是人类社会的崇高理想,是图书馆为之奋斗的最高目标。而信息资源共享的前提是信息资源共建,在新的信息环境中,文献信息数量激增与图书馆有限收藏能力的矛盾加剧,信息需求的广泛性和复杂性与图书馆满足需求的能力形成强烈的反差。网络环境使信息资源共建共享变得更为必要和迫切,同时也为信息资源共建共享提供了重要的技术支持。

在新的信息环境中,信息资源共建共享的主要内容包括:根据图书馆类型、性质和任务以及本地区文献信息资源现状,通过整体规划明确图书馆之间文献信息资源采集的分工协作,建设相对完备的文献信息资源保障体系；建设完备、方便快捷的书目查询信息网络，实现网络公共查询、联机合作编目、馆际互借、协调采购等功能，建立迅速高效的馆际文献传递系统，达到文献信息资源的共建共享。

7.信息资源建设的基本理论与方法的研究

信息资源建设是一项复杂的系统工程，它离不开理论的指导。因此，对信息资源建设基本理论和基本方法的研究，是信息资源建设的重要内容之一。其研究的主要内容包括：信息与信息资源以及各种类型信息资源的形成、特点和发展规律；信息资源建设的原则、政策、方法及其实施；信息资源的采集、加工整理、组织管理的技术手段和业务流程；信息资源的选择与评价理论；数字信息资源建设的技术与方式方法；网络信息资源内容开发与数据库建设；信息资源共建共享的理论基础、结构模式、运行机制、保障条件；信息技术在信息资源建设中应用等有关新观点、新技术、新方法的研究。

## 第二节 图书馆的信息服务体系

图书馆信息服务是指在网络环境下图书馆利用计算机、通讯和网络等现代技术从事信息采集、处理、存贮、传递和提供利用等的一系列活动，其目的是为了给用户提供所需的分布式异构化数字信息产品和服务，满足信息用户解决现实问题的信息需求。更确切地说，现代图书馆信息服务是对有高度价值的图像、文本、语音、音响、影像、影视、软件和科学数据等数字化多媒体信息进行收集，进行规范性的加工，进行高质量保存和管理，实施知识增值，并提供在广域网上跨库链接的数字信息存取服务。同时，它还包括知识产权存取权限、数据安全管理等。而“体系”一词在辞海中的含义是“若干有关事物相互联系、相互制约而构成的一个整体”。由此可见，图书馆信息服务体系是指有关利用图书馆信息资源为用户提供信息线索、信息内容、信息服务的组织、制度、方法之整体。

### 一、图书馆信息服务

#### （一）图书馆信息服务的特点

图书馆信息服务是一种高效的网络化、数字化信息服务，是现代信息服务的高级形式,它从服务内容、载体形式、服务模式、服务策略与方式等诸多方面都具有区别于传统信息服务的特点。具体表现如下:

1.服务资源的数字化、虚拟化

信息服务资源数字化,即指信息以计算机可读形式存贮;信息服务资源虚拟化,是指信息资源表现出来的只有使用权而无所有权的非占有性。现代图书馆的馆藏不仅包括载体形式多样的本地实体数字信息资源,而且包括大量网上的分布式的虚拟数字信息资源,其特点是收藏数字化、存储虚拟化。

2.服务内容的知识性、精品化、多样化

现代图书馆信息服务强调信息资源的开发与利用,为信息用户提供的不仅仅是信息线索及相关文献,更主要的是直接提供所需解决现实问题的知识。信息的精品化源于电子信息量的急剧增长,促使用户利用信息越来越重视信息的质量和浓度,而不是资料的数量,精品化的信息服务以信息的内在质量为保证,应具有“广、快、精、准、新”等特点,要以高品质的服务满足社会用户需求。同时信息服务的内容是多方面的,几乎包括所有信息资源类型,信息资源的选择呈现出复杂性和多样性。

3.服务方式多元化、多层次化

现代图书馆是一个开放式资源体系,用户可以在任何一个地方通过终端以联网的方式查找所需信息。同时图书馆进一步扩大了自身对文献信息的收集存储和开发功能,随时在网上发布各种文献资源的消息,不断地向用户提供所需的信息和知识,对读者进行“引导”或“导航”。根据用户的不同需求,增设服务项目,推出新的服务产品,其服务方式是主动的、多元的、多层次的。

4.信息存取网络化、自由化

互联网的真正价值就在于可以通过网络来快速传递信息资源,这就是信息存取的网络化。网络化传播文献信息将成为现代图书馆信息传播的主要手段。它彻底改变了传统的信息提供和获取方式,将分散于不同载体、不同地理位置的信息资源以数字方式存贮,通过网络连接,提供即时利用,实现了真正的信息资源共享。现代图书馆信息服务系统中,大量经过整合的数字化信息资源可以不受时间和空间的限制,在开放的空间里顺畅、自由地传递。用户可以根据自己的特定需要自由访问那些适合自己的图书馆信息资源。

5.服务手段网络化

现代图书馆的信息服务与传统的信息服务不同,首先是信息机构网络化,变单体为组合,多种多样的信息服务机构构成四通八达的信息服务网络。其次是信息资源网络化,变独享为共享,各信息服务机构致力于开发各种各样的专业数据库并将它们提供上网,汇成信息十分丰富的网络信息资源。其三是信息服务网络化,变手工服务为网络服务,信息服务人员利用网络信息资源来满足用户资源需求,而且让用户参与信息的收集与研究。

6.资源利用共享化

以数字化资源为基础,以网络技术为手段,实现跨越时空的资源共知共建共享,是人类实现共知共享全球信息的崇高理想。现代图书馆的资源共享使众多的图书馆能够借助网络获取自身无法具备的数字信息,同时也能够将自身拥有的数据信息提供给网络用户共享,从而尽可能地避免资源重复建设,极大地拓展信息资源的拥有量,最终使整个社会的信息获知能力得以提高。

7.服务环境开放化

在网络出现以前,图书馆建筑实体的围墙实际上界定了图书馆信息服务工作的范围。现代图书馆信息服务环境从封闭式实体馆舍转变到开放式数字空间,计算机网络将现代图书馆置身于广阔的信息空间里,最大限度地拓展了图书馆信息交流与服务的空间,图书馆真正进入一个共建共享、共同发展的新阶段。

8.服务范围市场化、社会化

现代图书馆信息服务的服务范围与用户越来越市场化和社会化。面对市场经济和网络化社会,读者利用图书馆,不再限于单纯利用书目信息服务,获取所需文献的线索或从图书馆获取原文,而是能得到全程性、全方位的知识信息。网络技术的发展为读者提供了开放化信息需求的客观环境,加速了读者信息需求社会化的进程,信息产品已成为图书馆自立于信息社会和市场的一个标志。图书馆为了自己的生存和发展,必须走信息服务社会化之路,为广大的信息用户服务。

9.信息检索智能化

现代图书馆的检索技术不是采用传统图书馆中惯用的关键词及其逻辑组合的方法，而是通过智能式人机交互方式来检索信息。以知识为基础的智能检索方法，是数字图书馆在信息检索方法上的重大变革。读者可以通过自己的“自然语言”，不断地与系统进行交互，逐步缩小搜索目标，获取自己所需的文献资料。

**（二）图书馆信息服务的方式**

1.公共目录查询服务

目前大多数图书馆都提供了联机模式或WEB模式的公共目录查询服务，供读者通过网络查询本馆的馆藏书目信息以及读者的个人借阅信息。这是图书馆实现服务网络化的标志性、基础性的服务模式，也是应用最为普遍的网络化服务方式。

2.建立图书馆门户或网站

网站作为图书馆提供各类网上信息服务的基础平台或服务窗口，是网络信息技术在图书馆服务领域的重要应用。目前，要想获得某图书馆的各种网上信息服务，通常是从登录该馆网站开始的。

3.一般性读者服务

一般性读者服务主要是通过网站提供以下服务内容：①图书馆要闻。将图书馆的最新消息，如新引进的数据库、新提供的服务等信息发布在网页的醒目位置，帮助读者跟踪最新的服务动态。②图书馆概况。一般包括图书馆简介、馆藏状况、机构设置等内容。③读者指南。主要是在网站主页上放置读者帮助信息，包括开馆时间、馆藏布局、服务项目介绍以及常用软件工具下载、检索指南等辅助性内容。④读者意见及反馈。主要通过电子邮件、留言簿、电子公告板（BBS）等方式实现。

4.数字文献检索服务

此项服务是现代图书馆信息服务的核心内容和基础性服务模式，主要通过可供网上查询的各类数据库来实现。根据数据库的文献信息类型、载体形式、使用方式，可概括为以下几种主要服务方式：①光盘数据库网上检索服务。主要通过光盘镜像发布软件、WEB检索接口软件等，实现光盘数据库资源的网上检索利用。②网络数据库镜像服务。通过建立网络数据库本地镜像的方式，能极大地提高图书馆数字文献的网络检索服务质量。③在线数据库授权检索服务。通过购买数据库网络使用权,开展网络虚拟资源检索服务,已成为网络环境下文献信息服务的重要组成部分。④自建特色数据库服务。近年来,许多大中型图书馆都建立了特色文献数据库,提供网上查询服务。

5.数字化参考咨询服务

随着信息技术的迅猛发展,图书馆正在兴起一种新型的信息咨询服务模式——数字化参考咨询(Digital Reference Srvice),也称为虚拟参考咨询服务(Virtual Reference Service)、网络参考咨询(Networked Reference Service)或在线参考咨询(Online Reference Service)。数字化参考咨询使得咨询工作不再受时间和空间的限制,它主要通过以下几种常见的服务模式向远程用户提供同步咨询、异步咨询和合作式咨询服务,随时解答用户的问题。数字化参考咨询服务包括:自助式咨询模式、电子邮件(E-mail)咨询模式、Homepage(信息咨询网页)模式、实时咨询模式、网络信息专家咨询系统模式、网络合作咨询模式等。

6.资源导航服务

根据用户需要,图书馆利用导航技术,帮助用户查找、鉴别和选用信息资源。如资源分类浏览服务、新书导读、学科指南、数据库指南等。把常用的、重要的数据库地址或相关的信息资源预先汇集起来,或建立专业导航库,帮助用户从网上查找所需有价值的信息;同时,通过搜索引擎等各种检索工具,搜集、加工和整理网上各种有用信息资源,转化为用户所需要的特定信息,提供给用户。

7.特色化服务

特色化服务主要包括:①电子文献传递、馆际互借服务。利用文献传递系统,与国内外的同行和有关部门建立同盟,达成文献传递的协作关系,向各自的服务对象提供电子文献传递服务;并通过电子邮件、传真、复印等方式传递给用户。②中间代理服务。如为用户提供科技查新、代查代检等服务。③学科导航。④新书评介、导读服务。⑤期刊目次通告服务。⑥多媒体信息服务。⑦个性化服务。利用信息过滤、信息报送和数据挖掘等智能技术,针对不同用户采取不同的服务策略,提供主动服务,使用户通过尽可能小的努力获得尽可能好的服务。⑧多媒体信息点播。⑨基于学科馆员的知识服务。

8.网络教育

网络教育是一种全新的教育方式,采用远程教学,利用多媒体技术,将课程教育、专题教育、普及教育等方式结合,满足用户教育的需求。

### (三)图书馆信息服务模式

随着现代图书馆逐步发展和成熟,数字信息资源、信息服务系统和用户信息环境的发展与变化,其信息服务模式经历了一个由“馆员中心”“资源产品中心”到“用户中心”的发展变化过程。

1.馆员中心服务模式

馆员中心服务模式是一种从信息服务人员出发,并以信息服务人员为中心的服务模式。从图中可以看出,信息服务人员在这一模式中处于主动、主要和中心的地位,是信息服务工作的中心,一切工作以是否有利于服务人员开展服务工作为目的,而过少考虑信息用户的主动参与。用户自始至终处于被动接受的地位,不能主动地选择和参与信息服务产品的生产,只能坐等服务人员给他们提供产品,他们的需求在服务人员的信息服务工作中得不到充分的反映,因而也就得不到充分有效的满足。这种被动坐等的信息服务模式很难适应现代图书馆信息用户的需求。

2.资源产品中心服务模式

资源产品中心服务模式,是一种面向信息资源的,并以信息服务产品为中心的信息服务工作模式。信息服务人员通过对信息资源加工增值形成信息服务产品,并以某种策略与方式提供给信息用户使用。在这种服务模式中,服务活动的中心是信息资源与产品,关注的是信息资源的加工和服务产品的生产,服务人员较少去考虑信息用户的需要。此服务模式各要素中突出服务资源、产品的地位,用户是客体,始终有求于图书馆,居于从属地位,信息服务人员的特定服务和信息用户的能动性受到忽视。这是一种传统型的信息服务模式,在现代图书馆发展的初期阶段发挥了重要作用,但随着现代图书馆信息环境的变化与发展,此模式在数字图书馆信息服务中已经缺乏生机与活力。

3.用户中心服务模式

用户中心服务模式,就是信息服务工作一切从用户信息活动出发,基于信息用户的信息需求并以用户信息需求的满足与问题解决为目标的信息服务工作模式。信息服务工作从信息用户出发,根据信息用户的信息需求与解决问题的信息活动的需要，以某种策略与方式生产用户需要的信息产品提供给信息用户，用户需求与问题在这个服务活动中得到彻底解决。用户中心服务模式充分注意到了现代图书馆信息服务活动各要素之间合理结合与服务系统功能放大，特别强调了信息用户在信息服务活动中主观能动与参与作用，用户是这一服务模式中的主体。用户中心服务模式是当今与未来数字图书馆信息服务的主流模式。

**（四）图书馆信息服务原则**

信息社会对图书馆信息服务提出了更高的要求，文献的服务方式、服务内容、服务手段、服务范围、服务意识、服务模式等都有较大的调整和转变。因此，我们应该遵循以下文献服务工作的原则。

1.服务方式多样化

人类进入21世纪，现代信息技术发展突飞猛进，传统馆藏内涵的扩充和数字图书馆的出现，对图书馆的传统文献服务工作方式提出了挑战。信息社会是以数据库信息技术为利用对象，以信息技术为手段，以电子文献的形式提供给用户的交互服务。文献信息传递具有多向性的特点，图书馆“一对一、人对人”的传递方式将“一对几、机对人、几对机”的情报型传递方式所取代。对一个图书馆的评价已不仅仅局限于馆藏量、座位数等。而应评价图书馆通过多少种方式为读者提供了服务，以及提供各种服务的快捷性、能力和质量等如何。

2.服务内容个性化

在信息社会，图书馆面对的将是建立在广泛基础上的需求日趋多元化，个性化的用户，图书馆要改变以馆藏为中心的传统服务模式。代之以藏用并重甚至以用为主，最终目标是针对每一个人和每一项特定任务，为特定的信息找到特定的用户，使信息发挥最大效用。目前，基于网络环境的个性化信息服务模式初露端倪，大体有词表导航、推送服务、信息传播服务等中介信息服务。图书馆员要密切关注网络环境下信息服务的发展和变化，及时掌握新技术，才能保证并满足用户个性化价值追求的需要。

3.服务手段网络化

传统的文献服务手段是单一的。读者通过口头咨询或利用各种索引及文摘等检索工具检索到所需图书的有关信息。然后到借阅窗口索取文献，在阅览方面，也是只能提供现有的纸质文献，而且是只能自己去阅读。

在其他方面,服务手段也缺少。

在信息社会中,图书馆信息服务手段发生了根本性的变革,由传统的文献信息服务转变到网络化信息服务,出现了数据库、电子出版物、电子邮件等形式的多种服务手段。读者的咨询除了面对面、信函、电话等外,还可以利用终端机通过网络进行信息远程查询,在网上进行交互式问答,通过电子函件进行服务,读者的检索可以随时随地在网上进行,查询范围也超越了馆藏的界限,可以利用整个网络世界的信息资源,提供网络查询服务将是图书馆服务的一个主窗口。

4.服务范围远程化

传统的文献服务工作总是处在一个特定的地域范围内,都有自己的特定服务对象,通常人们会按照“就近原则”选择离自己最近的图书馆。这种传统的服务方式存在两个弊端:一是少数图书馆拥有的信息资源必定有限,二是各图书馆服务读者范围相对固定,不利于信息资源的广泛传播和充分利用。互联网的出现,使单个图书馆成为信息网络上的一个节点,人们可以在网络中使用全地区、全国、全球的信息资源,读者对图书馆存取方式可以不受时空限制。

5.服务意识超前化

文献服务意识强,图书馆发展就快。文献服务意识的强弱,对图书馆的发展起着不可低估的作用,而且服务与发展相辅相成。传统的文献服务观念落后。只求馆藏数量,不讲馆藏质量,重藏轻用,忽视信息传播。使图书馆服务大多仅仅停留在书籍报刊服务上。经济问题、管理问题及科技实用技术等方面所占比例则较小。总的来说是宏观的多,主动服务的少,这些传统观念严重制约着图书馆的健康发展。

在信息社会和知识经济时代,服务意识超前化是图书馆加强文献服务工作首先要解决好的问题。图书馆文献服务人员必须更新观念,彻底改变旧思想、旧观念。一是要树立竞争意识,开拓创新,不被社会淘汰。二是要改变“重藏轻用”的观念,改变旧的一套封闭式的、守株待兔式的服务模式,去适应信息社会图书馆读者服务工作的需要。三是要改变“以我为中心”的思想,任何规章制度的制定,图书的采访,分类编目体系等都应照顾到读者的利益。

6.服务模式集成化

集成服务是信息社会中图书馆提供文献服务的发展模式。所谓集成文献服务是指对于某一特定领域或某一特定用户的文献需求,把文献资源保障体系诸要素(功能要素,信息要素,技术要素等)有机地连接成一个整体,使用户得到面向主题的文献服务。

## 二、图书馆信息服务体系的构成

### (一)信息服务原则

信息服务原则是制订信息服务规则、构造信息服务流程的基本理念,它在整个信息服务体系中起着主导作用。

1.个性化服务原则

最大程度地满足每个读者的个性化要求,从而与读者产生互动的个性化主动服务能真正体现用户为中心,使读者产生归属感和认同感。另外,可以把信息服务对象按不同的标准进行细分,并根据其不同的特点确定最适当的服务方式和内容。例如高校馆可按照读者身份划分为教师、学生、行政人员、外来人员等几大类服务对象;还可进一步按文化层次将学生细分专科生、本科生、研究生等,然后根据各类读者需求的差异性做出分析,进行针对性服务,在统一的信息服务体系中体现不同的层面。

2.易用性原则

实践证明,易用与可用是影响用户信息查寻行为的两个重要因素。正如Krug先生在他畅销世界的《Don´t Make Me Think》里所说的,第一眼留住用户的法宝首先是“别让我思考!”。一个优秀的信息服务体系,在设计业务流程时,应首先从方便用户使用出发,简化流程操作,强化系统功能,提供培训与帮助,消除阻滞因素,从而提高信息产品的利用率。[1]

3.协作服务原则

积极利用现代信息技术手段开展体系内协作、馆际间协作能整合优势资源,进行大规模、全方位、多层次、高效能的服务。

4.合法性原则

图书馆开展信息服务应当保障公民自由获取信息的基本权利,同时不可违背相关法律法规,并从可靠性、系统性和完整性方面对信息质量把

①赵枫. 大学阅读与图书馆信息服务[M]. 长春:吉林人民出版社,2018.

关,以使信息服务工作产生积极的社会效益。

### (二)信息服务相关制度

1.组织与经费保障制度

图书馆信息服务体系作为一个整体,应有完善的配套制度。人员组织与资源是这个体系的基础,因而在馆际协作服务体系中应当有地区性协作中心制订相关的制度,以形成约束力,保证体系的正常运转。

2.业务规范

联合协作的前提是遵循共同的规范。包含联合数据规范、通用接口协议、文献传递流程、联合咨询的轮值制度、馆际互借的经费支付办法等等。

### (三)信息服务系统

信息服务系统是图书馆进行信息服务的实体,包含以下几方面的内容:

1.资源

包含信息服务组织结构内一切馆藏文献、数据库、网络虚拟资源的总和。一次文献资源可通过购买、搜集(如利用SPIDER进行的网络信息挖掘或手工搜索)等手段获取,通过地区性协作组织进行联合采购是充分利用有限经费的有效方法之一。同时还要注意二次文献资源的建设,如编制专题文摘、索引等。

2.组织结构

图书馆传统信息参考组织结构采用的基本是馆长——部主任——信息服务人员模式的直线制结构,工作人员以参考咨询部门为主体,机构较为简单,难以适应多样化的信息需求。以馆际互借服务为例,一个基本的业务流程,就涉及双方馆的信息咨询部(接收并处理互借请求)、技术部(开发维护馆际互借平台)、读者服务部(提供所需文献)、文献资源建设部(编制维护联合目录)等多个部门,任何一个环节出现问题,就会导致整个服务流程的阻滞。这就要求现代图书馆信息服务系统应当采取能纵横协调的多维多层的组织结构,方能使多项专门任务能在一个组织之内平衡协调地完成。

3.信息处理平台

在信息技术高度发达的今天,建立起能在分布式环境下提供集成化服务的信息处理平台则是现代图书馆信息服务体系的必要手段，体现了“法”的因素。

(1)信息整合

从信息资源的构成看，大量资源来自异构的检索平台，多样化的语种、不同的访问权限，各类型资源的内容也存在着一定的交叉重复，导致检索时既需掌握多种系统的使用方法，又需要利用不同检索工具。重复使用各种检索策略，造成人力浪费和检索效率的低下，甚至出现人为的遗漏，使信息资源难以实现交互式的完全共享。要解决这些问题，应通过开放语言描述集成定制结构或流程，以分布服务和开放描述支持对资源(如OPAC、各类型数据库、网络信息资源库、实时咨询知识库等)的动态的搜寻、调用、解析和转换，通过开放链接进行数据对象的传递，从而使集成本身形成可解析、可复用、可伸缩、可扩展的知识元库，然后通过开放式协议对分布式信息资源进行有效整合。

(2)信息分析评审

对于知识元库中的数据，经过动化技术聚类、摘要、提取后，还可由计算机系统自动分析或分发至咨询专家进行分析、评审，以确认其价值并提供给相应的用户。

4.服务平台

网络信息服务大量的需求来自不同的读者类型、要求提供不同种类的资源、信息传递与推送也必须经过不同的途径，故而在实行服务时，需要从易用性原则出发，将模块化的服务平台(如终端用户检索软件模块、在线咨询交流软件、个性化服务定制与推送软件模块、快速物流传递系统等)集成在统一的用户界面下，使读者享受到快捷高效、交互型的一站式服务。以中国人民大学图书馆为例，其“数字图书馆个性化信息服务系统”集数字资源检索、个性化推荐、在线交互咨询服务为一体，读者可整合检索包含馆藏书目、馆内光盘数据库资源以及各种许可范围内的网络数据库资源；可直接进行续借、预约，在线阅读全文电子书，下载部分论文全文，自动根据用户填写的研究方向为用户推荐相应的图书论文资源，同时据用户对资源的一些反馈信息来进行协同推荐，还可进行在线交互式咨询。

# 第三节　图书馆的管理服务体系

在我国,对于图书馆管理含义的认识,是随着国外管理学理论和方法的译介,以及图书馆管理实践的发展深化而逐渐完善起来的。

## 一、图书馆管理

图书馆管理是研究图书馆活动及其规律的科学。它是管理科学应用于图书馆而形成的,是现代图书馆学的一个重要的分支学科。主要研究各个图书馆的管理活动以及对众多图书馆乃至整个图书馆事业的管理。

### (一)图书馆管理的含义

关于图书馆管理更为明确的含义至今还没有一个确切的表述,国内外学者看法也不尽相同。国内许多学者给图书馆管理下的定义至今尚未取得学术界统一代表性的定义。

倪波、荀昌荣认为:图书馆管理是指应用现代管理学的原理和方法。合理组织图书馆活动,有效地利用图书馆的人力资源和物质资源,发挥其最佳效率,达到其预定目标,并在此过程中不断地审查改进,最终圆满完成任务的过程。

黄宗忠认为:图书馆管理就是通过计划组织、指挥、协调和控制等行动,最合理地使用图书馆系统的人力、财力、物质资源,使之发挥最大作用,以达到图书馆预期的目标,完成图书馆任务的过程。

吴慰慈认为:图书馆管理是对图书馆的文献信息、人力、财金、物质资源,通过计划、决策、组织、领导、控制和协调等一系列过程,来有效地达成图书馆的目标的活动。

原国家教委高教司《图书馆管理学教学大纲》提出:图书馆管理是指以图书馆发展的客观规律为依据,遵循管理工作的内容与程序,建立优化的管理系统,合理配置和利用图书馆资源,实现其社会职能的控制过程。

图书馆管理是把图书馆的文献信息资源、用户、馆员、技术方法、设施等分散要素联系起来构成一个有机的整体。没有管理,就不能开展图书馆的活动,更谈不上图书馆工作质量与效率,达不到图书馆预期目标,完不成图书馆任务。这种管理活动既包括信息资源的管理,也包括图书馆人力资源、物质资源、财金资源的管理。图书馆管理者必须平衡四者之间的关系,不能厚此薄彼。

图书馆管理既不是指图书的管理,也不是指图书馆的具体业务工作。与图书馆管理相关的图书馆管理学,则是研究图书馆管理的基本理论、管理过程、管理方法、各种具体管理和图书馆管理趋势的科学。它是图书馆学的一个分支学科,是管理学在图书馆管理实践中的应用。图书馆管理是遵循图书馆工作的客观规律,通过计划、组织、协调、指挥等手段,合理配置和使用图书馆资源,以达到预期目标,满足用户知识信息需求的一种活动。

我们认为:图书馆管理是对图书馆的资源,通过一定的科学手段而实施的行为过程的目标活动。它包括微观管理和宏观管理两个部分,微观管理是对于个体图书馆的管理。宏观管理则是对社会图书馆事业体系的管理。在当今信息时代,抓住时代特色,全面运用现代管理理论,用以指导现代图书馆的全部活动,提升现代图书馆管理水平的整个过程。

### (二)图书馆管理的特征

作为一种特殊的社会实践活动,图书馆管理具有一般社会实践所共有的客观性、能动性和社会历史性等特性,不过这些特性在图书馆管理中有其具体的表现形式。整个实践的特性对于不同的实践活动来说是一种共性的东西,而具有这种共性的各种实践活动又表现出不同的特性,因此图书馆管理具有以下几个主要特征:

1.总合性

所谓图书馆管理的总合性,从空间上来说,就是它贯穿在一切图书馆活动中,存在于图书馆活动的一切方面和一切领域,凡是有图书馆活动的地方,就有图书馆管理存在。从时间上来说,它与图书馆共始终。在中国商代,不仅有藏书之所、掌书之人,而且有管书之法。商代设史官掌管藏书,虽然这一时期尚未形成书籍分类和编目体例,但对藏书的管理已存在一定之法。商代史官在甲骨片编连成册之后,为便于查找,在贮藏中采用标签形式将其标示。另据英国考古学家伍利1930-1931年在幼发拉底河口附近的乌尔发掘出的400多块泥板文书和1000多片残片中,发现上面的经济资料是按主题和年代排列的,泥板还挂有内容简介的标志牌。经专家鉴定，这些泥板文书是一所寺庙图书馆收藏的，大约存在于公元前3000年。这是国外存在最早的藏书管理，代表着国外原始的图书馆管理思想。随着信息技术的发展，图书馆的形态可能会发生一些变化，传统的纸质图书馆可能会逐渐萎缩，虚拟图书馆、电子图书馆、数字图书馆或网络图书馆将登上历史的舞台。但我们认为，只要还存在图书馆活动，不管其形式如何，仍然离不开管理。因此，在图书馆发展的长河中，管理是无处不在、无时不有的一种社会活动，它在图书馆系统中横贯各个层次，涵盖一切领域，具有总合性。

2.依附性

任何图书馆管理都必须依附于一定的图书馆业务工作，它的全部实际内容和具体形式不能离开其他业务活动而单独存在，因此图书馆管理总是对某种业务活动（文献采选、分类编目、书刊借阅、参考咨询、文献检索、情报研究等）的管理。图书馆管理的这种依附性主要表现在：图书馆管理的目标必须依托于具体的业务活动才能实现，图书馆管理的过程总是伴随着其他业务活动的进行而展开，图书馆管理的结果则总是融合在其他业务活动的成果之中。也就是说，图书馆管理必须以其他某一种、某几种或全部业务活动作为自己的“载体”。

3.协调性

所谓协调性是指调节和改造各种管理对象之间的关系，使他们能相互适应，并按照事物自身固有的规律性在整体上处于最佳的功能状态。图书馆管理与其他业务活动不同。

首先，从活动的对象来看，一般业务活动总以某个特定的具体事物作为自己的对象，如文献采选以图书馆未收藏的新书、新列、新报、新光盘等文献载体为对象，分编工作以图书馆已采购回来的新文献为对象，咨询服务以读者为对象等。但是，图书馆管理在一定意义上却是以图书馆系统的各种业务活动为自己的对象，是对这些业务活动之间的关系以及这些业务活动内部的各种要素之间的关系进行协调的活动。因而与各种业务活动相适应，就有协调这些活动的采选管理、分编管理、借阅管理、咨询管理等形式，这些管理活动通过协调各种业务活动而间接地对它们起作用，从而改变它们的存在状态。

其次，从活动的任务来看，一般的业务活动都有自己特定的具体任务，它们或者是为了购回本馆读者所需要的文献，或者是为不改变文献的形式特征，或者是为了将读者所需要的文献传递给读者，或者是对读者进行信息检索技能培训，或者是为读者提供咨询课题的解答方案等。然而图书馆管理的任务却是“协调个人的活动，并执行生产总体的运动——不同于这一总体的独立器官的运动所产生的各种一般职能”。也就是说，图书馆管理的主要任务是协调人们之间的关系和利益，协调人们活动的状态和过程，使图书馆各种业务活动的要素建立某种有序的优化结构。所以，图书馆管理是一种柔性的社会活动，图书馆管理者一般并不直接从事情报产品的生产或信息服务活动，他主要是通过协调各种业务活动的内外关系，特别是馆员之间的关系以及馆员和读者之间的关系，使各种要素、各个环节在共同目标最有效地满足读者的信息需求的指引下，消除彼此在方法上、时间上、力量上或利益上存在的分歧和冲突，统一步调，使图书馆的各种业务活动实现和谐运转，成为一个有机的整体。①

4.组织性

图书馆管理的组织性，一方面指的是图书馆管理活动总是通过一定的组织（如学校图书馆、科学图书馆、企业图书馆、公共图书馆、工会图书馆等）进行的，这种组织是由进行管理活动的人所组成的一个有序结构。组织既是管理的主体，任何图书馆管理都是由一定的组织机构（即特定的图书馆）去进行的；同时，组织又是管理的对象，因为任何图书馆管理都是对一定组织（即特定的图书馆）的管理，孤立的个人，离开了一定组织的人，是无所谓图书馆管理的。另一方面，它指的是图书馆管理活动本身就是一种组织活动，这种组织活动把分散的资源如人力、物力、财力、信息等资源组合起来，形成一个稳定的、能够不断根据客观环境的变化而进行物质和社会双重结构调整的过程。这种组织过程既把各种离散的、无序的事物结合成一个相互联系、相互制约的管理组织系统，这是图书馆管理活动得以进行的物质和社会实体，同时又能不断地根据变化着的外部和内部情况，对管理活动的各种要素之间的关系进行调整，以寻求相适应的物质与社会匹配关系，使图书馆系统朝着管理的目标运动。前者指的是静态的组织性，它表现为一种有序的组织形式；后者指的是动态的组织性，它表现为

①李静，乔菊英，江秋菊．现代图书馆管理体系与服务研究[M]．长春：吉林人民出版社，2019.

一种能动的组织职能。图书馆管理的组织性是图书馆管理最基本的特征，也是其他特征存在的内在根据。

5.变革性

管理在本质上是变革活动，是使人获得真正自由的活动。管理的特点就是变革——迅速的、不断的、根本的变革。图书馆管理也不例外。从现象上看，图书馆管理有保守的一面，它要维持图书馆系统一定程度的稳定，要用一定的原则、规章制度约束图书馆的成员。但是，保守性、束缚性只是图书馆获得发展的手段，因而是暂时的、相对的。稳定是运动的一种特殊状态，因此，图书馆系统中的人、财、物、信息等要素是不断变化发展的，图书馆系统外部的经济、政治、文化、科技等环境也在不断变化。要实现对图书馆的真正有效管理，目标和计划就要反映对象的变化，协调活动就是要使系统内外因素的配合在变动中定向合理，要不断通过信息反馈实现对图书馆的动态控制，要根据图书馆的发展改变失去合理性的规章制度。可见，图书馆管理的变革性是由图书馆本身的运动决定的，具有客观性。图书馆管理的变革性更重要的表现为其发展演化。图书馆管理是一种主观见之于客观的活动，它要反映图书馆的变化，不仅要反映图书馆现时的变化，而且要反映图书馆变化的趋势，还要反映趋势的转变，这一切只有通过科学预测、设立目标、制定计划、完善组织、实施控制等一系列动态管理活动反复循环才能实现。

6.科学性

图书馆管理的动态性并不意味着图书馆管理没有规律可循。尽管图书馆管理是动态的，但还是可将其分成两大类：一是程序性活动，二是非程序性活动。所谓程序性活动，就是指有章可循，照章运作便可取得预想效果的管理活动，如制定读者服务工作中的各种规章制度，制定人员管理工作中的录用、奖惩、培训等方面的条例，制定行政管理的各种规章制度，制定后勤管理的各种规章制度等等。所谓非程序性活动，就是指无章可循。需要边运作边探讨的管理活动，如建造新馆、建设图书馆自动化系统、图书馆组织机构的调整、复合图书馆的设计等。这两类活动虽然不同，但又是可以转化的。实际上，现实的程序性活动就是以前的非程序性活动转化而来的，这种转化的过程是人们对这类活动与管理对象规律性的科学总结，图书馆管理的科学性在这里得到了很好的体现。此外，对新管理对象所采取的非程序性活动只能依据过去的科学结论进行，否则，对这些对象的管理便失去了可靠性，而这本身也体现了图书馆管理的科学性。

由于图书馆管理对象会分别处于不同系统（如科学院系统、文化系统、教育系统、工商企业系统等）、不同部门（如采访部、编目部、流通阅览部、典藏部、参考咨询部、研究辅导部、信息技术部、特藏部等）、不同环节（如出纳台借还、书库整理）、不同的资源供给条件等环境中，这就导致了对每一具体管理对象的管理没有一个唯一的完全有章可循的模式，特别是对那些非程序性的、全新的管理对象更是如此，因此，图书馆具体管理活动的成效与管理主体管理技巧的纯熟程度密切相关。事实上，管理主体对管理技巧的运用与发挥都体现了管理主体设计和操作管理活动的艺术性。另外，由于在达成图书馆资源有效配置的目标的过程中，可供选择的管理方式、手段多种多样，因而如何在众多可供选择的管理方式中选择一种合适的方法用于现实的图书馆管理之中，也是管理主体进行管理的一种艺术技能的体现。

## 二、图书馆管理的对象

图书馆管理的对象有三大部分：人力资源管理、物力资源管理和财力资源管理。人力资源管理包括图书馆员工管理和读者管理；物力资源管理包括图书馆的文献信息管理、图书馆的建筑和设备管理以及技术方法管理；财力资源管理指图书馆的各项经费开支以及各种经营性收入管理。

### （一）图书馆人才资源管理

1. 员工管理

图书馆员工是图书馆连接文献信息与读者的纽带和桥梁，是图书馆活动的管理者和组织者。图书馆工作效益的高低和社会影响的好坏，取决于图书馆的员工，所以图书馆员工是管理的主体要素。图书馆的员工分为图书馆专业人员、图书馆技术人员和图书馆行政人员三大部分。管理者应通过定岗、定员、考核、选举、激励等多种形式，激发员工的积极性和创造性，调动他们的潜力，使员工的聪明才智得到充分发挥，努力做到人尽其才、各得其所、各获其荣。

2. 读者管理

读者又称为“用户”，是图书馆的服务对象。图书馆因读者而生存，读者的存在和需要是图书馆生存和发展的动力。由于图书馆读者群的复杂性、多变性和信息需求的多样性，读者管理成为图书馆管理中最活跃的要素。管理者必须树立“读者至上”的思想，一切管理工作都以用户文献信息需求为出发点和归宿，最大限度地满足读者日益增长的知识信息需求。

**（二）图书馆物力资源管理**

1.文献信息资源

图书馆的文献信息资源统称“图书”，是图书馆的“立身之本”，也是图书馆存在的先决条件，是图书馆系统中最基本的要素。它是根据图书馆的性质、任务和方针，以及特定读者群的文献信息需求，经过长期日积月累而形成的文献信息体系。图书馆的文献信息资源随着科学技术的发展，载体越来越丰富多样，有印刷型资源、缩微型资源、声像资源、电子型资源和网络资源等。对这些资源进行管理既要确保文献信息资源的系统完整，又要便于读者对文献信息的充分利用；既要着眼于馆藏的特色建设，又要做好资源的共建共享。

2.建筑设备

建筑设备又称“设备”，是图书馆生存的物质条件。传统图书馆设备包括：建筑、书架、目录柜、阅览桌椅等。现代图书馆设备，除了传统图书馆设施以外，还包括许多现代化技术设备，如视听设备、复印设备、缩微阅读设备、传真设备、文字处理设备、图书馆计算机自动化系统、图书馆消防安全系统、中央空调系统、局域网以及互联网接口等。这些设备可统分为两大部分：一部分是围绕着业务工作而产生的现代化技术设备系统；另一部分是为业务主体服务的行政后勤服务技术设备系统。

3.技术设备

图书馆的技术设备，以自动化系统为核心，由计算机软件系统、硬件系统和数据库三大部分组成。随着科学技术的发展，数字化图书馆的出现，信息设施、信息资源、信息人员的智力将融为一体，图书馆的自动化系统会越来越趋于完善。图书馆的建筑设备将会随着这些技术方法的应用而发生很大的变化。为此，图书馆的管理者应用战略的眼光去规划和建设图书馆文献信息服务技术设施体系，为信息资源体系的形成、维护、发展以及开发利用提供条件。

### （三）图书馆财力资源管理

图书馆的财力资源主要来源于政府对图书馆的拨款，以及社会各界对图书馆的资金投入。图书馆的经费开支主要用于购置各种载体的文献信息资料、业务活动开支、行政管理费用、员工工资、设备维护费等。经费预算是图书馆经费管理的一项基础工作，在预算的执行过程中，应该有严格的经费结算制度。管理者应通过核算执行情况，为经费管理提供相关信息。在经费管理过程中，应加强财务制度，严格执行有关的财务制度和规范，通过严格的财务制度管理图书馆的经费，以最低的成本产出最大的效益。

## 三、图书馆管理基本要求与内容

### （一）图书馆管理基本要求

现代图书馆管理的基本要求是管理规格化，劳动组织合理化，工作人员专业化，业务工作计量化。具体地说管理规格化是指有完善的规章条例和业务标准，所以，图书馆管理的规章条例化和业务技术标准化是规格化的两大内容。劳动组织合理化是指以最经济的人力取得最佳的工作效果是图书馆合理的劳动组织所要达到的主要目标，为了实现这个目标，必须做到以下几点：①根据本馆的性质和具体任务，以节约人力、方便管理、减少层次、提高效率为原则，合理建立业务机构；②根据本馆收藏的文献资料的类型和用户需要的特点，科学地划分工序和工作范围：③建立岗位责任制，明确规定职责范围，让每一个部门和每一个工作人员都承担起应负的责任，做到各负其责，各尽其力。工作人员专业化是指培养一支合格的专业化队伍，是实现图书馆管理目标的必要措施。图书馆工作人员的专业化包括两个方面：一是必须具备图书馆学、信息学的基本知识和图书馆工作的基本技能；另一个是向文献信息工作专门化的方向发展。业务工作计量化是指建立一套系统的图书馆管理统计制度。统计数据能够反映图书馆的基本情况，是改进工作、提高服务质量的重要依据，对于图书馆实行科学有效的管理可以起到“耳目”和“参谋”的作用。

### （二）图书馆管理内容

现代图书馆管理是通过决策、计划、组织、控制、协调实现的。各环节之间不是相互割裂的，是相互联系、相互制约，共同作用于管理运动的全过程,形成了图书馆管理的特定内容。

1.决策

任何图书馆系统及其所属的子系统的管理过程,都离不开正确的决策。图书馆系统的决策,主要包括:图书馆发展方针、政策、战略方面的决策。各项业务工作的决策,如采集文献品种与复本数量的决策,分类法的选择,馆藏划分最优方案的选择,排架方式的选择,开架与闭架方式的选择等等。人事方面的决策,包括人员智力结构的确定,人员更新与培训的方式,奖惩制度的制订等等。财务、设备方面的决策,包括经费及其合理分配,设备、用品的选择等等。

2.计划

这是管理过程中的一个十分重要的因素。计划是一种预测未来、确定目标、决定政策、选择方案的连续过程,是图书馆各项活动的指针,图书馆系统的各方面决策都是要通过计划去实现的。图书馆计划包括两个基本方面:一是国家图书馆事业发展计划,一是个体图书馆的发展计划。

计划是由定额、指标、平衡三部分组成的。各项定额是发展计划的基础,计划的内容和任务则体现在指标上,计划就是综合平衡,平衡表是基本手段和工具。国家图书馆事业发展计划是各分项计划的集合,一个馆的总体计划是本馆内各个部门计划的集合。在制定各项计划时,应明确该项计划的主要任务及其在总体规划中的地位和作用,认真选取衡量该计划发展水平的主要指标,规定发展的规模和发展速度,突出发展重点,规定适当比例,注意各计划之间的协调。

3.组织

组织指对各项活动所需的资源加以组合,建立组织的活动与职权间的关系的过程。组织是发挥管理职能、实现管理目标、完成计划的保证。组织工作是一个分工的行为,同时又是一个组织各方进行协作的行为。组织工作还包括人事工作,即为组织的工作过程中设置的工作岗位配备合适的职工人选。因此,在图书馆管理系统中必须要有健全的组织机构,明确各个工作岗位的职责,确立各级人员之间的相互关系,做到职责分明,权责结合。

4.领导

领导工作是影响人们为实现组织的目标而努力。包括激励、领导的方式方法、沟通等问题。图书馆要建立合理的领导层的群体结构，注意选拔主导型人才，重视领导者群体的智力结构，加强领导者之间的团结协作。图书馆的领导应当注意在正确运用合法权利、奖励权利之外，学习和掌握图书馆专业知识和管理知识，不断完善本人各方面的素质，增强自己的专家权利和个人影响力。

5.控制

这是按既定的工作计划、标准去衡量各项工作成果，并纠正偏差，使工作按计划的方向进行。所以，控制不仅是对现有工作成果的评定，更重要的是认识和判断工作发展的趋势并为改进工作提供信息反馈。可以说，没有良好的信息反馈，图书馆就无法对自己的各项工作进行有效的控制。这是因为控制的功能是通过输入、中间转换、输出、反馈四个环节实现的。

6.协调

协调是管理过程中不可缺少的环节，它可以使图书馆事业的建设或一个图书馆的各项工作趋向和谐，避免矛盾和脱节现象。图书馆的协调，从微观角度看，指的是图书馆内部纵向和横向的协调。纵向协调，就是要保持图书馆各层次子系统的上下平衡；横向协调，就是要保持图书馆系统各层次彼此之间的协作、以避免各个工作环节和各个部门之间发生脱节或失调现象。图书馆的协调，从宏观角度看，是指与图书馆外部的协调。这种馆际之间的协调，也分为纵向层次的协调和横向层次的协调。纵向层次的协调指的是本系统图书馆从上至下的协调；横向层次协调指的是本图书馆系统方针、任务与其他图书馆系统的协调。

## 四、图书馆管理的基本原则与意义

### (一)图书馆管理的基本原则

1.集中管理

集中管理是我国图书馆事业管理的重要原则。集中管理包括两个方面内容：一是指图书馆事业建设要有集中统一的管理，以便协调全国各系统、各地区图书馆的工作，有目的地规划全国图书馆事业的发展，组织全国性的图书馆事业网；二是指图书馆业务技术工作的集中管理，即实行图书馆业务技术工作的标准化，其中包括统一分类、统一编目、统一数据存储格式和信息交换标准等。

2.民主管理

民主管理是我国图书馆管理的又一重要原则。所谓民主管理,就是吸收图书馆工作人员和用户代表参加图书馆的管理工作,图书馆可以建立由馆员和用户代表参加的民主管理组织。建立这个组织的目的是提高图书馆的管理水平,它在图书馆管理中起着参谋作用,其任务是:①对图书馆工作提出合理化建议和改进意见;②督促图书馆工作计划的执行;③对专业人员的安排和使用提出建议;④对领导干部的工作进行监督等。

3.计划管理

这也是我国图书馆管理的重要原则。图书馆的计划管理就是要发挥工作计划在管理过程中的作用。工作计划是根据客观实际情况和工作任务的要求,预先确定开展工作的目标、措施和步骤以及方法等等。工作计划可以分全馆计划、部门计划或某一项工作的专门计划。制订工作计划必须从实际出发,留有余地。在执行计划的过程中要随着客观情况的变化对计划做适当的修改。如果工作无计划,就不能有效地组织业务活动。因此,正确地制定和执行各种工作计划是图书馆管理中不可缺少的环节。

4.注重经济效果

注重经济效果就是要研究如何合理地使用人力和经费,最充分地发挥图书馆各种设备的能力,建立最优化的文献信息资料的收藏系统和服务系统,以及与之相适应的各种科学的规章制度和条件。要力求用最少的经费补充用户最需要、最有使用价值的文献资料,用最经济的劳动加工整理各种文献信息,用最快的速度为用户提供各种资料,并使图书馆的各种设备最大限度地发挥作用,从而保证图书馆各种活动的最大效能。这些应该是图书馆管理所追求的目标。人力、物力、财力和时间的浪费以及无效劳动,都是与图书馆管理的原则不相容的。注重经济效果,应当成为图书馆管理的一项基本原则。

**(二)图书馆管理的意义**

1.图书馆管理是图书馆事业具有全国规模的需要

图书馆工作是在科学发展和社会进步的推动下不断向前发展的,它自身同样经历着又分化又综合的过程。在科学文化信息交流中分化出图书馆系统,图书馆系统又分化成各种子系统和二级子系统;这些子系统和二级子系统又相互依赖,互相制约,不可分割,共存于图书馆系统的统一体中，共同完成向社会提供文献信息的任务。

随着人类社会的进步和科学文化的发展，图书馆的数量不断增多，类型不断增加，同用户的联系面更加广泛。这说明图书馆已不是孤立的单个的存在，而是一个社会的有机整体。因此，需要通过管理密切图书馆与图书馆之间、图书馆与用户之间的联系。

图书馆事业是由各种不同类型的图书馆组成。要使具有全国规模的图书馆事业布局合理，使之协调而又有计划地发展，必须对全国图书馆事业实行科学有效的管理，以便把丰富的文献资源当作全社会的共同财富，有效地加以开发和利用。

2.图书馆管理是有效利用信息资源的需要

信息广泛存在于自然界和人类社会，包括自然信息、社会信息、生命信息和机器信息。对于人类来讲，每时每刻都在传递和接受着大量的信息，其核心是知识。信息是动态的概念，它只有在流通中才能发挥作用。只有运用科学的方法加以管理，信息的价值才能得到有效的体现。

当前社会中，文献是主要的信息来源，是信息存在的一种物质形态。在文献量激增的当代社会里，要求图书馆对数量庞大、内容复杂的文献资料进行准确地挑选和科学地整理加工，以便及时将信息传递到用户手中，没有对文献信息资源科学有效的管理是根本不可能做到的。所以科学有效的管理是有效利用信息资源的前提。

3.科学有效的管理是实现图书馆工作现代化的需要

图书馆组织管理的有效性和科学性，既是图书馆工作现代化的需要，也是实现图书馆工作现代化的基础。没有图书馆组织管理的科学化，也就无法实现图书馆工作的现代化。例如，要建立起拥有先进的技术和设备、能够迅速准确地将文献信息资料传递到用户手中的信息网络，就必须加强对图书馆工作和图书馆事业的科学有效的管理。没有科学有效的管理，不提高图书馆管理的水平，即使有了先进技术和设备，也不能充分发挥作用。现代化信息网络的建设及其作用的发挥，不仅取决于现代化的技术和设备，而且取决于图书馆管理的水平。

# 第八章　数字图书馆服务模式

## 第一节　数字图书馆服务模式的演变

数字图书馆信息服务模式是指数字图书馆信息服务系统的各组成要素之间相互关系的组合，是数字图书馆服务系统开展信息服务活动的工作模式。数字图书馆的根本目标是通过一系列服务机制与模式有效支持用户利用信息来学习解决现实问题和创造知识。随着数字图书馆的逐步发展和成熟，数字信息资源、信息服务系统和用户信息环境的发展与变化，其信息服务模式也经历了一个从“馆员中心”“资源中心”“产品中心”到“用户中心”的演变过程。本节将对这一演变规律和未来走向进行初步探讨。

### 一、数字图书馆的萌芽阶段：“馆员中心”服务模式

数字图书馆的萌芽最初是基于图书馆业务工作发展的需要，其目标集中在如何提高图书馆工作效率以更好地服务用户。这种基于业务工作的需要的服务模式必然是一种从信息服务人员（馆员）出发，并以信息服务人员为中心的服务模式。信息服务人员在这一模式中处于主动、主要和中心的地位，是信息服务工作的中心，一切工作以是否有利于服务人员开展服务工作为目的，而过少考虑信息用户的主动参与。用户自始至终处于被动接受的地位，不能主动地选择和参与信息服务产品的生产，只能坐等服务人员给他们提供产品，他们的需求在服务人员的信息服务工作中得不到充分的反映，因而也就得不到充分有效的满足。

### 二、数字图书馆的产生阶段：基于信息存贮的“资源中心”服务模式

随着文献信息的爆炸性增长，现有的实体图书馆根本无法承受其增长带来的存贮压力。当计算机网络与信息存贮技术为文献信息存贮带来了

新的发展契机时，特别是数字信息处理技术为人类信息传递揭开了新的历史篇章，大量数字信息开始替代文献信息出现，这实际上是数字图书馆产生的主要标志。与此相适应，信息服务模式也演变为一种以数字资源为中心的服务模式。"资源中心"服务模式，就是指服务人员只注重文献信息资源的数字化转化，向用户提供的只是一种数字化了的文献信息，而缺少加工与挖掘的深度，只是简单的替换而非精细的加工与产品开发。资源不做开发，不形成适销对路的产品，对用户来说始终是一摊废物，因此这一阶段的服务模式本质上还是传统的，没有摆脱文献信息服务模式的禁锢。

### 三、数字图书馆的快速发展阶段："产品中心"服务模式

这一阶段的数字图书馆主要是一种以MARC书目管理系统为纽带，基于本馆特定的数字化馆藏资源的相对独立的数字信息资源系统。随着数字图书馆的发展，工作重心的转移，用户观念的转变，信息服务产品在服务中的地位与作用日益突出，萌芽阶段的服务模式明显不能适应现实发展的需要，"产品中心"信息服务模式应运而生了。信息服务人员通过对信息资源加工增值形成信息服务产品，并以某种策略与方式提供给信息用户使用。在这种服务模式中，服务活动的中心是信息产品，关注的是信息资源的加工和服务产品的生产。此服务模式各要素中突出服务资源，产品的地位，用户是客体，始终有求于图书馆，居于从属地位，信息服务人员的特定服务和信息用户的能动性受到忽视。

### 四、数字图书馆的逐步走向成熟阶段："用户中心"服务模式

成熟阶段的数字图书馆是以对大量通过Intenet提供的分布式数字信息资源的应用为主要特征，不再以文献数字化和具体数字资源库建设为核心，而主要是面向分布式和异构化数字信息资源，通过服务集成构造统一的信息服务系统。分布式、异构化的数字图书馆信息服务环境必然要求其服务模式有新的突破与创新，必然要求数字图书馆服务以用户为中心。"用户中心"服务模式就是信息服务工作一切从用户信息活动出发，基于信息用户的信息需求并以用户需求的满足与问题解决为目标的信息服务工作模式。信息服务工作从信息用户出发，根据信息用户的信息需求与解决问题的信息活动的需要，以某种策略与方式生产用户需要的信息提供给

信息用户,用户的需求与问题在这个服务活动中得到彻底解决。用户中心服务模式充分注意到了数字图书馆信息服务活动各要素之间合理结合与服务系统功能放大,特别强调了信息用户在信息服务活动中的主观能动性与参与作用,用户是这一服务模式中的主体。

## 五、数字图书馆信息服务模式的未来走向

迅速发展的信息网络和数字信息资源体系正在造就一个全新的信息服务环境:信息资源、信息组织工具、信息传递工具日益聚合为同一数字空间,信息资源系统、信息服务系统和用户信息系统日益趋向连接于同一网络空间,一种面向用户信息活动和用户信息系统来组织、集成、嵌入数字信息空间的信息资源和信息服务的信息环境正在形成。这使得信息资源的物理存在与逻辑存在不再相互制约、不可分割,信息资源、信息服务、信息用户及其信息活动都聚合于同一数字空间中成为可能。与此同时,各种基于网络、基于知识、基于协作的信息处理机制也日益成熟,它们之间的连接、交换、互操作、协作和集成也日益成为可能,这都极大地支持用户灵活自主地处理信息、提炼知识、协作交流和解决现实问题。这必然要求数字图书馆服务人员从用户信息利用全过程及其复杂信息活动的角度来重新审视信息服务系统的功能结构与服务模式,构建一种基于用户信息活动面向问题服务主动与利用自助相结合的集成式信息服务模式。它强调服务人员与用户双方的主观能动性,把数字图书馆信息服务系统嵌入到用户工作与信息利用环境中,以支持用户在信息利用过程中对数字信息对象的灵活处理、知识提炼和协作交流,围绕用户信息活动、用户需要解决的现实问题和用户信息系统来组织、集成、嵌入数字信息资源和信息服务,从而更直接、深入、有效地支持用户自主检索、处理、利用信息来解决现实问题的全过程。这种模式的主要特征具体描述如下:

### (一)基于用户信息活动

基于用户信息活动就是指以信息活动为出发点和立足点全程跟踪用户信息活动。与以往基于信息资源的服务模式不同,它将打破信息系统与用户信息利用过程之间的隔绝,基于用户的信息活动的利用过程,动态适应性地聚合信息资源、信息服务系统及用户信息利用活动,致力于通过服务帮助用户解决问题。在这种服务模式下,信息服务与用户信息利用活动

全过程绑定在一起，动态随机地满足用户信息需求，成为用户活动及其环境中的有机部分；信息资源体系不再一成不变地保持固定的体系结构形态，而是成为可动态组合、变化的以适应和支持基于用户信息利用活动而随机聚合的信息服务有机体。在分布式数字资源系统（数字信息资源层）和集成信息服务体系（集成服务产品层）基础上，通过一定的个性化定制策略与机制形成适应用户或用户群组需要的可能是动态过滤、析取和组合的资源、工具和服务集合（个性化定制层），这些集合被有机地嵌入到用户信息系统或用户信息利用环境（用户系统层）中，直接支持用户的信息利用活动。①

### （二）面向问题解决

面向问题就是源于信息用户当前有待解决的问题并以用户问题解决为最终目标，即在信息用户存在着解决现实问题的信息需求并寻找合适的信息服务的帮助的前提下，服务人员据此进行数字信息资源及其产品的加工生产，集成各类信息资源形成有针对性的个性化的信息服务产品或问题解决方案，运用适当的策略与方式把特定的信息产品与服务提供给用户，达到帮助用户解决现实问题的目标。

### （三）以用户满意为目标，增进用户利益、超越用户期望

数字图书馆信息服务要以用户的需求为出发点，以圆满解决用户问题为目标。用户是图书馆服务的核心，是服务质量的最终评价者，离开用户，不能让用户满意，数字图书馆也就失去生存的价值。从现实情况看，用户的需求与用户的利益并非总是一致的。满足了用户的需求，并不等于维护了用户的利益。我们必须处理好用户需求与用户利益之间的关系，不应只是单纯满足用户的需求或欲望，更重要的是增进用户的利益。按照信息用户对信息需求的期望程度，我们可以将信息需求分为三个层次：基本需求、期望、超越用户期望。用户的“基本需求”是信息产品或服务必须具有的属性或功能；用户“期望”提供的信息产品或服务不一定是“必须的”，但却是用户希望得到的；“超越用户期望”，是指提供给用户一些完全出乎其意料的产品或服务。我们不仅要满足用户的“基本需求”，还要超越用户“期望”，使用户感到满意和惊喜。

---

①方晓红，郭晓丽．数字图书馆研究[M]．天津：天津科学技术出版社，2014.

### （四）信息服务内容知识性

从本质上讲，数字图书馆信息服务是一种知识服务。知识服务是指从各种显性和隐性信息资源中，针对人们解决问题的需要将知识提炼出来、传输出去帮助问题解决的过程。用户的信息需求实际上是为解决实际问题对所需知识的需求，信息只是他们用于生产知识的资源。知识经济的显著特征在于知识成为生产力的关键因素，在于产品和服务的日益知识化。知识经济的迅速发展以及社会和用户在网络环境下呈现出对知识的迫切需求，这就促使数字图书馆的信息服务必须在知识服务层次上下功夫，有效地收集、组织、存储信息资源，根据用户的需要对信息资源进行深层次开发挖掘其中隐含的知识，将这些知识信息融合和重组为相应的问题解决方案，并将这些知识固化在新的产品、服务或管理机制中。数字图书馆信息服务的价值主要体现在其为社会经济发展提供服务的知识含量，而非简单的信息数量。数字图书馆的知识服务将会促进知识信息的传播、利用及再生产，使用户掌握知识，成为作用于社会经济发展的生产力，这是数字图书馆信息服务的价值体现。

### （五）信息服务环境聚合化

迅速发展的信息网络和数字信息资源体系正在造就一个全新的数字图书馆信息服务环境。信息资源、信息组织工具、信息传递工具日益聚合为同一数字空间；信息资源系统、信息服务系统和用户信息系统日益趋向连接于同一网络空间；一种基于数字信息资源面向用户信息活动和用户信息系统来组织、集成、嵌入数字信息空间的聚合化信息服务环境正在形成。这使得信息资源的物理存在与逻辑存在不再相互制约、不可分割，使信息资源、信息服务、信息用户及其信息活动都聚合于同一数字空间中成为可能。与此同时，各种基于网络、基于知识、基于协作的信息处理机制也日益成熟，它们之间的连接、交换、互操作、协作和集成也日益成为可能，这都极大地支持了用户灵活自主地处理信息、提炼知识、协作交流和解决现实问题。

### （六）信息提供自主性

自主信息服务的实质是服务的主动性，即在没有用户干预的情况下，数字图书馆信息服务系统就能自动按照用户的信息需求提供相应的服务。

该系统能够借助于智能代理(Agent)技术、信息推送(Push)技术等实现知识信息产品的主动推送。具体地说,该服务模式下的数字图书馆信息服务系统能够主动分析、预测用户需求,主动搜集、加工、处理信息,主动挖掘知识,主动人机交互,主动发布推送信息。

### (七)信息利用自助性

未来的数字图书馆信息服务模式把数字图书馆信息服务系统嵌入到用户工作与信息利用环境中,数字图书馆服务系统与用户系统有机地融合于一体,支持用户在信息利用过程中对数字信息对象的主动灵活处理、知识提炼和协作交流,从而更直接、深入、有效地支持用户自助利用信息来解决现实问题。在这一模式中,信息用户的主动性强、参与程度高,服务策略和服务内容的针对性强,用户的一切信息利用活动和问题的解决都是在服务者搭建并嵌入到用户工作信息环境中的数字图书馆信息服务系统平台上自助进行。服务人员主要以数字图书馆信息资源管理、信息产品开发与服务平台的建设、维护和提供为任务,给用户提供解决问题的工具、策略、方法,控制与引导用户的信息活动。

### (八)服务体系集成化

未来的数字图书馆服务体系是一种集成化服务体系,即对信息技术、信息资源、服务功能、服务人员、服务机构等各种信息服务要素进行融合集成,实现整体功能的优化,使用户得到动态的并在时间和空间上一致的面向问题的全方位、多层次、多元化的信息服务,从而构建一个高效能综合化的信息集成化服务体系。实施信息集成服务体系是以信息服务内容与产品的集成为目标,以功能的集成作为结构,以平台的集成作为技术基础,以人的集成作为根本保证,最终形成统一的检索平台、一次性用户认证、不同系统之间的无缝链接和完整的集成化数字图书馆信息服务综合平台体系。

### (九)信息资源分布式

数字图书馆的服务模式必须充分考虑网络环境下信息资源的分布特征和信息用户需求的特点,以分布式多样化数字信息资源的互操作和整合为出发点,打破原部门之间的严重分离,全面支持分布异构信息的检索与获取,强调对信息资源进行规范利用与管理,从而充分发挥数字图书馆在分布式的数字信息资源环境中的优势，为用户提供全方位、多层面、多角度、深层次、个性化的信息产品与服务。

## 第二节　网络环境下信息服务模式

随着现代信息技术的发展，图书馆的发展也日新月异，图书馆的信息服务已由传统的手工服务模式向网络在线服务模式转化；传统的纸质信息收藏逐渐向数字化信息收藏转化。图书馆的核心功能包括信息的收藏、开发及利用，通过用户的需求，以及工作人员对信息的获取和处理过程获得了很大的发展。数字图书馆由于广泛利用网络技术，对传统的信息服务产生了巨大的冲击，读者可以直接利用校园网访问搜索引擎和数据库，而不必在特定的时间或特定的地点利用图书馆，这在很大程度上促使图书馆信息服务不断地向前发展。

### 一、图书馆信息服务的发展根源

#### （一）信息资源收藏的发展

信息工作是信息使用者的得力助手，传统图书馆提供的纸质资源已远远满足不了用户多样化的信息需求，随着科技进步与社会的发展，用户获取信息的方式发生了很大的变化，利用计算机网络获取资源成为用户获取资源的最主要方式。Intenet可以为用户提供几乎无所不包的信息，网络信息资源种类繁多，覆盖了不同学科、不同领域、不同地域、不同语言的信息资源，包括：电子期刊，图书的电子文本；论文的抽印本，技术报告；法律文件，判例，政府出版物；数值数据，统计信息，实验数据；软件；图像数据，声音数据；数据库等等。网络信息资源在数量、形态、分布、传播范围、传递速度等方面都有着与传统信息不同的特点。然而由于网络及其信息的产生、传播和管理的无序性，使用户很难从海量信息中获得所需信息。图书馆的职责就是利用服务手段按用户的要求从信息海洋中提取特定信息，把分布无序、参差不齐的网络信息资源重新进行整理和加工，为用户提供高效和深入的信息服务。正是由于用户对图书信息需求的日益增加，通过图书馆工作人员研究用户的需求以及对信息的获取和处理过程，促使信息资源收藏不断发展。

### (二)传统图书馆面临的内外压力

传统的图书馆信息服务仅围绕本馆藏书而开展，读者服务工作的范围和水平受制于藏书的布局和规模，形成了“收藏为主”的传统图书馆读者服务模式，方式较为单一。随着现代信息技术的发展，来自馆内外的压力促使信息服务改革。信息时代读者对知识的渴求十分强烈，加之知识的创新与重组，使学科高度综合、知识高度密集，读者更需要经过浓缩的、综合的、方便适用的复合型知识；而知识的创新使学科林立的知识体系更加庞大与复杂，任何人都只能在某一领域或几个相关领域求得发展。因而，各个个性鲜明的针对性读者需求，又综合成图书馆读者整体需求上的广泛性，再加上社会上的信息咨询机构对图书馆信息服务的冲击，就促使图书馆人不得不思考未来的信息服务工作，尽管有的图书馆人已经意识到信息工作的日趋复杂化，但还没真正意识到网络环境所带来的对图书馆的巨大影响，没意识到图书馆的传统服务已远远不能满足读者的信息需求。

### (三)远程交流是必然趋势

信息时代，数字通信将促使全球化的信息革命，行政和地理的界线阻挡不了远程的信息交流。现在多数大学都在改革教学方法，尝试利用网络远程教学来完成教学任务。远程交流是一个虚拟论坛，为教师与学生、学生与学生之间提供了一个基于网络的、异地进行交流的场所。学生可以利用业余时间浏览教学课件，并可实现实时多点同步语音交流；可以通过互联网和线上人员进行公开讨论和私下交流，自由发表自己的见解。由于远程教学的发展，要求图书馆馆员具有与新教法相适应的技能，诸如：用虚拟信息服务传授技能，管理电子流程的经验，以及具备在线介绍图书馆馆藏资源和信息服务的能力，只有这样图书馆才能更好地满足读者的信息需求。

## 二、数字图书馆及其信息环境

数字图书馆的研究开发，是伴随着国际互联网的发展和普及而兴起的，大致开始于九十年代初，起初不是由图书情报界人士首倡，但是由于图书馆是社会信息资源无可替代的集散地，因此数字图书馆成为图书馆界的一项开创性工作。数字图书馆的出现是传统图书馆跨入现代化大门的标志,它使传统图书馆的信息服务产生了质的飞跃,但这并不意味着传统图书馆即将和我们告别。数字图书馆一头紧靠Internet,一头紧靠传统图书馆,它是传统图书馆的网上分身。所谓图书馆的数字化实际上是指计算机管理图书馆的网络化,它涉及图书馆本身结构的数字化以及管理程序、信息传递过程的数字化。由于计算机处理信息的特点就是数字化,所以图书馆如果要有效地利用计算机为它工作,就必须在由计算机取代的每一个工作环节实现数字化。图书馆数字化发展到一定的程度才能造就数字图书馆。与传统图书馆相比,数字图书馆主要有以下几个特征:

### (一)文献信息载体的活化

信息有其各类载体,按载体功能不同可分表达内容的载体如语言、文字、声音、图像,保存内容的载体如纸张、磁盘以及传输载体如声、光、电等。图书馆的文献载体多元化体现了物质世界和精神世界的多样化。载体多元化给图书馆的文献信息管理和传递带来了一定难度,而数字化却为之开辟了一条处理一体化的渠道。无论何种载体,印刷型的文本还是声像资料,在电脑的硬盘中一律化为二进制的数字代码,如果没有后缀作为标识名就无法辨其原型。图书馆是信息产业的一个子系统,数字化给信息系统注入的新鲜血液必然会流入图书馆领域。与其说数字化是现代图书馆的标志,不如说它是现代信息社会的标志。图书馆作为社会上层建筑,其形态完全取决于其赖以存在的社会形态。图书馆的数字化是信息社会数字化的必然结果。数字图书馆不会孤立存在,数字化以后,任何可数字化的对象都会加入"影子部队",成为数字平台上的社会群体。社会群体一旦数字化,便固化于磁盘介质,不受原来形体束缚,当它释入全流动的电磁全息空间便驰骋自如,有了互联网,"天堑变通途"。水和冰的物质结构并无区别,但它们的存在形态发生了根本变化。同样,数字化实现了信息存在形态的根本变化。数字化后信息载体被激活。它使文字会走路,在网上你可在瞬间获得一份需要的资料;它使文字会说话,只要点击"热点文字",便可在网页间、网站间跳转,看录像,听音乐,无所不能;它还使文字能"干活",计算机的各类应用软件的文本就是这种"干活"文字的集合。

### （二）馆藏结构和管理逻辑化

所谓馆藏结构的逻辑化就是馆藏的有序化，逻辑是信息的序链，不同的序对应于不同的逻辑规则，不同的逻辑对应于不同的检索途径。数字化图书馆是通过数字化实现馆藏的逻辑空间向物理空间的映射，物理规则的抽象化就是虚拟空间的逻辑化。数字化是按照严格的逻辑有条不紊进行的，信息的形式转变是沿着逻辑线路进行的，有了严密的逻辑，信息才能有还原原形的归路。数字化后的信息最终还要以其本来面貌和用户见面。数字化首先必须经过逻辑处理，把各种逻辑关系化为数字逻辑，即由文字型逻辑转化为数字型逻辑，采用与门、或门、非门等数字逻辑电路让信息运动起来。离开逻辑，数字化便寸步难行。逻辑反映了图书馆文献信息字段以及所有功能的内在联系，而数字是计算机的逻辑语言，虚拟空间的形成意味着文献信息高度的逻辑化。数字图书馆除了需要对于一次次文献进行实体传真以外，还须对正常开馆、接待读者进行实境模拟，把人和物（书刊、目录）的单向动作以及人和人（读者和工作人员）的交互动作移植到网上。这就需要相应的软件予以实现。图书馆进行形影分离，形留在地理空间，影移至虚拟空间，其中间环节必须依靠电、磁媒介，而电、磁的状态向量就是二进制向量。

数字化图书馆的实体和运行的文本形态是数据库和软件的集合，包括操作系统、传输协议、网络协议、数据库语言、程序设计语言、网关、多媒体控件、插件、超文本语言和各种硬件的驱动程序，其每一部件都是高度逻辑化的信息集合。可以说数字图书馆是图书馆内部逻辑以及电脑网络逻辑数字化的顶峰。其逻辑结构优劣直接关系到数字图书馆的等级水平。现代计算机的理论基础之一是逻辑代数，我国早在公元前一千一百多年已懂得两两相仪原理，逻辑演绎成“阴阳合而万物生”，经过世代研究，人们终于将其作为数字图书馆的元素。

### （三）全双工的信息传递模式

尽管网上浏览阅读文献和观看电视在表面上几乎一样，但毕竟有所不同。其本质区别在于前者采用了全双工的信息传递模式（即客户、服务、对等或混合模式），而后者只是一种半双工的单向传递模式。由于采用了全双工的通讯模式，人机、机机才有对话功能，实现了物理图书馆的虚拟仿真，在网上向读者进行开放式服务。虚拟图书馆和传统图书馆的形影关系说明了虚和实的辩证统一，虚源于实，而贵在真。虚拟不同虚构，仿真才是根本，实是动静的结合，虚是实的仿真，如果说数字化实现了图书馆的形影分离，空间转移，那么基于数字化的全双工通讯模式实现了动静的虚拟结合，所以说全双工的信息传递模式是数字化图书馆不可缺少的特征，其数字化程度和水平远远超出了一般器械（如数码相机）的数字化程度和水平。形影分离便于信息重组、剪辑、复制和共享，使万人异地同读一书成为可能，存取单元细化，联机脱机浏览方便，而全双工模式使影子变活，善解人意，响应及时，从 Gopher 到 WWW 各种数字图书馆访问应用软件无不采纳全双工的通讯模式，使人机互动的操作界面尽臻完善。人们访问数字图书馆不仅有“身临其境”之感，而且“虚出于实，而胜于实”，读者得到了从物理图书馆所不能得到的方便。这是传统图书馆与之不能媲美之处。

**（四）高度抽象化的语言**

数字化图书馆使用了二进制的数字语言，具有最大的兼容性。它不仅是各类语言、各种代码的结点，而且也是各类模拟信号的结点，这种语言便于通讯联络方式一元化。电报采用时值编码，较大程度依赖于人工干预，移植性较差，电话则纯属信号模拟，而各种信号经电脑数字化后便九九归一，完成了语言的大同，由于代码解释技术的突破以及数模转换硬件的发明，数字化语言得到了广泛应用，它既摆脱了人类形象思维的拐杖，也摆脱了模拟信号难以运算的局限，它集表达与运算为一体，赋予了电脑智能。二进制的数字语言不仅可以作为信息载体，更重要的是它开发了机械的智能，发掘了数字图书馆全双工的模式功能，各种语言最终都能以二进制的统一数字方式表达，进行交流，关键是要解决通讯的软件硬件接口技术问题。硬件接口就是网卡，软件接口由底层至高层实现人机、机机层层连接。各种应用软件如浏览器等处于上层，而传输协议（TCP）以及网络协议（IP）则处于中层和底层，它们是人们远程联络的信使，也是访问数字图书馆的向导。数字化的意义就在于智能化，数字化的优势也在于智能化，这就是数字化受到人们青睐，得以迅猛发展的根本原因。在图书馆领域，人们只要选择适当的检索策略，查全查准都能得到理想的结果。因为数字化的二进制语言具有语言和数字的双重性，数字是可以运算的，思维的本质就是运算，思维找到了运算的模拟工具。

### （五）动态的信息环境

1998年初美国首次提出“数字地球”的概念，立刻引起了全世界的普遍关注，同年，江泽民主席在接见两院院士时指出：“数字地球”是继“信息高速公路”和“知识经济”之后的又一新的国际科技发展动向。“数字地球”理论及其技术的应用实施可以全方位地提供全世界社会、经济、资源、环境等方面多尺度、多种类、动态化的信息。数字图书馆面临着一个更为复杂的信息环境，它既要处理文献书目这类静态信息，又不能将动态信息拒之门外、作茧自缚。相反，数字图书馆只有加强和周边信息环境的有机联系才能兴旺发达，例如利用人造卫星和基础地理信息系统广泛收集动态信息以便开展更多的特色服务，调整自身产业结构。此外，在利用信息方面，数字图书馆可以通过对于信息的筛滤起到信息传播的“把关”作用。据统计，网上的无益信息占50%以上。就此而言，数字图书馆还兼有Internet的导向义务。它为人们提供放心的绿色精神食品，屏蔽了文化噪音，它是网上精神文明建设的主角。尽管数字化图书馆异军突起，风靡全球，显示了强大的生命力，但它的发展受到了种种环境制约，面临着严峻的挑战。

1.传统图书馆的制约

传统图书馆是数字图书馆的前身，而数字图书馆是传统图书馆的部分分身。虽然数字化分身有术，却无法改头换面、超脱原型，自塑其身。数字化以不速之客的身份扣响了传统图书馆的大门。传统图书馆面临着严峻的挑战，换句话说，数字图书馆受到了传统图书馆的制约，传统图书馆欲待分身（数字化）上路（上网）之时，往往感到心有余力不足，这时才发现许多工作滞后于现代信息社会的发展，不是数据不全，就是基础太差。拖了数字化的后腿，皮之不存毛将焉附？数字化受到了传统图书馆的制约，传统图书馆不能满足现状，故步自封。两者要互动协调前进。

2.数字化并非神话

有人认为数字化后人类将进入无纸社会，甚至说不定哪一天还会有“数字蛋糕”供人食用。其实不然，数字化以后，无纸文献剧增，但有纸文献依然存在，多样化的大千世界，不会出现有水无冰或者有冰无水的情况，况且数字化是一项耗财耗能巨大的工作，人们虽然可以使用键盘直接生产数字文献，但依然没有脱离使用印刷副本的习惯。无纸文献虽然不受时空制约,但必须在网上浏览,而有纸文献可随身携带找个安闲舒适之处阅读,各有利弊就难分孰是孰非。如果人人必须以键盘和屏幕代替纸笔,就未免有点强人所难了。由此可见,数字化主要是有纸文献的数字化,至少它目前还停留在用有纸文献生产无纸文献的阶段,因此建造数字图书馆需要双重成本,它的耗资并不低于印刷图书馆(PRINT LIBRARY)。这就决定数字图书馆的文献规模受到了财力和技术的限制。目前,数字图书馆的优势馆藏还限于二次文献,一次文献的收藏和传统图书馆相比则是凤毛麟角。

3.版权制约

读者读书,图书馆购书,无钱购书就无从读书,关键是钱由谁出。传统图书馆资源共享的主要办法是加快流通和馆际互借。读者通过以借代购,获得书籍使用权,降低了作者的收入,但这并不侵犯版权,书籍无法为人"分身"服务,某一时刻,一书只能供一人阅读,为人找书,为书找人只能一对一地进行,有多少读者,就有多少复本,借一本就必须购一本。数字化以后,资源共享突破了时空限制,借阅服务可以一对多地同时进行,借和购也无须一一对应,数字化的复本代替了印刷体的复本。读者购书减少,作者的经济利益势必受到侵犯。

4.虚拟功能的限制

数字化把文献传真到网上容易,但把人们环绕文献的活动搬到网上难。图书馆的使用价值取决于人们查找利用文献信息的能力,然而所有这些活动,网络对其鞭长莫及。因为人们不可能在虚拟世界中生活,许多实际问题仍需回到现实世界去解决。数字图书馆是传统图书馆的延伸而不是替代。无怪乎国外一些著名图书馆仍以高质的服务引以为豪地说:"图书馆花三小时能够解决的疑问,如在网上也许得花三天才能找到答案"。他们并不因为数字图书馆的出现唉声叹气,传统图书馆在人们心目中仍有重要地位,相反,数字图书馆却面临智能化的严峻挑战,要使数字图书馆完全理解人们的信息需求并将其充分利用,还要依靠图书情报专家们把基础性的工作做好、做实。传统图书馆是数字图书馆的坚强后盾。人们的文献保障工作还是需要依靠传统图书馆及其一批懂行的专家来完成。[1]

---

①谌爱容. 网络环境下图书馆的用户研究与信息服务[M]. 安徽师范大学出版社,2017.

5.艰巨的数据维护和网络管理工作

和传统图书馆相比,数字图书馆的文献难得易失,稍纵即逝,这是数字化图书馆发展的又一制约,计算机病毒无孔不入,其破坏力远远超过虫蛀和腐蚀给传统图书馆带来的危害,磁盘介质保护的要求也很高。备份一张光盘只是举手之劳,而备份一个数字图书馆的所有资料就不那么轻而易举,数字化以后,无论何种文献都以文件形式汇入Internet的信息流,先编入网页,后“装订”成网书。既然整个Internet就是一本网书,那么,从广义上说,它就是全球数字图书馆的集成,而数字图书馆则是它的核心成员。分布式管理是数字图书馆发展的高级阶段。它意味着全球数字图书馆遵循统一访问协议之后,数字图书馆可以实现“联邦检索”。全球数字图书馆将像现在Internet联接网站一样,把全球的数字化资源连为一体,连接成为一个巨大的图书馆。然而,网上信息资源尚未全部进入网页,数字图书馆还面临网上资源开发的挑战,网上查询不止“WWW”一种形式。网书以外的“非书”资料也极为丰富,文献收集情况更为复杂。而终端访问模式(TTY)的软件更是五花八门,令人眼花缭乱。数字图书馆面临的挑战越来越多。

## 三、数字图书馆信息服务的特点

数字图书馆信息服务是一种高效的网络化、数字化信息服务,是现代图书馆信息服务的高级形式,它从服务内容、载体形式、服务模式、服务策略与方式等诸多方面都具有区别于传统图书馆信息服务的特点。

### (一)服务资源的数字化、虚拟化

信息服务资源数字化,即指信息以计算机可读形式存贮;信息服务资源虚拟化,是指信息资源表现出来的只有使用权而无所有权非占有性。

### (二)服务功能一体化

对用户而言,最理想的信息服务是能够集参考咨询功能、信息检索功能和信息提供功能于一体。数字图书馆信息服务具有这一特点,它能提供最直观和最直接的全文信息浏览、数据文件下载、信息传递和数字参考咨询,以及信息发送、网页制作等网络化数字信息服务。

### （三）信息存取网络化、自由化

互联网彻底改变了传统的信息提供和获取方式，将分散于不同载体、不同地理位置的信息资源以数字方式存贮，通过通信网络相互连接，提供即时利用，实现了信息存取的网络化。在数字图书馆系统中，大量经过整合的数字化信息资源可以不受时间和空间的限制，在开放的空间里自由传递。

### （四）资源利用高度共享化

以数字化资源为基础，以网络技术为手段，实现跨越时空的资源共建共享，是人类实现共知共享全球信息的崇高理想。数字图书馆时代的资源共享打破了传统图书馆之间的固有限制，使众多的图书馆能够借助网络获取自身无法具备的数字信息。同时也能够将自身拥有的数字信息提供给网络共享用户共享，从而可以尽可能地避免资源重复建设，极大地拓展信息资源的拥有量，最终使整个社会的信息获知能力得以提高。

### （五）服务环境的开放化

在网络出现以前，图书馆建筑实体的围墙实际上界定了图书馆信息服务工作的范围。图书馆之间的交流，图书馆与社会信息界的交流，长期处于停滞、半停滞状态。在数字图书馆时代，信息服务环境从封闭式实体馆舍转变到开放式数字空间，计算机网络将数字图书馆置身于广阔的信息空间里，最大限度地拓展了图书馆信息交流与服务的空间，图书馆真正进入一个共建、共知、共享、共发展的新阶段。

### （六）信息检索智能化

数字图书馆的检索技术不是采用传统图书馆中惯用的关键词及其逻辑组合的方法，而是通过智能式人机交互方式来检索信息。以知识为基础的智能检索方法，是数字图书馆在信息检索方法上的重大变革。读者可以通过自然语言，不断地与系统进行交互，逐步缩小搜索目标，获取自己所需的信息。

## 四、图书馆开展信息服务的关键要素

### （一）树立信息服务的创新理念

信息服务意味着不新改进知识和永无穷尽知识的利用过程。图书馆应该在认识和组织服务的观念上树立新的“信息服务”理念,针对人们的需要将信息提炼,为用户提供主动、高层次的服务,提供独特的信息产品,解决他们不能解决的问题,以适应社会对知识信息需求的全方位与综合化的特点,图书馆应提供以人为本的信息服务,不断改变其策略、组织结构和信息服务重点,不断满足用户新的信息服务方面的需求。

### (二)建立信息服务所需要的信息资源库

由于网络所带来的开发式信息环境,大大扩展了图书馆的服务空间和影响。图书馆已经成为网络环境中不可忽视的重要成员。图书馆的工作重点之一不再是以保护馆藏为主,而是通过网络充分揭示图书馆的馆藏资源,不断调整服务方式和策略,根据用户需求的变化,不断加大与用户的对话和交流,开发个性化、专业化知识库,开发用户所需的信息资源库,不断满足用户的信息需求。

### (三)利用现代化的管理手段,开展有特色的服务

图书馆应不断寻求新的支持信息服务的技术机制,不断提升图书馆的竞争优势,为图书馆的创新服务提供物质基础。在知识管理时代,用户也希望以最快速度获得可直接利用的信息产品,从而要求图书馆开发特色资源,强化特色服务。所以图书馆应利用智能化的服务手段,对蕴藏于大量显性信息中的信息内容进行提炼、比较、挖掘、分析、概括、判断和推论,向具有不同信息需求的用户提供因人而异的、有针对性的特色信息服务。

## 五、数字图书馆信息服务的理念

信息服务理念是开展信息服务工作,确定服务策略、方式与模式的思想准绳和理论基础,是信息服务的灵魂。要做好信息服务工作,首先必须解决好信息服务理念的问题。数字图书馆信息服务必须创新自己的服务理念以适应新形势的变化来指导其服务实践。

### (一)以知识为服务内容

数字图书馆本质上是一种面向用户的网络化数字知识资源体系,它不再是向用户提供零散、杂乱的信息或信息线索,而是向用户提供所需的系统化的有序的知识或者说知识体系,工作重点从文献单元转移到知识单元,强调信息资源的开发利用与增值。数字图书馆信息服务的价值主要体现在其为社会经济发展提供服务的知识含量上,而非简单的信息数量。用

户利用数字图书馆所关注的是能否从繁杂的信息资源中捕获到生活、学习、解决现实问题所需的知识，将这些知识融化和重组为相应的问题解决方案，并将这些知识固化在新的产品、服务或管理机制中。数字图书馆的知识服务将会促进信息、知识的传播、利用及再生产，使用户掌握知识并使之创新转化为技术，成为作用于社会经济发展的生产力，这才是数字图书馆信息服务的价值体现。

### （二）以用户需求为中心

以用户满意为目标，从满足用户需求到增进用户利益、超越用户期望。数字图书馆信息服务是满足用户生活、学习和解决现实问题的信息知识需求活动，数字图书馆的一切服务要以用户的需求为出发点，以用户满意为目标。从现实情况看，用户的需求与用户的利益并非总是一致的。满足了用户的需求，并不等于维护了用户的利益。我们必须处理好用户需求与用户利益之间的关系，不应只是单纯满足用户的需求或欲望，更重要的是为了增进用户的利益。同时，我们还要在满足用户的基本需求增进用户利益的前提下，超越用户“期望”，使用户感到满意和惊喜。

### （三）面向问题、跟踪用户活动

充分发挥用户与服务人员双向互动作用。数字图书馆的信息服务是一种以科学为依据，以知识为基础，综合利用现代科学技术和方法，为解决用户所面临的各类现实问题而进行的一系列智力活动。帮助用户解决手头的现实问题是数字图书馆信息服务的目标。因此数字图书馆信息服务的一切工作都必须面向用户的问题，全程跟踪用户的信息活动，充分发挥用户与服务人员双向互动性，直到用户问题的最终解决。数字图书馆信息服务将服务融入用户活动之中，根据用户的要求来动态地和连续地组织知识和提供服务，服务贯穿于用户信息知识需求、接受、决策与问题解决的全过程，这是一个用户与服务人员互动的过程。

### （四）服务应该做到个性化

给用户提供全方位的信息是不可能的，独特的个性化信息服务才是每一个数字图书馆生存和发展的关键。数字图书馆应该基于信息用户的信息使用行为、习惯、偏好、特点及用户特定的需求，来向用户提供满足其个性化需求的信息、知识内容和系统功能。数字图书馆个性化信息服务首先是一种能够满足数字图书馆用户的个体信息需求的服务;其次是一种培养个性,引导需求的服务。它主要包括三个方面的内容:服务时空的个性化、服务方式的个性化、服务内容个性化。

### (五)服务管理上引入用户关系管理理念和全面质量管理方法

用户关系管理理念旨在改善数字图书馆与用户之间的关系,其核心思想是将用户关系作为一种重要的资源,通过完善服务来满足用户需求;将注意力集中于用户发展,以便使潜在用户变成现实用户、现实用户变成忠诚用户;通过满足用户需求,与用户建立长期稳定的关系,从而不断拓展产品或服务的范围。全面质量管理方法是为了达到用户最高满意程度所进行的全面的、彻底的内部机构与服务功能重组与改进,建立完善的服务体系,使整个数字图书馆服务体系各项功能和服务过程从规划、组织、协调到控制能够做到系统有序的配合,以形成人人参与和追求高品质服务的组织文化,其目的在于最大限度地满足用户的信息、知识需要。

## 六、网络环境下图书馆的信息服务模式

图书馆的终极目标是服务,任何规划、决策、目标,都必须以用户为主,满足用户对信息和知识的需要。现代图书馆结合了先进的信息技术、网络技术,使得图书馆服务内容不断扩展,服务方式不断增多,服务功能日益强大。网络环境下图书馆的服务系统是一个以数字化知识资源为基础、以用户需求为中心、以先进的信息技术为手段的一体化服务平台,构成这个平台的基本服务模式包括信息检索服务模式、参考咨询服务模式、个性化推送服务模式、信息定制服务模式等。随着知识资源的积累、用户需求的翻新、信息技术的提高,还会引入更多的服务模式,每个服务模式都是独立的模块,像积木一样搭在现有的服务平台上,不断扩展整个服务系统,使图书馆发挥最大的作用。

### (一)信息检索服务模式

网络环境下图书馆的信息检索服务模式涉及如下关键技术:

1.结构化信息检索

在当前应用背景中,元数据主要有两种不同的存储方式,即关系数据库方式和XML方式,有些以XML描述的元数据实际也采用关系数据库系统来存储。在这两种方式中,数据都具有非常好的结构,可直接利用标准

的结构化查询语句进行检索，把用户的查询条件当作不同字段的关键字处理即可。

2. 全文检索

全文检索是指以全文本信息作为检索对象，建立全文数据库，除了具有布尔逻辑检索功能外，还具有文本检索功能，并允许用户以自然语言检索，直接获得原文中的有关章节和句段。这里的重点在于全文索引的建立、自然语言的理解、检索模型的选用。常见的方式是对全文本采用倒排索引，自然语言的理解做到基于词典的分词和词频的统计，检索模型常采用向量空间模型。

3. 异构、异地数据源的检索

异构、异地数据源检索的难点在于资源整合，最终的解决方案一定是资源建设者和资源使用者的通力合作，在这个目标到达之前，中间技术将会起到非常关键的作用。

4. 概念检索

在本体库的基础上，计算机对于文本的理解不再是传统的隔离的字符串，而是一些概念的集合以及概念与概念之间的联系。基于概念的检索从概念层次、知识层次来检索知识网络，可以显著提高信息检索的智能程度，从更高的层次上实现了关联检索。难点在于本体库的建设、基于规则的推理。

5. 多媒体检索

多媒体检索是指对多媒体数据（如视频和音频等）所蕴含的语义进行自动理解，按照用户的查询要求找出内容相似性。难点在于多媒体数据的特征提取。

6. 检索效率的提高、检索结果的分类与排序

目前大多数搜索引擎返回大量信息然后由用户自己进行筛选，但如果通过智能化代理由系统帮助用户完成这种个性化的筛选过程可以提高检索效率。系统可以通过用户的一些背景资料，跟踪用户的行为，以及由一些反馈机制返回的信息得知用户没有在检索信息中表述出来的意图；结合用户个性特征对检索结果进行分类与排序，可以更好地满足用户需求。

信息检索服务涉及各种技术，存在很多难点，在实际建设中我们采取与资源建设同步、不断扩展的方案。以中国人民大学数字图书馆为例，提

供以下检索方案。

第一,元数据检索。实现基于元数据的馆藏资源统一检索。馆藏资源既包括图书、报纸、期刊等纸质资源,也包括各种类型、多种媒体的数据库,每种资源有不同格式的元数据。信息检索服务应提供组合条件查询的统一检索界面,对不同资源抽取出统一的元数据描述,使用关系数据库存储,利用SQL语句进行查询。

第二,统一检索。实现基于统一界面的不同系统资源检索。人大图书馆网络数据库不断增多,采用的方式有本地镜像、提供检索阅读账号等。用户要使用这些资源就得打开不同的数据库,进入不同的系统,一定程度上增加了用户操作的困难。针对这种情况可采用元搜索引擎技术,在不同的系统上提供一个统一的抽象层次,使得不同系统对于用户来讲是透明的,用户可通过一个统一检索界面获得多个数据源资源。

第三,关联检索。随着知识资源库的建立实现关联检索。人大图书馆建设的"经济学学科知识门户"包括学术论著库、专家学者库、学术机构库、学术会议库等十一个资源库,并在这些数据库之间建立各种关联。这种建构理念和方法可以说是在建立基于经济学学科的数图领域本体库,不仅描述了各种概念,还通过标引体现了概念和概念之间的联系。当这个巨大的本体库建立之后,就可以使用概念检索的技术实现关联检索和更高级的智能检索。

第四,多媒体检索。随着多媒体数据库的建设实现多媒体数据检索。人大图书馆正在开展校园网视音频服务系统建设,为视音频资源的收集整理、数字化处理、揭示、存储及基于校园网的视音频服务构建系统平台,使人大师生能够通过校园网方便快捷地检索到教学科研所需要的相关视音频资源,并可下载或在线播放,从而促进视音频资源在教学科研中的作用。

### (二)参考咨询服务模式

数字化参考咨询服务模式是指以人力资源为媒介、以因特网为基础而提供的信息服务。主要服务形式包括:Help系统和FAQ信息服务、非实时网上参考咨询系统、实时网上参考咨询系统、同步浏览页面的咨询系统。数字化参考咨询服务的关键技术包括:

1.FAQ库的建立与管理

FAQ库是以关系数据库存放常见问题及解答，查询时使用SQL语句即可。随着用户不断使用，咨询员可以了解到用户新的问题，从而把新的问题及解答添加到数据库中，来不断充实FAQ库。在实现时可以考虑一种自动添加新条目的方式，当用户提出的问题在问题库中不存在时，或者当用户通过非实时咨询平台进行咨询时，系统自动收集这些问题，提供给咨询员，咨询员将问题规范化并解答后，系统自动将该条目保存。

2.实时参考咨询平台

实时参考咨询平台的功能类似聊天室，不同的是，该聊天室是一对多的模式。从咨询员的管理界面来讲，他应该能及时看到来自不同终端的连接和提问，并进行回答。从用户的界面来讲，他只需要看到自己与管理员之间的对话记录。另外，对于FAQ库中存在的问题，直接通过库表的检索得到答案，不存在的问题再提交给咨询员。

3.Co-browsing技术

Co-Browsing（共同浏览），即图书馆员可以和异地用户一起浏览网页，这种功能对于指导用户利用网络资源是很有好处的。如当用户在使用数据库时，图书馆员可以把制定好的检索策略提供给用户，并对用户随时进行指导，目前的“web call center”即是其应用成果之一。

上述各项服务既独立存在又相辅相成，共同组成了数字图书馆参考咨询服务系统模式。中国人民大学数字图书馆网络参考咨询服务系统包括如下服务项：①E-mail咨询。用户向馆员提交问题，馆员把解答发送到用户填写的电子邮箱（非实时）。②常见问题（FAQ）。列出图书馆服务内容、服务项目、馆藏资源及其利用方面的常见问题，做简明扼要的解答。提供问题列表和查询接口。③咨询馆员解答。将咨询馆员和学科馆员的信息放到网上，便于用户以电话（实时）和电子邮件（非实时）方式进行咨询。④实时咨询。用户和咨询馆员通过登录服务器进入实时咨询系统，模拟面对面咨询的情景进行咨询问答，又称为实时交互式参考咨询服务。⑤咨询案例。整理各类咨询记录，列出有代表性的咨询问题，给出问题的查找途径和结果。提供案例列表和查询接口。⑥参考工具。提供百科全书、字典辞典、指南手册等方面的在线参考工具，方便用户查找各类问题。⑦培训中心。对各种电子资源的使用进行统一的课程培训。可以看出，人民大学数字图书馆针对本校教学和科研的发展方向，实现了对各学科、各专业、各层次用户的多层次、多主题、多方式的数字化参考咨询服务，是一个典型的立体咨询系统。

### （三）个性化推荐服务模式

个性化推荐服务模式是指使用多种数据分析技术，根据用户兴趣信息向用户及时、主动地推荐用户需要的且以往没有获得的知识资源信息，并能根据用户对推荐内容的反馈进一步改进推荐结果。个性化推荐服务涉及的技术非常广泛，系统实现也比较复杂。这里介绍其中一些关键技术：

1.用户兴趣建模

通过各种方式收集用户兴趣，比如表单、用户访问行为跟踪、用户背景信息获取等，从而建立用户个性描述的模型。

2.用户兴趣聚类

比较用户间兴趣的异同，计算某一用户与哪些用户具有相似的资源偏好。根据用户兴趣聚类，可以把用户划分成兴趣小组，进行协同推荐。

3.基于内容过滤（Content—based Filtering）

通过抽取用户以往访问的资源的特征组成对用户兴趣的描述，然后比较新资源的特征与用户兴趣是否相同（或相似），如果相同，则把该资源推荐给用户。采用基于内容的过滤的系统，关键是用户建模（User Modeling），识别不同用户的兴趣、目标，从而建立相应的用户兴趣模型，据此向用户提供个性化服务。

4.协同过滤（Collaborative Filtering）

不考虑资源具有什么形式的具体内容，仅通过收集到用户对一些资源的评价（一般通过评级打分），比较用户之间的兴趣相似程度（距离），根据他与其他用户之间兴趣的相似程度（距离）和其他用户对资源集合的评价进行资源的推荐和共享。

下面以“数字图书馆个性化推荐系统”（DLPers）为例，介绍一种有效的实践方案。

“DLPers”是中国人民大学信息学院和图书馆根据教学科研用户利用数字化资源的需求而共同研发的。DLPers具有以下特征：一是针对性，即根据不同的用户采取不同的服务策略，提供不同的信息知识；二是主动性，按照用户的专业特征、研究兴趣主动推荐相应的资源；三是引导性，通过用户交互式查询和知识评价，培养用户个性、引发需求、引导需求，提高数字资源的利用率。

用户通过互联网代理服务器访问数字图书馆资源时，一般带有各自的兴趣进行查找。DLPers通过个性化推荐系统的人机交互界面，可以收集到用户访问图书馆资源的情况。对用户以往访问情况进行分析，得到用户对哪些资源感兴趣以及用户对资源的评价。把这些信息分别存放在用户兴趣信息库和用户资源评价库中。用户信息库存放了大量用户的兴趣信息，用于进一步分析哪些用户具有相同的兴趣。

在向特定一个用户进行推荐时，考虑两个方面：

第一，比较该用户的兴趣信息与哪些资源相匹配，筛选出符合用户兴趣信息的资源（基于内容的过滤）；

第二，把和该用户具有相同兴趣的其他用户对资源的评价也作为推荐结果的一部分。综合这两个方面，对推荐结果做进一步分析，向用户提供预测用户感兴趣度较高且以往用户没有获取的资源信息（协同过滤）。

DLPers系统已经作为人民大学数字图书馆建设中的一个亮点开始投入试用，由于系统结合了多种推荐方式，并利用不同特征描述用户兴趣，试用效果令人满意。

### （四）信息定制服务模式

信息定制服务模式是指用户根据自己专业需求，对图书馆知识资源系统和网络学术资源进行有选择地定制，系统定期检索、下载，并按用户要求以不同方式加以推送。这是对信息检索服务模式的拓展，用户一次性提出检索条件和相关要求，系统根据要求定期地执行用户的检索条件，把检索结果推送给用户。信息定制服务的实质还是信息检索，主要关键技术同前述。但信息定制服务模式更强调以用户为中心，是一种个性化服务方式，尽管在这里并不是主动的信息推送，但是在提供该项服务时，要注意广泛了解用户需求，接受用户的各种意见建议，及时推出新的服务。人民大学数字图书馆目前提供以下信息定制服务：

1.课题检索服务

为本校教师、研究生的各种研究课题（包括研究生的学位论文课题）及校外用户的课题提供文献检索服务。可根据要求，以检索书目、索引、全文等方式提供检索结果。

2. 事实、数值信息检索服务

供人文社科各学科领域有关事实性信息的检索服务。提供科学数值、统计数据以及一些特殊要求的数据信息检索服务。

3. 文献收录及被引用检索服务

查询作者、论文、期刊等被SSCI、A&HCI、SCI、CSSCI收录及其引用情况。

4. 期刊目次传递

图书馆将用户选中的每一期新到期刊的目次页用E－mail方式传送给用户。

5. 新书推介

新书推介是从新上架的新书中精选的几种有代表性的、经典的图书，做重点介绍。

数字图书馆建设的本质是为用户提供更加丰富实用的服务，目前取得了一些进展，但是和用户的实际需求还有很大一段距离，在资源建设与整合集成、检索方法以及主动推送的质量保证等方面都还有待进一步的改进和完善。因此我们任重而道远，必须通过实施典型系统不断探索，广泛了解用户需求，重点研究关键技术，真正把数字图书馆的建设做到实处。

## 七、网络环境下图书馆信息服务模式的拓展

21世纪是以信息和空间技术支持的全球经济时代，全球信息资源的开发和利用，给我们认识信息资源提供了新的视角，由于信息传递方式的广泛性、多样性，图书馆不得不改变以往信息收集和传递的方式和手段。网络环境下图书馆信息服务可以推出以下内容：

### （一）预约式信息服务模式

传统的图书馆信息服务是反应式的，其缺点是由于时间紧张，反应式服务中给出的答案往往不够完整全面，缺乏深度，有时甚至是错误的。而网络化为改进传统的参考咨询模式、开展预期式信息服务提供了契机，图书馆员可先将用户问题集中起来，整理准备，为问题寻找答案。然后向用户反馈。预约式服务的方式有书目指导、信息馆伴服务和通过新闻媒体的信息服务。这里的信息馆伴服务指的是由一名参考馆员作为“信息馆伴”，值班负责搜集用户提问，收集问题，由其他馆员分工负责解决，再由

该“信息馆伴”负责答复用户。

### （二）互动式多媒体用户教育

图书馆传统的用户教育方式有图书馆参观、用户个别指导、编制宣传手册等。这种教育方式重复性强，效率低下，而多媒体技术具有直观高效、交互性强等特点。图书馆要充分利用多媒体研制开发多媒体教育课件，开展生动形象的图书馆用户教育。多媒体用户教育的优点不仅仅在于可为读者提供使用图书馆的相关知识，模拟图书馆环境，方便读者学习，而且可以大大减轻图书馆馆员的负担，使他们有更多的时间和精力从事更高层次的研究和服务。

### （三）馆际互借服务模式

在互借过程中，本地图书馆读者可在互联网上检索取得文献及收藏地址，然后通过电子邮件等方式向本地图书馆提出借阅申请，再由本地图书馆完成馆际互借。利用互联网进行馆际互借服务可以实现信息库的优化和最大化，节省馆际互借成本，节省读者时间。

### （四）学习服务模式

信息技术环境下，作为信息资源中心的图书馆在用户的学习过程中必将发挥更为重要的作用。欧美的图书馆不仅提供学习服务，而且提供远程教育服务和终身教育服务。如何在深化学习服务的同时，拓展远程教育服务和终身教育服务，是我国图书馆学习服务的发展方向。

为实现网络环境下图书馆信息服务模式的拓展，在信息资源的建设上，要注重开发网络信息服务新模式，构建以用户为中心的个性化服务体系，并着力拓展网上信息资源引导服务。

第一，开发网络信息服务新模式。信息时代，构建服务主导型的数字图书馆是一项紧迫而艰巨的系统工程，为实现信息服务质的飞跃，传统图书馆必须打破过去的“信息孤岛”状态，走馆际信息服务协作道路。信息时代知识不断推陈出新，更新换代，面对浩瀚的知识海洋，没有一个图书馆可以把某个专业的信息资源收藏齐全，单一机构文献咨询和人力资源的局限性很大程度上会影响咨询服务的开展及质量保证。因此，只有走合作化的道路，实现信息资源、人力资源以及服务共享，才能满足用户多样化的需求，同时实现全天候的参考咨询服务。走馆际信息服务协作道路的目的是实现资源共享，实现信息利用和服务效率的最大化。鉴于此，图书馆间成立数字化参考咨询服务中心应该是馆际联合、资源共享、打破地域限制的最为便捷高效的方式。这种全方位、多层次、优势互补的网络信息服务新模式无疑是应对信息时代教育挑战所必需的。

第二，构建以用户为中心的个性化服务体系。个性化信息服务是一种以用户为中心、培养个性、引导需求的服务模式，这个概念包括3个含义：服务时空的个性化、服务方式的个性化和服务内容的个性化。所谓服务时空的个性化指的是突破传统的时间和空间限制，利用互联网技术，使读者能在其希望的时间和希望的地点得到服务；所谓的服务方式的个性化指的是根据读者的个人爱好、习惯和特点来提供更具特色的服务，将′图书馆提供什么，读者就接受什么′的传统服务方式转变为读者需要什么，图书馆就提供什么的新的服务方式；所谓的服务内容的个性化指的是读者可以根据自己的需求选择自己需要的服务，图书馆所能提供的服务不再是千篇一律、不具针对性，而是各取所需，各得其所。

以用户为中心的个性化服务模式应该包括信息推荐服务、个性化信息呼叫中心服务、数据跟踪服务和网络智能知识服务。其中信息推荐服务是根据用户对信息的需求，在指定的时间内将资源库中的信息及时通知给用户。这种服务方式是利用推送技术（Push Technology）来实现的。推送技术是一种信息发送技术，实质上是网络公司通过一定的技术标准或协议从网上的信息源获取信息，再通过一个固定的频道向用户发布信息的技术。信息推荐服务是一种网络化的定题情报检索（SDI），利用这种技术，用户可以根据自己的信息需求，定制图书馆信息资源，并自我进行图书馆管理，创建个人的Web页面，收集并组织所需的资源及链接，从而拥有个人的基于Web平台的My Library。

个性化信息呼叫中心服务系统是一种基于CTI（计算机电话集成）技术和充分利用通信网和计算机网的多功能集成，并与企业连成一体的综合信息咨询服务系统。集电话、传真机、计算机等通信、办公设备于一体的交互式增值业务系统，既包括普通的人工座席，又包括一些自动语音设备、语音信箱等成员。这些成员通过网络实现相互间的通信，并共享网络上的资源。图书馆个性化呼叫服务中心的建立，可以有效改善图书馆服务的时空限制，实现全天候的信息咨询和导航服务，完成相应的业务处理。

数据跟踪服务指的是根据信息用户一段时间内的检索、下载记录，获取其在某一时间段的信息需求，建立用户模型，主动提供有针对性的个性化服务。其运行模式得益于Amazon.com和eBay等，根据用户过去的交易记录进行网络电子商务服务的启发。其优点是变被动服务为主动服务，针对性强，同时要求开发出高性能的网络智能系统。

网络智能知识服务系统是一个在网络环境下采用人工智能信息处理技术，又从知识本身的特点出发，采取符合知识实际特性的资源采集、加工、存储和服务等方案进行服务的综合系统。这种系统的开发是基于人们对信息搜索过程的认识的。研究发现，信息搜寻一般是由一个相对模糊的过程，或者说是一个由模糊逐渐到精确的过程，用户需要通过与检索系统进行动态交互来逐渐形成合理判断，实现搜索目标。信息时代的图书馆面临的一个重要优势就是网络信息资源浩繁，这也造成了一个矛盾，即知识贮存与有效获取之间的矛盾。网络智能知识服务系统的开发正是针对这一矛盾的。该系统由知识采集系统、智能知识处理系统、智能知识服务系统和知识库4部分组成，采用各种智能处理技术，使各部分功能自动高效运行，尽量取代繁复低效的人工参与。

第三，拓展网上信息资源引导服务。网上信息资源引导服务主要包括网络常用资源导航和学科分类导航。前者指的是几种主要的链接服务，即与各种电子期刊的链接；与国内外大型图书馆网站、著名学术机构的链接；与相关学科网站、网上书店、文献提供机构，乃至相关博客、论坛的链接；以及主要搜索引擎的设置等。后者指按学科或专业进行的导航服务，主要涉及对数据资源进行搜索、分类，并组织到图书馆的网站中。今年的发展趋势表明，学科分类导航已成为高校图书馆网络建设的重要内容之一。科学的学科分类导航能使信息用户以极快的速度搜索出有价值的学术资源，了解本领域国内、国际研究动态和发展趋势，把握知识更新的最前沿，发挥大学的学术心脏作用。

拓展网络环境下图书馆的信息服务，图书馆除了要加强信息资源的硬件和软件建设，还要加强自身的软环境建设。前者会涉及诸如法律问题、技术问题、资金问题等的制约，后者主要涉及图书馆人员素质提高的问题。为提高图书馆信息服务质量，高校图书馆必须更新信息服务理念，培养创新服务的观念，建设高素质的信息服务队伍，构建信息咨询工作的保障体系,培养用户的信息意识。网络环境给图书馆的发展带来了机遇,也带来了挑战。图书馆只有抓住机遇,改革传统的服务模式,充分开发信息资源,利用先进的信息手段把信息传递给读者,最大限度地满足读者的信息需要,才能有效实现信息服务项目的拓展。

## 八、图书馆信息服务的产业化

这里叙述的是图书馆信息服务产业化的若干基本问题。强调现代技术的发展是基础,信息市场的建立健全是关键,图书馆网络是坚实后盾,立法是保证,应采用灵活多样的服务方式和营销手段,需要建立一支结构合理的人员队伍。

图书馆信息服务,是指图书馆利用自己生产的信息商品、拥有的信息商品或信息设备,在特定的时间内满足不同用户的信息服务需求的活动。传统的图书馆信息服务不仅范围窄,而且绝大部分是免费的。因为长期以来,图书馆的各项经费全部由政府调拨,图书馆的资源配置也实行计划经济管理,人们都认为,图书馆无偿的信息服务是理所应当。如今,随着改革开放和市场经济的蓬勃发展,这种观念受到巨大的冲击。

图书馆面临这一冲击,不仅不能退缩,而且更要迎浪而上,因为:

第一,经费紧张。书刊价格上涨,没有足够的资金购置所需的书刊资料,造成了对图书馆藏书和文献信息体系的破坏,并出现知识信息的断层,这将严重影响到后人对文献信息资源的利用。图书馆要走向现代化、信息化,一些信息基础设施建设和新技术的运用,都要有足够的资金来支持,虽然政府会有一定的资金投入,但还是远远不够。

第二,如果图书馆不迅速占领有偿信息服务这一发展空间,社会上的各种信息公司、咨询机构很快就会跻身进来,这样图书馆虽有丰富的资源优势,但仍处于被动地位。

第三,图书馆人员队伍流失严重,图书馆地位逐渐下降。图书馆属于事业单位和非营利性机构,经费来自国家拨款,工作人员的工资、奖金、福利待遇与社会上其他行业相比较低。图书馆工作人员的地位也随着社会商品化意识的增强而降低,因人员队伍越来越不稳定,工作人员的积极性也受到挫伤。图书馆的发展到了不可不思变的地步。

因此,图书馆应逐步建立起以信息服务为主,不断拓宽服务领域,无偿服务与有偿服务相结合，大力兴办第三产业，积极开展多种经营活动的富有竞争机制的发展模式，才是图书馆事业的发展出路。虽然目前不少图书馆开展了一些专题服务、跟踪服务，向社会传递信息，解决了一些生产、科研难题，为社会做出了一定的贡献，但这种服务和图书馆所能发挥的作用相比只是初级的，还没有形成一定的规模，还不够专业化、现代化。图书馆应尽快摆脱封闭僵硬的管理体制和服务方式，适应社会发展需要，走信息服务产业化道路。

**（一）现代技术的发展是图书馆信息服务产业化的基础**

信息技术是信息产业的先导，技术是生产之母，所有信息工业部门一刻也离不开技术的支撑；技术又是服务之本，信息服务业只有依靠现代信息技术手段，才能提供优质高效的服务。图书馆信息服务可以追溯到很早以前，但提出产业化并没有多久。传统手工操作的信息服务工作很难达到产业化的规模，只有采用现代化技术才能实现信息服务工作的产业化。主要包括：

1. 计算机技术

计算机的使用使信息服务发生根本性的变化，它存贮量大，处理速度快，输出形式多样，能够实现图书情报部门的整体自动化和局部自动化控制。

2. 现代通信技术

包括电话通讯、电报通讯、电缆通讯、光导纤维通讯、激光通讯、卫星通讯及其他通信设施。通信技术的应用可实现联机检索和网络化，使远距离获得信息成为可能，真正做到资源共享。

3. 光学技术

主要有高密度激光存贮、全息缩微存贮、复制等。

4. 视听资料技术

包括唱片、幻灯片、录音带、录像带、电影、电视等。

5. 多媒体技术

这是九十年代计算机领域的一个重要发展方向，是一种把文字、数字、图形、图像、声音等几种信息的媒体集合在一起，并由计算机综合控制的技术。它具有信息媒体多样化、信息系统集成化和交互性的特点。人们可以充分调动耳、手、眼等多种感官与计算机进行信息交流，使图书馆信息服务工作更加灵活多样且生动有趣。原来各自独立的电视、电脑等信息终端设备也将综合成为一个有机的整体。多媒体终端,多媒体技术的应用,使图书馆信息服务更上一个台阶,大大拓宽了服务范围,丰富了服务内容。

### (二)建立健全信息市场是图书馆信息服务产业化的关键

市场是决定经济发展和资源配置的公正裁判,正是市场的作用促进信息服务快速发展。市场是生产的起点,没有需求就不应生产,得到准确的市场需求及其变化的信息,并据此做出正确的决策,谁就能在市场竞争中占优势。信息市场既是产品市场,又是生产要素市场;既可表现为有形市场,又因其隐含性成为无形市场,这种双重性正是信息市场所独具的特性,并决定了信息、市场的既高于其他市场,又融于其他市场的特点。信息市场是否完善、是否健全直接影响着信息产品的生产和销售。因此,图书馆信息服务要走向产业化,就应当建立一个管理有序的信息市场,对此主要应从以下几方面着手:

1.尽快改变传统的头绪繁多的管理体制,对信息市场实行统一管理

国家应从宏观上对信息市场的发展予以指导,制定一些优惠鼓励政策,如实行减免税收、提供各种优惠和津贴等。在政策指导的基础上,实施必要的法律监督,从而保障信息市场的健康发展。

2.充分发挥价值规律的作用,建立产、供、销一体化的运行机制

遵从价值规律,对生产和经营进行调节是市场经济的根本所在,信息产品的生产营销也不例外。因此,图书馆信息服务要走向产业化,就必须密切关注市场需求动态,开辟各种渠道反馈信息,尽量缩短信息产品的生产周期。

3.充分利用图书馆的读者群,积极发展用户,扩大市场

长期以来,图书馆丰富的文献信息资源吸引了社会各界人士,逐渐形成了一个读者群。随着社会的发展与需求的增长,这个读者群逐渐演变成一个天然信息用户群。这些信息用户可按行业、职业、专业及文化水平分门别类而形成许多用户群。这些信息用户既是图书馆信息服务的上帝,亦可以成为各种信息的提供者。图书馆一方面应发挥自己的优势竭诚为这些用户提供服务,一方面应利用这些用户广开信息渠道,扩大信息市场。图书馆要利用这些用户一传十、十传百地发展更多的用户。信息服务的最

终目的就是信息产品要被用户利用,因此拥有了用户就拥有了市场。

**(三)立法是图书馆信息服务走向产业化的保证**

目前,图书馆信息服务还存在不少混乱和亟待解决的问题,如有关图书馆信息服务的成本和上市信息产品的价格的确定;有关图书馆信息服务产业的启动资金来源;税收问题;有关图书馆界信息服务实体之间的合作、协调;图书馆界信息产业合资、合作发展等。在信息服务迅猛发展的今天,我国尚没有一部保护和促进信息市场公平交易的主体法,其他的信息市场管理法、反垄断法以及咨询合同法、咨询收费法、咨询人员权责法、咨询保密和解密法、咨询的税收和管理法以及数据库保护法、信息服务企业法等一系列法律法规迟迟不能出台,致使一方面强调把信息服务部门推向市场,一方面又存在着行业垄断现象,因此必须建立和完善各种信息法规,以法律手段对图书馆信息服务进行调控和必要的监督,使信息产品的经营有法可依,有章可循。

**(四)图书馆网络是图书馆信息服务产业化的坚实后盾**

在信息大爆炸的当今社会,图书馆信息服务的产业化仅靠一个馆或几个馆的力量是难以应付的。因为:

第一,无论是哪个图书馆,即使文献信息资源量再大,但相对于整个社会信息量来说是有限的。其文献信息资源难以满足用户的需求。

第二,信息产品的生产、销售要形成一定的规模,即产业化程度,仅靠一个馆的力量还难以满足广大的市场需求。而现代技术如计算机技术、远程通信技术以及多媒体等新技术的应用,使分散的图书馆连成一体,为图书馆形成紧密合作的网络提供了技术条件。传统的图书馆网络是指同一地区或同一类型(系统)的图书馆以某种无形的方式(如年会、研讨会等)组织起来开展某种协作或协调活动(如馆际互借、编制联合目录等)而形成的纵横交错、结构松散的协作体系。这种传统网络的共同特点是单一行政组织网络。现代图书馆网络与传统图书馆网络的根本区别就是它建立在广泛使用现代化信息技术手段基础上,是组织网络与计算机通信网络相结合的复合网络。它是广泛使用计算机通信技术和信息处理技术之后,实现远程通信和资源共享而形成的有形的、组织结构紧密的图书馆之间的计算机通信网络。

目前大多数图书馆信息服务所依赖的还只是传统的图书馆网络，随着“信息高速公路”等的兴建，现代图书馆网络将为图书馆信息服务提供充足的信息资源。此外，图书馆在全国各地均有分布，应该充分利用这一优势，使松散分布的图书馆团结起来，形成一个整体，积极开展信息服务的合作经营。这样不仅能扩大信息服务的范围，而且能提高信息服务的质量和功效。

### （五）图书馆信息服务走产业化道路，应采用多种服务方式和营销手段

许多图书馆开动脑筋，开展了多种信息服务，如文献检索、编译、知识讲座、办培训班、文献复制、视听服务等，但这些信息服务还远远不能满足用户的需求，图书馆还应从更深层次、多途径地挖掘信息资源，提供服务。比如：

第一，编制各类信息资料。编制题录、剪报、资料汇编、文摘等。关键是信息要准，要及时，编印资料要快，选题要有针对性。这就要求信息采编人员要充分调查用户需求，瞄准市场动态。

第二，加快数据库建设，积极开展“机检”服务。据统计我国现有数据库800多个，但北京市的抽样调查，在城市信息资源服务业中，机读的比例仅为1.5%，由此可见，人们对计算机检索服务的认识和利用还很不够，一方面要加速建立有特色的信息数据库，如全文数据库、外文数据库及一些实用数值型数据库等。另一方面要扩大宣传，使更多的用户能充分利用计算机等现代化设备，更方便迅速地查询所需信息。

第三，与通信部门联合，拓宽服务领域。随着电话的普及和移动电话的蓬勃发展，图书馆可与这些通信部门联合，提供信息资源，由通信部门提供通信手段，拓宽信息交流渠道，使图书馆信息服务深入千家万户。

第四，扩大咨询范围，采用多种咨询方式。咨询服务在图书馆信息服务中是历史较悠久的，但以往的咨询服务范围较窄，方式单一。为提高咨询服务质量，吸引更多的用户，必须扩大咨询范围，内容可包括政策咨询、法律法规咨询、管理咨询、市场商情咨询、技术咨询，对有关贸易、金融、投资、劳务、知识产权、专利、保险等方面的咨询，以及对汇率、股票行情、投资方向等动态咨询。方式可有临时咨询、定题咨询和跟踪咨询，馆际之间

可开展合作咨询。

第五,采用直接或间接方式,向社会提供可供转让和开发的技术项目,或者牵线搭桥,让双方直接洽谈转让项目。

第六,主办科技市场、信息市场,召开信息发布会、拍卖会。承接各种产品展览,并以此扩大信息交流,扩大信息机构的影响。

第七,组建图书馆经营实体,直接参与市场经营。这是信息服务向产业化方向发展的最终形式。上海申联文献信息技术公司的成立,是一个成功的典例,对我国信息服务业领域内的众多图书情报单位,很有启发意义。

**(六)图书馆信息服务的产业化,需要一支结构合理的人员队伍**

图书馆开展信息服务,需要以下几类人才:

第一,受过图书情报学方面的专门训练,熟悉和掌握图书情报知识和业务,知识面广,能够对用户咨询提供分析和指导,对文献信息具有开发能力,是图书馆的"智囊团"。

第二,具有一定的商业头脑和管理能力,对经营管理较有经验,能够正确选择经营项目和经营方向,善于生财也善于理财的好"当家"。

第三,要有一定的公关能力和营销能力,沟通图书馆与社会各界的关系,打开市场,吸引用户,促进产品销售的供销队伍。

第四,懂得现代化技术,能熟练运用现代化设备查询信息,提供方便、迅速的信息服务的技术人员。

图书馆信息服务的产业化不是一呵而就的工作,需要一段时间的摸索和尝试,但这是图书馆的发展方向。图书馆要走向未来,走向现代化,在市场经济的社会中处于不败之地,就必须转换图书馆的社会角色,尽快地更好地以文献信息业为手段服务于市场,服务于社会。

## 九、未来图书馆信息服务的新模式——与商业搜索引擎"联姻"

在信息通信技术的强有力推动下,我们进入了一个全新的网络时代Web2.0。人们的信息行为发生了很大的变化,更加关注快速、有效、便利的共享信息。正如维基百科所显示的,在这个时代中,人们获取信息的首选是网络、搜索引擎,而谷歌是其中最受欢迎的。当学术谷歌如火如荼的发展之时,谷歌又风风火火地开展其数字图书馆计划,图书馆界不少人士都对此忧心忡忡，图书馆面对如此强大的竞争对手，将如何去发展？谷歌是否会取代图书馆？图书馆信息服务应该如何定位？联姻竞合，也许是最好的答案。通过与搜索引擎进行合作，图书馆可以使自己在网络环境可见。

## （一）图书馆信息服务转型的必要性

Web2.0时代的到来，现代信息通信技术的运用，如Wiki、RSS、SNS等网站，正在改变人们的信息行为。Web2.0环境下，图书馆信息用户转变成了信息消费者，他们可以在以下多种信息服务提供方式中进行选择，如商业搜索引擎、SNS网站、维基百科、网络标签以及由图书馆提供的电子资源。但是需要我们注意的是，OCLC的2006年全球报告中曾指出，有89%的大学生在进行信息搜索时会选择商业搜索引擎（如谷歌），而仅有2%的学生会选择图书馆的网站。人们信息行为的改变从一定侧面反映了信息服务模式的转变。Web2.0环境下的信息服务更多的是要关注用户的感受。

图书馆的信息中心地位在Web2.0浪潮下开始动摇，图书馆的信息资源已经不是用户在进行信息搜索时的首选。因此，在这样的大环境中，图书馆应当利用各种网络工具与平台，全面地多层次地揭示图书馆的信息资源。互联网用户的行为习惯已经从门户走向搜索，再走向社会网络空间，而图书馆追求的是相反的资源利用模式，即让用户从社交网络至搜索引擎，再至图书馆门户，最终的目标是为了提高资源的最终达到率。

在Web2.0环境下，我们需要做的是将资源与服务推送至网络或搜索引擎，从而将过去图书馆资源的黑箱变成透明的，但装满资源之箱仍是过去那个图书馆，只不过我们运用更多方法与手段让资源之箱变得多层次立体化的透明而已，而搜索引擎便是这些手段与方法中最重要的一个。其结果也许正如OCLC总裁兼CEO的Jay Jordan在OCLC与谷歌进行合作时声称的，我们很高兴能够与谷歌合作，通过国际图书馆的合作来完成我们将用户和知识连接在一起的使命。下面我们将分析谷歌与全球最大的图书馆合作组织OCLC的合作模式，以期从中寻找到未来图书馆信息服务的新模式。

## （二）OCLC与Google的合作模式

在数字图书馆计划后，而今互联网搜索巨头谷歌继续前进，并以雄厚的资金支持图书扫描计划，同时，加强与图书馆界的合作。2008年5月19日，谷歌与OCLC签订合作协议。借助谷歌图书计划扫描的数字化全文和搜索技术，用户可以轻松寻找到感兴趣的图书，并通过与WorldCat的链接，又可以轻松地定位到拥有该图书的图书馆位置。

1.OCLC与谷歌的数据交换协议

2008年5月19日，OCLC与谷歌签订数据互换协议，通过谷歌查询服务支持用户查找图书馆的馆藏。按照该协议的规定，参与谷歌图书搜索项目的OCLC成员馆，可以与谷歌共享从WorldCat中得到的MARC记录，从而，更好地支持其用户通过谷歌查询图书馆的馆藏资源。谷歌会在谷歌图书搜索和WordCat.org之间建立连接，这将会增加图书馆OPAC(联机公共目录查询系统)和其他图书馆服务的访问量。谷歌将与OCLC共享数字化图书的数据和相关链接，从而，使OCLC有可能在WorldCat中为OCLC成员图书馆表征数字化馆藏。谷歌可以直接从OCLC或者参与该项目的OCLC成员图书馆获得WorldCat元数据。新签订的协议允许OCLC创建MARC记录描述来自其成员馆的谷歌数字化图书，并建立相应的链接。

2.检索模式的转化

对于大量的WorldCat成员来说，OCLC与谷歌合作模式的确立实现了检索模式从网络搜索到实体定位的转化。此前不久，谷歌又推出了新的图书搜索APIs，新的API接口提供了通过ISBN LCCN和OCLC馆藏号查询Google Books中的相关信息。通过该接口，WorldCat.org用户利用"Get It"链接找到谷歌已经扫描的图书。如果用户在Google图书搜索中发现了一本书，也会通过WorldCat.org链接指向本地图书馆，这就可以完成图书搜索从网络到实体的定位。最终可以通过馆际互借的方式获得此书。检索模式的转化为用户提供了极大的便利。在此种检索模式下，允许用户依据其使用习惯，通过两种方式进行检索：一个是通过谷歌；另一个是通过WorldCat。用户可以在任何一个地方发现哪一种资源被数字化、数字化的内容存放于何处以及相关资源间的联系，如图书的版本信息、实体图书的馆藏位置等。

### （三）合作模式优势分析

1.提高商业搜索引擎检索质量

谷歌数字图书计划的第一个合作者并非图书馆，而是出版商，但考虑到在版图书资源极为有限，而丰富其检索资源的最佳途径便是与图书馆进行合作，只有依靠图书馆的丰富馆藏，谷歌图书搜索才能有更多的内容。另一个方面，OCLC为谷歌提供WorldCat中的元数据，如标题、著者、主题等等，在一定程度上也提高了检索的精确度。此外，在谷歌图书高级检索中，提供了图书馆馆藏目录的检索，通过此项检索功能，可以更加精确地定位所需信息，而馆藏目录是由相应的图书馆所提供的。需要注意的是，在使用谷歌搜索引擎的过程中，谷歌仅仅提供了关键词索引，而没有提供主题索引，虽然它的关键词和短语检索质量相当的高，但是受到自然语言（中文检索在这方面的问题很突出）的限制，有可能因为切词的问题，而搜索出某个与主题毫不相干的条目，因此，查准率并不能完全保证。图书馆在信息资源管理过程中对此方面的大量研究或许可以弥补这些不足，从而进一步提高检索质量。

2.增加图书馆及其资源的透明度和服务范围

谷歌与OCLC所签订的数据交换协议使得图书馆与谷歌共同提供信息内容给网络用户，这在一定程度上增加了网络用户通过搜索引擎获取图书馆资源的机会与透明度。OCLC副总裁Chip Nilges指出，"用户可以通过WorldCat或者谷歌寻找到所需的资源。"此外，谷歌推出的新的图书搜索APIs在一定的程度上加大了图书资源的透明度。

需要强调的是，图书馆信息服务的宗旨是为用户提供信息资源，使得馆藏资源能够在最大范围内得到共享。但是，由于多种因素的影响，图书馆内的实体馆藏资源在一定范围内进行流通，服务于极为有限的读者群。而通过与谷歌的合作，大量的资源被提供到互联网上，由此，任何一个用户都可以使用到这些信息资源。从某种意义上讲，这样的合作开创了一种图书馆信息服务及利用的崭新模式，是一种更大范围的资源共享模式。正如C信息共享空间的主管Barbara MeFadden Allen所指出的"这种与Google的伙伴关系是机构协作委员会（C信息共享空间）历史上最具特别意义的壮举之一，并为图书馆服务和信息访问的重要转型提供了舞台。我们开放了这些资源，以供各大学之间共享，并更广泛地将这些资源推向社会大众。"

从另一个角度看，图书馆与谷歌合作，将图书馆的馆藏资源置于互联网中，一方面，使得广大用户在使用搜索引擎进行资源检索时，可以对图书馆及其服务有更多的了解。另一方面,当互联网中缺少了用户所需的资源,如实体馆藏资源,就会吸引用户回归到图书馆。

3.加速数字图书馆的发展

图书馆发展的大趋势是建设数字图书馆,虽然谷歌的数字图书馆计划不可避免地会掺杂着商业动机与行为,但是不能否认,谷歌的数字图书馆计划加速了数字图书馆的建设。就资金和技术实力两个角度来讲,谷歌都是一个较为完美的合作伙伴。

图书馆数字化建设中的至关重要的数字化扫描成本非常高,密歇根大学曾指出,依靠他们自己的力量对所有的馆藏进行数字化,大约需要六十亿美元的投入。而谷歌作为一个新近快速崛起的商业新贵,有着较为雄厚的资金实力,依靠其利润极大的运营模式,有着足够的实力对图书馆的馆藏数字化进行持续的资金支持。

在进行馆藏数字化时,谷歌还提供了先进的数字扫描技术,这一扫描技术可以快速、无损伤地进行图书的扫描工作,同时提供严格的质量检测以及OCR转化来进行大规模的数字化运作。此外,一些已经绝版的图书文献是非常珍贵的,在数字化扫描的过程中极容易损坏,而谷歌的数字扫描机器会确保这些图书文献的完整。

另一个方面,数字图书馆是技术的集成体。在进行数字图书馆的建设时,需要大量的技术投入,但目前的状况是,考虑到大型商业搜索引擎在目前技术研发阶段的不断攀高的技术投资以及图书馆静止抑或是不断下降的科研经费,似乎目前图书馆最为有效的运营方式就是将图书馆馆藏内容与商业搜索引擎紧密连接。

**(四)合作前景展望**

图书馆与商业搜索引擎的合作,对图书馆今后的发展将产生深远的影响。在越来越多的图书馆选择与谷歌合作的趋势下,互利共赢是大家所期待的结果。在与商业搜索引擎进行合作的同时,图书馆应当适时地调整自己的建设战略以适应新的合作模式。

1.图书馆馆藏重心的转变

OCLC与谷歌的合作,目的就是为了提高资源的利用率。通过网络搜索到实体资源的定位,届时很多数字资源及馆藏实体资源都会实现最大限度的共享。我们所要构建的是一个动态、互联、共享的信息存储空间,其中聚合了各种有用的信息。基于此,图书馆在进行馆藏建设时,不应再固守在以往的面面俱到的方式。事实上,在与商业搜索引擎合作的大环境下,图书馆所面对的用户已经扩大到世界范围内,要做到大而全的馆藏模式也是不可能的,因此,应当坚持特色资源的建设。试想,在网络环境下,坐拥着特色资源、珍藏资源或者专业资源的图书馆必将大受用户的欢迎。在用户愿意为信息付费的前提下,用户可以通过网络共享数字资源,而图书馆在这方面所做的仅仅是对访问的ID或IP进行控制。对于图书馆实体馆藏的资源共享,可以通过馆际互借的方式进行。也许在不久的将来,图书馆也可以实施品牌化的战略经营方式。

从馆藏建设经费角度来看,图书馆可以通过互联网共享大量资源,因此,在采购时可以减少对这部分资源的投入,从而可以节省部分馆藏建设的经费。

2.图书馆员身份的转变

谷歌在与图书馆的合作过程中将提供大量的技术支持,未来的局面将会是机器与人脑的合作发展,图书馆能否发挥人的作用,将会是这场合作成败的关键。因而,图书馆应当更多地关注馆员在信息服务中所起的作用。图书馆员应当完成信息管理者向知识提供者的转变。

另一方面,在现代网络环境中,图书馆外的信息的利用要远远多于图书馆内的信息。而且,信息获取的方式也大都是虚拟的。图书馆员在这个时代的主要贡献不仅仅是收集、组织与传递信息,这些都可以交由网络工具来完成,更多的是提高解答疑问的质量。或许我们正在走向一个参考、计划与社区图书馆事业复兴的时代。在用户需求为主导的背景下,图书馆伴随用户的不是机器和算法,而是为用户提供最好服务和经验的人。

3.更多的战略合作伙伴

在谷歌与图书馆的合作过程中,某些图书馆系统提供商也认识到搜索引擎的强大功能和作用,而与其加大开放与合作,以期将图书馆资源进行更好的配置,将资源更为精确地推送给用户。如Ex Libris公司所推出的SFX技术(链接解析技术),通过ScholarSFX在Google Scholar搜索结果中额外提供一个链接,用于提示用户其所需的电子文献或书目是否在其SFX技术所支持的图书馆馆藏内,也就是说,当所检文献属于用户使用配合有ScholarSFX技术的学术谷歌进行搜索时,其实质是利用“Google的搜索+

图书馆的文献资源 + 互联网资源的揭示 + 图书馆馆藏信息 + SFX 敏感链接工具 + 用户 ID 或 IP 控制”的方式，直接提供给用户便捷的“一站式”资源获取服务，这样读者不仅能查找到所需信息，还能依据所属图书馆的访问权限直接访问资源。

4. 图书馆业务外包的趋势

在 Web2.0 环境下，信息行为不断变化，用户的需求难以把握。社会网络的出现展示了信息服务的新视角，帮助我们更好地服务于用户，开辟信息服务的新模式。显而易见，信息服务的商业同仁们在这构建社会网络的平台方面，已经领先了一步。

在以用户需求为主导的大环境下，图书馆应当做的是利用 Web2.0 所提供的基于分享、交流、合作的社会网络平台，更好地为用户服务。OCLC 的 2007 年全球调查报告指出，图书馆应当积极参与并建设基于图书馆的社会网络空间，然而，构建一个好的社会网络空间同样需要大量资金与技术的支持。这种情况再度将难题置于图书馆面前，也许与谷歌的合作仅仅是一个开始，图书馆将会把更多的业务交给其他商业机构来承办。为了能够继续在未来的学术数字资源的市场中生存下去，图书馆必须采取的策略之一就是将其核心业务简化，将相关业务进行外包。

在人们追求梦想中的亚历山大图书馆的过程中，图书馆与商业搜索引擎的合作是一种必然，图书馆应当做的是找好自己的位置，注重人的重要作用，在“联姻”中更好地发展自己。总之，从这场举世瞩目的“联姻”中，我们已经看到数字图书馆正向我们策马而来，图书馆必将迎来更加光明的未来。

## 第三节　数字图书馆个性化服务模式

### 一、个性化信息服务概述

#### （一）个性化信息服务的含义

个性化信息服务，应该是能够满足用户的个体信息需求的一种服务。即根据用户提出的明确要求提供信息服务，或通过对用户个性、使用习惯的分析，利用现代信息技术、数字化信息资源，主动地向用户提供的能满足用户个性化信息需要的信息服务。个性化服务包括服务时空的个性化，在用户希望的时间和希望的地点得到信息服务；服务方式的个性化，能根据用户个人爱好或特点来开展服务；服务内容个性化，所提供的服务不再是千篇一律，而是各取所需，各得其所。

个性化信息服务的好处，对于信息的接受方用户来说，可以更容易地获得根据自身需求特点“定制”的信息资源，增强了图书馆的利用率；对于信息提供方数字图书馆来说，可以更直接、更科学地了解用户的信息需求与自己提供的信息的冗余和不足，适时地调整自服务策略、方案来满足用户的信息需求。

### （二）个性化信息服务的主要模式

1.分类定制服务

分类定制服务是指信息用户可以按照自己的目的和需求，在某一特定的系统功能和服务形式中，自己设定信息的资源类型、表现形式、选取特定的系统功能等。现在基于分类定制的服务仍然是个性化信息服务的主流，包括早期的由新闻剪裁、股票报价、目录推荐等组成的个性化Web信息服务及现在网上流行的网站为用户建造创立和管理自己的信息或兴趣群组。

2.信息推送服务

信息推送服务是运用推送（Push）技术实现的一种个性化信息服务。它通过一定的标准和协议，在因特网上按照用户的要求，定期主动地向用户传送需要的信息。其最大的特点就是能实现用户一次输入请求，服务器根据已建立的用户和信息的对应关系，定期地、不断地向用户推送最新的动态信息。推送服务具有一定的智能性，服务器能动态地了解用户的信息需求和兴趣，据此自动建立和更新用户兴趣模型，实时搜集信息资源中读者感兴趣的某领域的信息，主动地向用户推荐其所需要的、新出现的信息资源，并能根据用户的反馈进一步改进推荐策略。目前应用较为广泛的信息推送服务方式是频道推送和邮件推送。前者是通过固定的频道把用户选定的信息数据自动发送给用户。后者是用电子邮件方式将最新的信息以发送“群信息”的方式，主动地将用户感兴趣的或预定的特定信息发送给用户。除此之外，还有网页推送方式和专用式推送方式。

3.信息帮助检索服务

如何帮助用户进行高效的信息搜索也是当今数字图书馆信息服务向纵深发展的一个重要内容，也就是向用户提供满足各种个性化需求的服务。目前人们更多的是通过研究用户检索行为特点，设计相应的检索智能帮助软件来提供此类服务。通过研究，人们发现信息搜寻是一个不精确的过程，用户在搜索过程中常常不能清晰地表达他们的目的(信息需求)，用户的信息需求常常难以转换成准确的提问式。事实上，用户经常需要通过与检索系统动态交互来确定其提问，在交互过程中，形成相关的判断，由此来调整他们的目标。因此，用户是通过搜索过程来不断学习的，不断地调整他们的信息需求。有效的检索系统应该允许用户能多次估价目标，由此调整他们的检索策略，应该在用户提问修改中提供帮助，让用户容易进入搜索系统数据资源的主题领域与内容范围。

4.智能代理服务

用户在检索信息时，有时很难清楚地知道自己的兴趣爱好和需求或不能确切地表达自己的需求，而分类定制的方法又常常不能适应用户的这种情况。运用智能代理技术就可较好地解决这个问题，它是一种能够模仿人的行为执行一定的任务，不需要或很少需要用户干预和指导的系统。智能代理通过跟踪用户在网上的活动，自动捕捉用户的兴趣和爱好，主动搜索用户感兴趣的信息并提供给用户。

5.垂直门户服务

垂直门户服务则是通过汇聚网上某一特定专题信息资源并对其进行挖掘及加工，以满足用户基于专业的深入的信息需求。垂直门户的特点在于它对网上的专题信息资源进行集成、识别、筛选、过滤、控制、描述与评论，组织目录式索引提供源站点地址，并带有专业搜索引擎。与综合性门户网站大而全相比，垂直门户力求信息内容做到特定领域内的全面和专深，立足于提供某一领域的精品服务，这种特定服务可以有效地把对某一特定领域感兴趣的用户与其他用户区分开来，更好地满足用户的特定信息需求，从而提供个性化的高质量的信息服务。

## 二、个性化服务的原理和系统模式

个性化服务的基本思路是：用户在登录图书馆站点后，输入身份认证信息，认证授权系统进行验证后，系统将相应的模式赋予用户，用户也可以调用相近的系统定制模板完善定制。个性分析中心经过信息收集和抽取结合用户Profile描述文件，形成用户特色请求，并从知识库中提取有关信息，进行筛选、过滤，获得有用信息送往个性化分析中心，更新用户模型，把结果送给个性化信息调度中心，调度中心再从资源库中提取用户需要的信息，最终返回给用户。用户可以对系统所提供的资源进行相应的浏览和查找，系统会自动针对用户利用系统资源的行为和操作行为进行用户行为监控和用户兴趣的学习。个性化服务系统模型通常包括用户界面、

个性化系统Agent、用户模型、个性化分析中心、个性化信息调度、个性化信息库等。个性化Agent可以代理用户或软件程序收集有用的信息或者跟踪某个感兴趣领域的发展，实现网络信息收集、处理、检索的自动化和网络信息检索服务的个性化。智能代理可以根据用户事先定义的信息检索功能要求，主动地通过智能化代理服务器在网络上为用户搜索最感兴趣的信息，或实时监视网络信息源的变化，如指定Web页面的更新、网络新闻、电子邮件、数据库变化等，然后利用代理通信协议把过滤、加工过的信息按时推送给用户，还可以通过学习了解用户的行为、爱好、兴趣，推理出用户以后的潜在需求，并根据用户的评价和反馈调整自己的行为。

用户需求模型又叫用户描述文件，是实现个性化服务的重要部分，可以分成两种：第一，兴趣模型。具体表示为加权矢量模型、类型层次模型、书签和目录结构模型、加权语义网模型等。加权矢量模型是目前个性化服务最常用的用户建模方法，其基本内容包括表示信息内容的向量、当前活动的上下文、当前活动的基于知识的推理形式，以及一个用户关键词集合。其中每一关键词具有一定的权值，用户表征他对该用户的实际重要性，在用户反馈之后，用户模型遵循一定的规则进行关键词的动态插入、修改或删除。第二，行为模型。具体表现为用户浏览模式和访问模式。在实际工作中，基于兴趣和基于行为的两种模型应综合使用。可以在获得用户原始定制需求内容的基础上，运用机器学习和数据挖掘的算法，从用户的浏览行为数据中，挖掘用户的行为模式，建立个性化用户模型。在得到用户反馈的更精确的信息后，不断调整用户兴趣的权重或兴趣层次结构，对现有用户模型进行更新和完善。需要注意的是，不同的系统对应于不同的反馈过程，在更新过程中，需要根据系统的实际情况设计相应的函数和

概念层次。

个性化分析处理中心根据用户模型送来的数据，结合用户个性数据库进行个性分析，将用户模型的值和用户信息匹配，产生对用户模型的描述结果，用户更新用户个性数据库，并利用个性数据库中的数据产生相应的用户需求的结果集，送往个性化调度中心，用户从资源库中取得用户需要的资源。其中，对于数据进行个性化分析的过程，不同的资源、不同的用户有不同的分析处理算法，在设计时，需要考虑可能涉及的数字资源、用户的类型以及资源的内容所属的领域，个性分析中心的处理是整个数字图书馆个性化服务模型的另一个重要问题。

个性化信息调度的目的是把用户最需要的信息推送给他，在这个过程中，信息处理过程是透明的。知识库有用户库与资源库两种类型。在资料库中包含着各种类型的数据，如用户信息、借阅统计、用户模型参数等。资源库群包括各种媒体信息，数据量巨大。在个性化服务系统中，用户库和资源库群相连，使用户兴趣信息与数字调度实现无缝连接。

## 三、开展个性化服务的必要性

特定的图书馆服务模式与那个时代特定的服务观念、技术条件、信息需求和竞争环境相联系。图书馆服务只有跟上时代的步伐，与时代同步，才能发挥其社会价值，赢得用户的尊重和生存发展的广泛社会基础。个性化服务正是这样一种服务，虽然就“个性化”本身的含义来讲，个性化服务并非新技术的专利，在传统图书馆早就存在，但是受制于诸多方面的因素，传统图书馆的个性化服务不可能像现在这样受到欢迎、受到关注、得到支持。因为，现代技术条件下数字图书馆的个性化服务符合当今社会的信息需求，满足了用户和社会经济发展对信息服务的渴望。

### （一）个性化服务有利于集中体现数字图书馆的人本观念

图书馆的价值是通过服务于社会与人来实现的，图书馆在服务过程中所形成的服务理念，是直接影响图书馆服务对象对信息资源的需求能否满足的关键。在阮冈纳赞提出的图书馆学“五定律”中就深刻反映了对图书馆服务人本理念的要求，在图书馆服务中也把“读者第一，用户至上”奉为理念。但是，传统图书馆历来以收藏文献、等待读者上门为主，很难充分体现出“以人为本”的服务方针。而数字图书馆不仅在现代技术上革新，同时强调观念上的转变,强调以用户为中心,从以传统的文献服务中心转变到以信息服务为中心。数字图书馆个性化服务的人本理念是综合性的,不仅体现在通过个性化服务方法向用户提供个性化信息,而且体现在数字图书馆设计、环境优化、科学管理等各个方面,于是对构建数字图书馆个性化服务的要求也仅仅从“服务”的角度扩展到图书馆规划、组织、运行、调控的各个方面。

### (二)个性化服务有利于满足用户多元化的信息需求

个性化服务是数字图书馆满足用户多元化信息需求的过程。在多种因素的共同作用下,每一用户的文献信息需求均体现个性化的特征。尤其是在科学技术日益发展的今天,人们对于文献的需求大量化和高级化,这使得用户需求的个性化差异更加明显,以文献和管理为主的大众化服务模式显然不能适应用户个性化的需求。比如,对于数字图书馆的研究型读者来讲,他们站在学科前沿开展自己的研究,需要了解国内外学科发展、前沿动态等最新的相关信息,信息需求表现为“新”。同时,他们需要的信息是从信息表面挖掘出来的深层次知识,是摒弃了信息载体的知识集合,而且他们需求信息的面有时也比较宽,要求对问题的解答要“准”。要满足他们的需求,就必须开展个性化服务,除此之外其他类型的服务模式是无能为力的。此外,个性化服务还是提高服务质量的过程,其不断深化,必然要求相关的理论研究、人员素质、科学管理等与之配套,为之服务,以保证服务的质量。①

### (三)个性化服务有助于缓解信息资源的供求矛盾

信息资源的供求矛盾主要体现在两个方面。第一,在数量庞大的信息面前,用户茫然不知所措,不知如何获得所需信息,形成相对的信息过剩和信息浪费。第二,资源共享程度差,用户无信息可用,形成绝对的信息不足。解决这个问题,一方面要改进技术手段,加强对信息资源的揭示,另一方面要建立协作机制,推动信息资源的共享。但是,无论是改进技术,还是共建、共知、共享,都不是孤立的,就事论事的,任何向此目标努力的策略、措施都是整体化的、有机的、协调的,共同的理念就是个性化服务。其一,个性化服务可以解决用户在信息海洋中找不到所需信息的问

①肖莉杰,胡石,赵秀敏.数字图书馆个性化服务模式研究[J].知识经济,2018,(23):77,79.

题;其二,个性化服务的主要趋势之一就是联合服务,这又可以解决独立的数字图书馆信息资源匮乏的问题。

**(四)个性化服务是优化服务方式的主要途径**

过去图书馆提供的是一种被动服务,参考咨询服务是等待用户上门、等待用户提出问题,然后根据这些请求来做简要的回答,借阅服务是抱着“我提供什么,用户就接受什么”的服务理念。数字图书馆开展个性化服务,就是想通过借鉴信息技术,在对信息资源进行搜集、整理和分析的基础上,根据用户的特定需求,有针对性地为用户提供所需信息与知识,从而实现服务方式由被动服务向主动服务的有效转变。数字图书馆创新归根到底是对服务层次的提升和对服务质量的优化,而其依赖于对服务模式的变革。个性化服务之所以发展如此迅速,就在于其适应了这种要求。

**(五)个性化服务有助于数字图书馆参与竞争**

随着国内信息产业的崛起,众多信息服务机构如雨后春笋般出现,数字图书馆不再是提供信息服务的唯一机构。一些出版社、联机检索机构开始向用户提供多方面的服务,如My Ya-hoo,My CNN,My Bookmarks等。这样,数字图书馆不可避免地受到其他信息服务机构的冲击。如果图书馆无视用户需求变化的新特点,不通过服务方式创新来提高服务质量,那么,图书馆的用户将会不断流失,数字图书馆存在的价值将受到质疑。应该讲,图书馆人才、信息资源、设备、馆舍、宗旨等都是竞争资源,但是借助这些资源改进服务工作,大力发展个性化服务才是最有力的竞争手段。

**(六)个性化服务可促进数字图书馆工作对新技术的适应性**

服务模式和科学技术是相联系的,有什么样的技术,就会有什么样的与之适应的服务模式,服务模式受技术的限制,不可能出现超越技术条件的服务模式。所以,传统技术环境中的个性化服务无论在手段、内容、方法上都有其局限性,也满足不了用户的信息需求。相反,现代信息技术克服了传统技术的缺点,奠定了开展高层次、高质量个性化服务的基础。但是,技术的潜力只有通过挖掘才能焕发出来,其功能只有通过应用才能得到发挥。只有开展个性化服务,才能充分调动技术的积极因素,才能用足、用好技术,才能把数字图书馆的发展真正建立在科学技术的基础之上。

### （七）个性化服务可以提高数字图书馆的资源效益

个性化信息服务可以为数字图书馆用户提供简化的直接用户界面及专深的信息内容，极大地改善了用户的信息检索环境。同时，个性化信息服务也成为数字图书馆了解用户信息需求和资源使用情况的窗口。它通过智能代理可以自动跟踪用户在利用数字图书馆中的某些规律，即时捕捉用户信息需求的变化，从而改进数字图书馆的任务。基于Web日志的挖掘可以及时掌握资源的使用状况，从而更为合理地调整数字化资源收藏、采集、组织，提高信息资源的使用效益。不仅如此，个性化服务对图书馆的经济效益还可以通过管理效益、社会声誉等得到体现，也就是说，个性化服务将提高数字图书馆的综合办馆效益。

## 四、开展个性化服务应注意的问题

### （一）坚持个性化与大众化的统一

个性化服务强调服务的个体化特征，把注意力集中到满足特定个体用户信息需求上，在这一过程中，采用了智能代理等技术，跟踪用户的计算机操作行为、网络操作行为，以建立和维护用户的需求模型。除了考虑到信息服务的个性化特征以外，还要考虑到要满足用户的大众化要求，为用户提供更多的渠道，更宽松的信息利用环境，允许用户做出多种选择，减少系统使用的复杂性和用户的花费，设计通用的简洁的用户界面，提高信息检索和使用的大众化程度；考虑到一些具有共同特征的用户群的信息需要，应设置一些较宽泛的主题领域供用户浏览选择。

### （二）坚持技术性与人文性的统一

在数字图书馆个性化服务系统中，由于更加强调了系统设计和使用中的技术因素，并且由于一些技术，在特定的时期内，还难以达到十分完满的程度，因而难免存在照顾技术上的方便性上，而忽略用户信息利用上的人文性。因为信息的查找和利用是一个非常复杂的心理过程，是一种由未知通向已知的学习和创造过程。这一过程要受到方方面面的可变因素的影响，因而在系统设计时，要充分体现系统的人文性，增加使用过程的透明度，给用户提供更多的自由度、选择权和灵活性，建立技术性基础上的人文性，使用户能够方便地与系统进行互动，把代理技术与用户互动有机结合起来，使用户感觉不到或较少感觉到人性的丧失和受技术支配的失落感。

### (三)坚持虚拟性与现实性的统一

数字图书馆个性化服务系统建立在分布式的虚拟的网络资源基础之上,尽管网络资源从绝对数量来说是极其是丰富的,但对用户真正有用的或能被用户利用的信息却是十分有限的,因此,数字图书馆必须解决好存与取的矛盾,即有计划地、不断地将有用的文献信息和其他信息投放到网络上。坚持虚拟性与现实性的统一,还要求数字图书馆将基于网络虚拟资源的信息服务与基于图书馆馆藏现实资源的开发利用结合起来,建立全方位的立体的信息服务体系。

### (四)坚持标准化与预见性的统一

标准化的意义在于它能通过对经济、技术、科学及管理等社会实践中的重复性事物和概念,通过制订、发布和实施标准达到统一,以获得最佳秩序和社会效益。应该说标准化是现代社会的主要特征之一。在网络信息资源组织和服务中只有坚持标准化,才能实现数据共享,使不同的系统和不同结构的数据类型能够在统一的标准下得以共存和利用。但标准从来就不是一成不变的,标准的滞后性有时会严重束缚技术的进步和科学的发展。因而,在数字图书馆个性化主动信息服务系统的设计和开发过程中,要坚持标准化与预见性的统一,既要在主体框架上符合标准化的原则,同时为了特定的需要,对有发展前景的非标准型技术,要大胆地使用,在一定程度上要保持技术上的超前性和灵活性,只有这样才能保持系统的先进性,并据此提高用户信息服务的质量。

## 五、数字图书馆个性化服务模型的逻辑表示及更新

数字图书馆用户需求模型可分为物理表示和逻辑表示。物理表示为用户需求模型的内部表示形式,即存储结构,用于描述用户需求模型在服务器中的数据结构;逻辑表示为用户需求模型的外部表示形式。本节主要探讨用户需求的逻辑模型。除了考虑用户单方面的因素外,数字图书馆应重点关注图书馆自身的因素,因为数字图书馆不可能满足所有用户的需求。因此,数字图书馆自身(DI)基本情况可以用数学表达式(1)来表示:DI=Fu(B1,B2,B3,B4,B5,B6)…(1)。其中,基本情况(B1)表征数字图书馆的自身基本情况,特色(B2)表征数字图书馆区别于其他图书馆的特色

之处，搜索信息的方便程度(B3)表征用户搜索信息的便捷程度，访问量(B4)表征一个周期内用户的平均访问量，拒绝服务率(B5)表征一个周期内用户的不满意度，其他(B6)表征数字图书馆的其他方面的变量。考虑不同变量在模型中的重要程度不一，因此本文认为，用户需求逻辑模型可表示为：(A1,61),(A2,02),(A7,07),(B1,08)(2)P=(Pixol)。其中：Pi为Ai、Bi之一，i=1,2……。di为相对应因素的权重，针对用户对于不同因素给出的权重，计算出P值，P值越大，说明该模型越符合用户需求。

## 六、数字图书馆个性化服务开发模式

由于用户的需求是多样的、有差异的，所以数字图书馆提供的个性化服务具有不确定性。数字图书馆开展个性化信息服务一方面要管理、人才、资金的配合支持，另一方面也需要一定的技术保障，比如导航库技术、信息过滤技术、智能代理技术等，其中知识挖掘是开发个性化信息服务的一个重要技术条件。知识挖掘是在数据挖掘的基础上提炼的，大致可以用下列的公式描述：New Knowledge(新知识)=Data(数据)+Prior Knowledge(已有知识)，首先要有用户知识需求的目标，然后根据数据分布特征以及已有的知识特点进行加工挖掘，为用户提供有用的新知识。通过知识挖掘可以将用户从繁杂的信息收集工作中解脱出来，数字图书馆针对用户的信息需求，对大量原始信息进行整理、分类、加工和研究，提炼出精炼的、可识别的并可用于预测与决策的信息。所以，要实现个性化的信息服务需要解决以下两个方面的问题：一是准确把握和识别用户信息需求，二是提供附加值更高的信息。而以上目标只有通过用户知识挖掘和学科知识挖掘才能实现。

### (一)用户知识挖掘

用户需求的产生引发个性化信息服务，数字图书馆只有充分认识用户，才能设计、开发出满足用户需求的信息知识。所以一切要以用户需求为目标，个性化信息服务的开发基础与前提是加强对用户需求的挖掘和研究。根据客户关系管理原理，用户知识主要包括三种类型的知识流：用户需要的知识、来自用户的知识以及关于用户的知识，不同类型的知识流有不同未表达的、处于朦胧状态的信息，然后根据这个潜在需求来预测用户未来需求的变化趋势。同时通过关联分析技术与用户聚类分析技术实现用户知识的深度表达。

知识挖掘的重点是用户需要的知识、用户的访问日志以及用户的浏览行为，通过对这些知识进行清洗、分类、集成，构建用户知识池，采用知识挖掘技术提炼用户的潜在需求，并预测用户需要的未来趋势。

数字图书馆可以设计开发出针对不同用户需求的个性化信息产品。最后运用时间序列方法、回归方法、聚类方法对用户需求进行分类整理，将不同需求特征的用户进行归类，以满足不同用户需求。

### （二）学科知识挖掘

与用户知识挖掘相对应，学科知识挖掘的重点是利用挖掘技术对学科信息进行定量的分析，提取出隐含在粗糙信息中的知识，并开发出面向学科的专业知识池。其主要目的是洞悉未知知识间的联系，同时进行集成加工。这个过程包括以下环节：信息采集、特征提取、整理、分类、聚类、识别与评价等。

学科知识挖掘一般采取如下的流程：

1.信息采集

知识挖掘的对象是与学科知识相关的资源。资源信息采集一般遵循先内后外、先易后难的原则，先收集本图书馆的信息，然后再逐步扩散到其他网络资源、图书情报机构等。

2.信息过滤

收集到的信息大都存在噪声和冗余、重复信息。在正式加工之前需要对这些无用信息进行过滤，然后按照一定的算法以及识别信息之间的语义关联将信息进行聚类。

3.信息汇总

将同质的学科知识归纳成一个系统的知识库。除了一般性的策略性知识、陈述性知识、流程性知识外，学科知识库还包括学科知识之间的关联以及知识规则。

4.信息提供

结合用户个性化需求，将集成后的学科知识提供给用户。

5.反馈评价

反馈评价是知识挖掘的最后一个环节，也是关键的一个环节。这一阶段通过用户对信息产品的评价,可以为新一轮的知识挖掘提供建议和意见。

## 七、基于知识挖掘的数字图书馆个性化服务策略

### (一)超越用户需求服务策略

“以用户需求为导向”的服务策略是图书馆遵循的基本原则,即数字图书馆针对用户表达出的需求设计开发服务产品。但随着网络经济带来的竞争和挑战,数字图书馆要创新服务理念和服务方式,要采取从传统的“用户需求导向”的服务策略转向“超越用户需求导向”的服务策略。超越用户需求导向要求关注用户尚未认识到的模糊意识。在遵循传统现实需求的基础上超越需求,考察每个用户需求的动机和内因,将分散的需求和潜在的需求加以挖掘,从现实需求中开发和创造出未来的需求。数字图书馆通过实施超越用户需求服务策略可以在激烈的竞争环境下打造自己的核心竞争力,充分发挥图书馆员的个人潜力,搭建信息与用户的智能中介,实现数字图书馆个性化服务产品的增值。所以超越用户需求服务导向的实质和核心是充分把握不同用户群的心理需求和心理特点,深入挖掘用户的心智模式和认知模式。超越用户需求服务的实现离不开知识挖掘技术的开发和应用。除了用户提出的需求,超越用户需求服务关注的重点应在用户尚未意识到的需求以及模糊意识到的需求。知识挖掘可以在把握用户现有需求特征和行为的基础上,挖掘用户的潜在需求以及未来可能的需求,从而为用户提供他所预期的超值服务,最大化用户的效用,满足用户更高层次的需求。而且还可以采用聚类技术将有同质特征需求的用户进行归类,提炼出用户需求的共同趋势,有针对性地提供信息服务。超越用户需求服务通过提高用户劳动技能以提高用户的劳动力价值,进而为社会创造出更大的价值。

### (二)知识服务策略

知识服务是指数字图书馆充分利用自身搜寻、组织、分析、加工信息知识的能力,针对用户的信息需求和环境,有效地支持知识应用和知识创新,将解决用户实际知识问题作为提供服务的指南。数字图书馆的个性化信息服务是通过利用其优良的设备和资源,通过信息的整理与加工进而实现知识生产与创新的活动。数字图书馆要参与知识市场竞争并实现其社

会价值,必须以知识服务作为图书馆服务竞争的核心。知识服务是通过知识的集成、加工,对知识结构进行重组,形成新的产品,这些产品可以满足不同用户个性化的信息需求。知识服务是基于问题的解决方案,是为用户提供个性化、高附加值的知识产品。除了准确把握和跟踪用户需求,数字图书馆还应建立和完善全方位、多层次的知识信息保障机制。数字图书馆可以集成、整合馆内馆外的信息知识,通过知识挖掘技术开发新的产品,以满足用户多元化、个性化的信息需求。实现知识服务的关键是对现有的知识进行分析、集成、挖掘。数字图书馆通过提供知识服务,实现"旧产品、新功能,新产品、新功能"的效果,提高知识的使用价值,开发个性化的信息服务,从而满足用户的差异化信息需求。

### (三)人本服务策略

评价数字图书馆服务质量的标准之一是用户的感受,用户感受数字图书馆的服务质量来自两个方面:技术服务质量和功能服务质量。技术服务质量是用户在使用数字图书馆过程中得到的收获,即服务的结果。功能服务质量是用户在使用数字图书馆过程中的服务感知,即感知到的服务状况、服务态度等。技术服务质量固然重要,但在某种程度上,功能服务质量决定了数字图书馆的服务效率。心理学家研究表明:因为得到劣质服务(态度、语言、行为、表情)而导致客户流失的概率是因客观原因无法满足需要而流失概率的三倍。用户的需求是多层次的,在得到物质满足的基础上,对精神服务的需求在不断提高。所以,除了注重技术的开发与应用,数字图书馆更应该关注用户的主观心理感受,实施人本服务策略。用户是数字图书馆赖以存在的基础,同时也是数字图书馆存在的目的。因此,为用户提供超值的服务是数字图书馆得以存在和发展的法宝。人本服务策略体现了对人的友善和尊重,是图书馆落实"以人为本"思想的根本措施,图书馆员必须急用户之所急,想用户之所想,随时倾听用户的呼声,让用户在图书馆接受愉快的区间服务。而实施人本服务的基础在于建立良好的馆户关系,深度挖掘用户的需求特征和心智模式,根据用户的信息需求,提供更加个性化、多样化和人性化的服务,提高用户体验价值,提高数字图书馆的服务效率和服务水平。

# 第四节 数字图书馆读者服务模式

## 一、读者服务内容、性质和作用

### (一)读者服务概念的含义

读者服务是指图书馆根据读者的文献需求,充分利用图书馆资源直接向读者提供文献和信息的一系列活动。也被称为读者工作或图书馆服务。它是一种特殊的服务,是利用图书馆资源所进行的文献服务,其目的就是通过开发利用图书馆的各项资源,最大限度地满足读者的各种文献需求。读者服务的实质就是向社会传播知识,向读者传递文献信息。读者服务的对象是来自社会各个阶层的有着特定文献需求的社会成员,这就是图书馆读者服务与其他行业的服务(如商业、运输业服务)的主要区别。正是由于这种服务的特殊性,决定了图书馆读者服务特定的内涵和外延,它已绝非传统意义上的以借还图书为主的“读者服务”可以比拟的;作为一个规范性的概念,现代的“读者服务”在内容上已经发展成为一个多成分、多层次的网络结构:它通常包含了服务的对象、服务的基础条件、服务的方法、读者服务工作的管理四个方面的结构因素。

### (二)读者服务的内容

从一般意义上来说,读者服务内容主要包括四个方面:研究读者,组织读者;组织各项服务活动;组织各项宣传辅导活动;组织管理工作。以上四个方面的内容相互作用、相互制约,缺一不可。其中,组织与研究读者是读者服务工作的前提条件;组织各项服务活动是读者服务工作的具体体现;组织各项宣传辅导活动是读者服务活动的基本要求;组织管理工作是顺利开展读者服务工作的根本保证。

### (三)读者服务工作的性质

读者服务工作在图书馆工作中占有极为重要的地位。对于其性质,不同的历史时期人们有着不同的理解和认识。在新中国成立前的一些图书馆学文献中,通常认为读者工作是一种图书流通工作,其工作的主要内容就是为读者借还图书。新中国成立后,随着图书馆性质的变化,读者服务部门为了配合各项社会政治运动,开展了许多图书宣传和阅读指导活动,使读者服务工作在内容上得到了新的发展,成为社会宣传教育的阵地。因而许多人又认为读者服务工作也是一项社会教育工作。在现代社会中,文献数量与日俱增,社会文献需求日益广泛,要求读者服务工作以最快的速度从大量的文献信息中选取读者需要的文献,以满足读者的特定文献需求。这对图书馆以借还图书和宣传教育为主的读者服务工作提出了更高的要求。尤其是计算机网络系统的发展,使读者服务工作不仅在服务质量和速度上得到了提高,而且在服务的内容和范围上也得到了进一步的拓展。因此,人们又将读者服务工作看成是一种文献信息的传递工作。由此可见,读者服务工作随着社会需求的发展,有一个从低级到高级、由简单到复杂的发展过程,其工作性质不断发展变化。读者服务工作的性质应该充分体现图书馆的基本性质,因为图书馆的性质及其对社会的作用必须通过读者对图书馆资源的利用才得以体现。因此,就其读者服务工作的性质而言,主要特点有:中介性、社会性、教育性、服务性。

#### (四)读者服务工作的作用

读者服务工作的作用主要体现在两个方面,即对图书馆工作的作用和对社会的作用上。读者服务工作在图书馆工作中的主要作用:

第一,读者服务工作直接体现了图书馆的性质、任务;

第二,读者服务工作将图书馆资源和读者有机地联系起来,起着桥梁和纽带的作用。

读者服务工作对社会的主要作用:

第一,为促进科学技术的迅速发展提供有力的信息支持;

第二,为培养社会主义建设人才,提高全民族的科学文化提供物质条件;

第三,为加强社会主义精神文明建设提供积极的服务活动。

### 二、读者利用数字图书馆的现状

读者对数字图书馆的认知程度有限,多数读者对图书馆是否有中外文数据库、馆际互借、文献传递、课题查新等服务知之甚少,这是制约他们利用数字图书馆的因素之一。

信息技能不高。主要表现为读者对信息不甚了解,缺乏对文献的获取技能;许多读者还没有掌握基本的文献检索知识,也缺乏基本的计算机知识;还有一些读者不懂得网上信息资源的检索与利用,利用现代化技术手段获取信息的能力不强。

读者对图书馆推出的新服务、新举措不了解。由于图书馆宣传力度不够,很多读者不了解图书馆的服务项目和服务方式,更谈不上利用。①

## 三、数字图书馆读者服务的理念

图书馆是为读者服务而存在的,广大读者及其需求是图书馆产生和发展的原动力。没有读者,图书馆就失去了存在的意义。图书馆不但需要收集大量的文献,而且需要广大读者充分利用这些文献,使隐藏在文献中的潜在价值转化为现实价值,变成造福社会的现实生产力。图书馆员就是通过各种服务,将图书馆与读者紧紧地联系在一起,向读者提供快捷、周到的服务。这是图书馆服务的宗旨,贯穿于图书馆的全部业务活动中。

网络环境条件下,图书馆的信息环境和内部机制都发生了重大变化。电子出版和网络出版使读者可以绕过图书馆和出版社这些中间环节直接获取所需信息。图书馆只有全心全意为读者服务,把工作中心从藏书转向读者,才能在信息市场竞争中站稳脚跟。因而,读者是数字图书馆读者服务的轴心。

## 四、数字图书馆读者服务模式

### (一)“用户驱动”的服务模式

传统图书馆以印刷型文献为中心,所提供的服务为以馆藏为中心的文献服务,重藏轻用是以馆藏为中心的服务模式的最基本特征,图书馆的一切工作和服务都是围绕馆藏开展的,尽管也提倡“读者第一”“用户至上”的服务原则,但馆藏资源和技术条件的限制使这一原则没有得到切实有效的实施。数字图书馆以分布式的数字化信息为馆藏资源,藏用并重甚至以用为主是数字图书馆服务模式的基本特征。服务理念的改变,馆藏范围的扩展,技术条件的成熟,使得图书馆有条件也必须考虑和实施面向用户的服务,充分挖掘数字图书馆的信息资源,尽可能满足用户的信息需求。这种服务模式的主要特点是:①图形化的友好的用户界面;②智能化的帮助程序;③快速地将书目、文摘索引信息、全文文本和图像传递给最终用户;

---

①马川.数字图书馆的读者服务模式[J].中文信息,2019,(2):18.

④强有力的检索工具和先进的信息处理、分析工具;⑤用户联机查询数字图书馆的信息资源时,馆员可以通过电子方式参与,直到用户解决问题;⑥全天候的电子文献检索、处理和传递服务;⑦充分研究和了解用户的现实信息需求和潜在信息需求。

### (二)用网络化带动个性化的读者服务模式

图书馆的个性化服务,是针对不同人(读者)群、不同知识层次、不同社会职业、不同年龄、不同需求、甚至不同心理状态而开展的具有鲜明个体特征的、具体的服务。这种个性化的服务,要从服务的理念、服务的内容、服务的方式和手段、服务的效果等诸多方面,都能体现出个性化的特点特色,由这无数个个性化服务的实现,达到公共化服务的目的,进而实现个性化与公共化的统一。

1.在线阅读

一系列的数字图书服务动态都是倾向于提供“在线阅读”,而且各有各的特色服务。对于读者来说无疑是个福音,同时图书的数字化也将积极促进网络应用。新型数字图书服务在线阅读是重点。在以往,数字图书馆的概念主要在于图书馆的信息化,由互联网提供的分布式电子文献信息资源的大量应用,更多的是全文检索等信息技术的利用,满足了读者迅速、准确和方便地获得信息的需求。

2.网络个性化的其他服务

信息资源的逐步网络化为信息用户获取大量信息提供了广阔的空间和极大的便利。与此同时,网络加剧了信息数量的飞速增长,势必导致大量无效信息及垃圾信息的出现,造成网络信息领域内鱼龙混杂局面。网络信息资源的不断激增与用户利用之间的矛盾,已经暴露出网络资源的缺陷,并严重影响着用户对知识信息的需求。在这种情况下,信息用户迫切需要有人能够为他们及时获得所需排除干扰,创造一个洁净的网络信息环境。图书馆利用自身优势,对馆藏资源和网络资源进行深层次的开发,对知识信息进行加工、分析、整理、综合,以读者和用户的需求为中心,以充分满足读者和用户的信息需求为目的,为读者、用户提供具有针对性和专业化的个性化信息服务。

(1)建立个性化主页和个性门户服务网站

让用户制订自己的图书馆主页,上海大学图书馆提供的个性化主页利用了AJAX(一种创建交互式网页应用的网页开发技术)技术来实现。以比较成熟的Web2.0开源项目为基础,经过二次开发后开展图书馆的信息服务,既免除了独立开发系统的巨大工作量,又能充分发挥Web2.0信息传播方式的优势,将图书馆现有资源和个人信息资源完美地结合起来。

个性化信息服务门户网站对于图书馆建设有重大意义。图书馆2.0的个性化服务倡导以人为本,个性化信息服务门户网站的建设实现了读者与读者、读者与图书馆的零距离,读者并不仅仅是信息的索取者,更是信息的提供者。读者反馈的信息可以使图书馆管理人员及时发现问题、解决问题,利用这些数据进行挖掘分析,掌握读者的信息服务需求与变化规律,提升个性化信息服务的质量,调整人力资源的管理体制。读者反馈信息对于教育工作者无疑是第一手的材料,通过这些信息,教育工作人员可以更好地探索新的教育研究方法,还可以更好地掌握学生的心理动向,更有力地解决现在令人担忧的学生心理问题,使图书馆真正成为学生与教育工作者之间的桥梁。

(2)专项课题

由学科馆员和课题组成成员利用Wiki作为共享信息的平台,方便每一位成员快速地获知其他研究成员研究的最新进展,容易找到研究的创新点和突破点。上海大学图书馆基于Sal-broslus开源网络书签,开展了网摘应用服务,用户不但可以保存自己从网上查到的有用信息,而且还可以使用户之间共享彼此收藏的网络信息。由于网摘不再局限于图书馆资源,拓展到了丰富的互联网资源,所以实现了数字图书馆资源与其他信息资源的有机结合。

### (三)将知识导航作为读者服务核心的模式

在数字图书馆建设不断取得进展和读者个性化服务不断增强的背景下,图书馆要力求成为信息管理者和知识推动者,肩负着知识导航的角色。网上信息资源多以一个信息为主,只有对它们进行深度加工,才能向读者提供更有价值的知识信息服务,因此,必须建立一个涵盖传统文献、电子出版物、网络资源的信息资源集成管理系统,开展一体化的读者服务,将网上的有关信息、节点归类整理,用超文本方式链接,形成专题信息导航系统,利用浏览器查检方式,与因特网实行自动连接,下载万维网服务器上的主页及利用率高的文献,做好科学配置和组织工作,便于读者使用。

### （四）集成信息服务模式

指对于某一特定领域或某一特定用户的信息需求，把信息资源保障体系诸要素有机地连接成一个整体，使用户得到面向主题的信息服务。用户利用集成信息服务时，面对的是“一站式”的计算机界面，而后台则是整体化的信息资源保障体系。这个保障体系包括技术和制度两个方面，前者负责信息的采集、加工、分析与提供，后者负责信息资源的建设管理、质量管理、作者管理和知识产权管理。

## 五、数字图书馆读者服务方式和内容

### （一）数字图书馆服务方式

数字图书馆发展了传统图书馆的服务方式，又利用了网络环境下的新服务手段，形成了集多种服务方式于一体的多元化服务体系。数字图书馆的建设涉及的技术面很广，包括数字化技术、索引技术、交互技术、存贮技术、搜索引擎及导航技术，因而需要强大的技术力量支持。而现在很多图书馆还不具备这些技术条件，科研、高校、图书馆等各系统应当联合起来，以保障对数字图书馆的技术支持。

### （二）数字图书馆读者服务的内容

信息内容的集成是数字图书馆集成信息服务的重要内容。数字图书馆在帮助检索书目或文摘数据库进而获得原始文献的基础上，对信息内容进行加工、综合，甚至包括图像理解、语音识别、视频理解等，为读者提供具有知识内容的增值信息产品，而不只是关于信息的信息。

在数字图书馆条件下，用户可通过网络方便存取、复制、打印、下载、套录信息。此时读者服务的重点是通过多种方式对用户进行信息素质教育，以取代传统图书馆的利用指导和书目指导，图书馆员越来越多地扮演着教师的角色。

## 六、数字图书馆的多元化服务体系

信息技术特别是网络技术和多媒体技术的进步，使数字图书馆一方面发展了传统图书馆的服务方式，另一方面又推出了许多基于网络环境的新的服务手段，大大拓宽了图书馆信息服务的范围，形成集多种服务方式于一体的多元化服务体系。数字图书馆的读者服务既是对传统图书馆的继承,又是对传统图书馆信息服务的扩展,更是在传统图书馆基础上的发展和创新。

图书馆服务的重点从传统图书馆以文献借阅为主的服务方式所体现的“物的传递”转变为数字图书馆对读者进行知识援助和信息素质培养所体现的“知识的传递”。

### 七、数字图书馆的馆员服务角色

在传统图书馆条件下,读者服务的主要项目是馆藏文献借阅服务,图书馆员的主要工作就是保管和借还图书,图书馆员的角色首先是从图书的保管和分发人这两方面体现出来,图书馆读者服务工作更多地从“物的传递”方面体现出来;其次是从参考服务方面体现出来的信息检索中介角色和从用户教育方面体现出来的教育角色。而在数字图书馆条件下,图书馆员的角色地位可以从三方面体现出来:一是管理者,负责收集记录下来的信息;二是传递者,利用所收集的信息回答用户的问题;三是教育者,将所收集的信息以有序的、可存取的方式提供给读者,并通过与读者的积极交互提高用户理解和获取信息资源的能力。数字图书馆的读者服务工作更多地从收集信息、组织信息、传递信息和读者教育的“知识的传递”方面体现出来。

## 第五节 网络环境下图书馆服务商业化模式

网络环境下图书馆与电子商务两者有相通的地方,将两者结合起来,有利于电子商务的发展。发展中国家应根据财力、国力,制定长远规划,分步骤、分阶段实施电子商务。一是信息技术采用自主发展、跟踪发展与超常发展相结合的战略,逐步缩短与发达国家的差距,实现科技成果商品化、产业化和国际化;二是国民经济各部门广泛采用信息技术;三是培养既懂得管理又懂信息技术的复合人才,通过技术创新、管理创新、制度创新,积极发展信息产业。对政府来说,应该转变观念,实现由垄断管理向提供服务的转变,为电子商务创造一个公平竞争的环境。基于网络环境下图书馆的电子商务模式有以下几种：

## 一、网上书店模式

1999年3月9日，配置在首都电子商城的北京图书大厦网上书店开业3个月以后，已经开始盈利。这说明他们实施BtoC模式的电子商务取得了成功。其主要标志是：较好地解决了全球性的安全支付问题。在首都电子商务工程试点中，由首都电子商城配置了自主开发的具有高位加密算法的安全协议。在国外有关银行以及国内外公司的合作下，采用多种现代的或具有实效的支付工具与网上银行等支付方式，以及多种安全协议和高位加密算法，并使具有网上安全支付功能的网上购物（购书）由本市扩充至全国、全球而获得成功。取得了相当规模的营业额。网上书店经营3个月，平均每月网上有效订单交易额达10万元人民币，另外网上书店的增值效应平均每月超过100万元。实现了网上书店的全球性经营。已经完全打破了时间和空间的限制，在每年365天，每天24小时的任何时间实行不间断的经营服务。北京市购买者开始时占四分之一，后来下降到五分之一，而外地的购买者由开始的45%下降到30%，境外（如北美、欧洲、日本、港澳台等）购买者则由开始的30%上升为50%。这说明一定规模的全球性经营，在国内所开展的电子商务中尚属首家。

找到了盈利之道。北京图书大厦目前拥有中文书籍16万种，是全球最大的中文书店。采用电子商务的方式把书卖到境外，每本书售价比国内高出3倍-5倍。现在，网上书店累计点击链接已达343万人次，平均每天点击4万人次；累计上网访问10万多次，平均每天上网访问1220人次；累计有效订单2356单，累计在网上支付的订单金额近30万元，平均每月在网上支付的订单金额为10万元。网上书店开办以来，除实现网上支付交易外，在线下也实现了增值效应。有些人在网上浏览后由于缺少网上支付工具而在线下采购，也有人因网上的轰动效应而去传统书店进行采购，这使北京图书大厦自3月以后出现淡季不淡的现象，如过去传统书店每天营业额为30多万元，开办网上书店以后有时营业额暴涨至70多万元。总的看来，近3个月来，由于网上书店的增值效应而带来的净增营业额约为500多万元。

另外，2000年3月16日，中国开通了第一个网上书店联合体“全国购书网”(http://www.Goshoo.com.cn)。这家意在使全国书店在互联网上联合起来,共同面向全国读者的大型网上书城,是由科利华网络股份公司投资合作,中国已有1300家书店申请加盟,400家书店已经上网。

这些是基于数字图书馆的网上书店的典型案例。但是,现阶段如果使基于数字图书馆的电子商务网站以图书销售为主,图书馆查询和知识租赁为辅,建立中国第一大网络书店,是有一定困难。这样做很可能使在线销售网站在第4次网络潮来到之前死掉。但是,如果能够找到一种新的适合中国国情的网上销售付费方案,或者将虚拟书店与实际书店相结合,就可能会给中国网络书店带来一线生机。

## 二、门户网站模式

现在的网站发展已经到了垂直门户阶段,所有的综合门户网站都在接受生存的考验。与以前的综合门户网站不同,垂直网站不是求大而全,而是力求做到在一个特定领域内的全面。这个领域之外的信息并不收集,也不提供这个领域外的服务。这种服务可以有效地将对某一特定领域感兴趣的用户与其他网民区分开来,并能长期而持久地吸引住这些用户。

中国目前已经有一些垂直门户网站,如“当代中医网”(www.tcmtoday.com)立足于中国中医药特色,利用计算机技术发展人类健康事业。网站将中医药和互联网有机结合起来,为用户提供全面、科学、权威的医疗健康信息资讯和健康咨询顾问服务,形成了一个崭新的事业。当代中医网,本着“服务,永远以用户需求为核心”的宗旨,把会员健康作为服务的主线,将服务功能不断延伸。在深入了解用户实际情况和客观需求的基础之上,以深度交互的、私密性很强的顾问方式,为广大用户带来不同以往的健康咨询服务。目前网站已经开通:新闻中心、健康顾问、医药世界、医药百科、健康检查等5个主要栏目。“健康顾问”作为核心栏目,实现了“充分利用有限的医药专家资源为更多人服务”的理念。在“健康档案”的基础上,利用互联网高传播、无国界的特性,为用户提供了深层次、低成本的“顾问级”健康咨询服务。作为“健康顾问”栏目的基础,“健康档案”实现了基于互联网的个人健康信息助理功能,它同时具备个人健康信息的存储、处理与传递等多项用途。用户可以随时将在医院求诊的情况记录在“健康档案”中,当信息积累到一定程度,这些信息就成了“健康顾问”为用户咨询的科学的参照依据，用户将更容易获得顾问级的权威的健康咨询服务。为了保障服务功能的实现，公司在全国聘请大量知名医学专家和各大著名医院的学科带头人，为用户提供了多对一的私人健康服务，对于用户来讲相当于聘请了一位全科医生作为自己的私人健康顾问。当代中医网的发展，将永远以医药健康事业为中心。并将不断整合最优秀的资源，充分利用互联网优势，努力做到服务内容迎合需求、服务质量符合需求，用创新的服务来创造需求，在医疗健康领域不断开辟新的应用。①

根据调查显示，网民一般都会选择在自己国家语言的网站上网，因此国外的英文网站对中国网站的生存影响较小，而且在很多专业领域里，优秀的垂直门户网站在国内国外都很少见。因此建立一个依靠数字图书馆大量数据资源的门户类网站可行性很大。

在建设完善的数字图书馆之前，需要先选择一个专业作为主攻对象，将这个专业网站不断完善，将一切与之有关的内容和服务囊括其中，最重要的是给网站的某项功能做得精益求精，使之成为在某一领域具有权威的专业网站。同时通过各项广告途径将网站推销出去，这样可以使网站在某一个领域内获得较高的收视率，然后通过相关书籍、光盘和软件的销售、有价值的租赁、读者调查、网络广告等获得增值。这样，一个有特色而又有大量数据支持的垂直网站就建成了。同时随着数字图书馆其他专业的不断完善，还可以建立其他专业的垂直门户网站。

## 三、技术创新模式

无论是在国内还是在国外，随着数字化数据库的日益壮大，将带来很多关于海量数据管理技术，搜索引擎技术，网络知识产权保护技术，海量数据提取摘抄技术，访问负载均衡技术，电子商务解决方案和技术等服务器端技术创新问题和一些客户端的技术创新问题。

全球著名的电子商务基础架构供应商Sybase公司宣布，日前在美国举办的“Best of Enter-prise Vision Awards TM”活动中，其领先并具有创新技术的电子商务解决方案被评选为“最佳的电子商务解决方案”。Sybase公司之所以能够在众多供应商中脱颖而出，获此殊荣，皆因其电子商务解决方案不但具有业界领先的创新技术，而且还提供了强大的渠道拓展计划。

①杨春红．数字化网络化环境下图书馆读者服务模式研究[J]．商业文化，2021，(9)：106-107.

据悉，此次活动由近50家全球知名的、资深的系统集成商担当评委，他们均事先考察各供应商的技术创新实力和产品特性，并评估其潜在合作机会。活动的形式采用封闭、集中的秘密会议形式，以便为系统集成商提供展示解决方案细节的机会，从而挑选出领先的、符合行业需求的供应商。创新且经验丰富的Sybase企业级电子商务解决方案，可通过简化集成部署而加速开发周期，并在降低学习成本基础上，其开放而标准的基础架构提高了用户的接受程度，直接为客户带来切身的利益。

此次活动的组织者Enterprise Vision隶属于Cartner公司分支机构Vision Events。Gartner公司为一家全球著名的调查和顾问咨询公司，由1400个调查分析家和咨询顾问组成，并拥有诸多包括Gartner调研、顾问咨询及活动等部门，协助近万家客户了解当前全球技术以带动其业务发展。其中，Vision Events是一个专门关注渠道活动的部门，该组织通过一系列活动，将全球领先的供应商和代理商聚集起来，促成他们之间的策略合作伙伴关系，并保证IT业务顺利地进行。

作为一家国际化的IT厂商，Sybase公司一直为各行业的用户提供专业的服务和业界领先的技术，并致力为客户提供各种量身定做的行业垂直解决方案。在技术产品不断更新换代的同时，Sybase公司还通过并购等各种手段，完善了Sybase公司的电子商务部门，为市场提供了最完整并最具竞争力的企业级电子商务软件，增加了自身在业界的竞争力，使Sybase公司成为领先的电子商务基础架构供应商，以不断满足全球各行业用户的需要为自身的发展目标。

Enterprise Vision的活动总监SallyHewer在评论此次活动时讲到："能够在技术日新月异的时候获得'Best of Enterprise Vision Awards'奖项，更进一步证明了Sybase在行业中的卓越之处"。

## 四、知识租赁模式

当今，经济增长比以往任何时候都更加依赖于知识的生产、扩散和应用。知识作为人力资源和技术中的重要成分，其作用日益明显。

网上的信息大部分是免费的，能靠信息订阅赚钱的网站确实不容易。有调查表明，用户只愿意为两类信息付费：一类是赚钱的商业信息，另一类就是体育信息。因此，信息必须经过加工变成知识才会更有价值。知识也能在网上卖钱。美国就有许多卖知识的网站。Rowe.com就是一个。他拥有企业对企业及企业对个人的电子商务咨询能力。他卖的产品有两个：一是知识，二是营运管理服务。

数字图书馆中储藏着大量的知识，在这方面具有天然的优势。首先建立一个网站，选择比较热门的专业，利用各种手段来提高网站知名度和点击率，快速更新和总结信息；网罗一批杰出的专业咨询人才；给读者提供全面的信息分析与评论。针对普通用户和专业用户采取不同的模式来赚钱。

## 五、免费信息服务模式

这种网站一般是全免费的，主要是通过网民行为分析和网络广告来获利。它之所以免费，一方面是老板有钱，另一方面使用“免费”来换取客户的统计资料，而这种资料也是很有价值的，那它为何要加入免费电子商务机制呢？以下为综合因素：避免投资风险，建立网站零风险，节省巨额的电子商务建置经费；即时有效促销本身公司商品；每年节省必须编列的系统维护或专线租赁费用；简短的虚拟网域名称，印制在DM及包装上，增加消费者利用网站与商家互动机会；实体商店结合电子商务，是未来制胜的关键；提供消费者最新及最便利的商品预购预付管道，免除消费者必须亲临奔波及排队辛苦。

广告业与信息技术密切相关。IT在传统广告业中可以有3个方面的应用，都会带来巨大的效益。首先是在广告制作中的应用。目前已有不少题材制作者摆脱了手工作业，用数字化技术进行创作、编辑、效果处理、储存、压缩和传输，极大地提高了创作效率和作品效果。其次是广告企业的管理信息系统的应用。例如，广告文档的保存和管理，可利用信息压缩、索引、搜索技术加以科学管理和高效利用；再如广告效果的统计及反馈系统，可利用联机统计调查、分析、反馈技术，加强对广告效果的监测，为广告主提供更好的服务。第三方面的应用，帮助广告企业做好营销和客户服务。例如，可建立客户数据库，记录客户的需求、广告投入以及对广告效果的反应，提高对客户广告需求的分析、判断能力；还可以建立网上的在线广告制作、传送、反馈的新型服务。广告业是一个具有丰富想象力的行业，在利用IT方面，发挥这种优势的空间相当大，有待我们共同发掘。

关于利用因特网做广告的问题，这不仅是广告业可利用的机遇，也是因特网业务本身发展的一种需求。近几年来受到从事网络信息服务业界的特别关注。

网络广告的兴起是与因特网的迅速发展和电子商务的出现紧密联系在一起的。国外有一种说法，某种信息载体要成为大众媒体，其受众数量要超过人口总量的25%。在一些发达国家，因特网只经过4年的商业化历程就成了新型媒体，网络广告就具备了受众基础。目前全球网民数量已超过1.5亿，网上主机数量约3000万台，可检索的网页约50亿，含50TB数据，真正称得上“信息海洋”。促成网络广告兴起的另一因素是电子商务的出现。1996年开始电子商务崛起，成为因特网最重要的应用之一，而且正在对经济、贸易模式产生深刻影响。网络营销是电子商务的一种形式，将传统营销革新成为以客户为中心的新型营销模式。网络广告作为网络营销的传播活动应运而生，发展相当快。据统计，1996年网络广告营业额仅为3亿美元，1997年增长为9亿，1998年达30亿，其发展势头十分强劲。

网络广告是广告业的新增长点，是利用因特网作为新型媒体进行的广告活动。从目前网上站点的功能区别来看，网络广告有两种类型：一是网络服务门户站广告，指在ISP（网络服务提供者），信息共享空间P（网络内容提供者）的门户网站上做广告，由于网络门户站的访问者较多，有较高的广告价值，但能提供的广告空间有限；另一类是广告主门户站广告，一般是企业（广告主）自己的信息门户站，专业化程度高，广告信息量可以有相当的扩充。网络广告较之于传统广告具有一些独特的优势，其优势可概括为6点；

广域性，指其受众覆盖全球，无地域限制；

定向性，可为目标受众提供个性化内容和服务；

交互性，广告受众可参与和选择以至于感受（利用虚拟现实技术）；

实效性，广告内容可及时更新，动态提供；

丰富性，广告内容的信息量可扩充，几乎不受限制；

可测性，指广告效果可限时统计、监测。

这些特性都是其他传统广告不可及的。但是，网络广告也有其不足之处：因特网上网站、网页繁杂，不易凝聚目标受众，是其一；相当一部分网民不愿接受广告，是其二；在我国网民数量还不够多，网民结构的商业价值较低，以及网络广告市场尚无规范等，也是不利因素。总之，网络广告是广告业的一个新增长点，可发掘的潜力还相当多，值得深入研究。

### 六、网络教育模式

进入信息化时代，人们对新兴的网络教育方式表示出认可的态度。调查中，44.7%的人认为网络教育是未来的主流教育，41.7%的人认为网络教育一样能学到知识，对网络教育持肯定态度的人计达86.4%。教育的网络信息化有三大优势，一是以多媒体计算机技术为核心的教育技术在学校的普及和应用，二是可以利用网上资源提高教学质量，三是开办远程教育达到资源共享。随着信息化时代的到来，目前网络教育不论是在国外还是在国内，都已经普遍被人们接受。我国社会经济发展不平衡，各地区之间的教育水平还存在着很大差别，网络化教育的迅速发展，对缩小地区之间的教育差别、扩大教育规模、提高教育质量等方面将起到重要的促进作用。网上教育业务正在亚太地区以较快速度发展。根据IDC的市场调查报告显示，亚太地区在2003年的网上教育及学习的市场总值可达10亿美元，从1998年至2003年市场价值上升幅度达15.9%，涨幅比南北美洲、西欧和日本还要高。

函授、电大等教育手段已经被证明是行之有效的模式，随着网络时代的来临，我们更加有理由相信网络将成为教育产业可以利用的得力工具之一，网络与教育的结合势在必行。求学者因为工作的关系，往往无法在时间、进度上兼顾学习与工作，网络因其时间、空间上的灵活自如而成为他们的首选。

互联网的教育方式优势十分明显，比如国内知名的中国人民大学现代远程教育网（www.cmr.com.cn）就表示可以提供“五个任何”与主动学习：任何人、任何时间、任何地点、从任何章节开始、学习任何课程；最直接体现主动学习，反映现代教育和终身学习要求。而传统方式的局限性就不言而喻了，它几乎做不到任何的“任意性”，它是在特定的时间、空间范围内的模式化教育。目前国内比较流行的函授、电大等教育手段虽然不失为一种较以往来说有效的教育方式，但是它的随机任意性仍然不能够满足日益个性化的教育需求，而个性化教育服务则是网络教育的真正魅力所在。

## 七、旅游电子商务模式

据CNN公布的数据：1999年度全球电子商务销售额突破1400亿美元，其中旅游业电子商务销售额突破270亿美元，占全球电子商务的销售总额的20%以上；全球约有超过17万家的旅游企业在网上开展综合、专业、特色的旅游服务；全球约8500万人次以上享受过旅游网站的服务；全球旅游电子商务连续5年以350%以上的速度发展。在信息共享空间门户网站中，几乎所有的网站都不同程度地涉及了旅游的内容，如新浪网生活空间的旅游频道、搜狐和网易的旅游栏目、中华网的旅游网站，显示出旅游信息的巨大生命力和市场空间，但仅仅作为其网站的一部分，没有能够充分体现旅游信息的全面性、权威性和实用性，只是对现有网站内容的补充，也是由于专业性不强，缺乏行业优势，故而没有完全展现网上旅游的魅力。旅游电子商务的定位就是满足旅游市场的发展要求，顺应旅游战略创新的趋势，探索新的旅游业务模式，建设有特色的、个性化的旅游电子商务，降低成本，提高效率，寻求新的利润增长点。旅游电子商务也是突破传统经营模式与手段，建立现代旅游管理信息系统，避免传统规模扩张的机构庞大、管理失效的弊病，形成规模化、产业化、标准化的旅游发展新格局。旅游电子商务不是简单地建立网站进行宣传，而是传统旅游业务在虚拟时空中的补充，网络不能解决团队旅游服务的个性与特性的问题，传统对散客旅游服务又无能为力，两者相互辅助，优势互补，共同发展。

# 第九章 图书馆信息资源共建与共享

人类社会正在进入数字化时代。随着信息技术的迅速发展,不仅各种媒介的信息在激剧增长,而且信息的生产、存储和传递方式都发生了深刻的变化。在数字时代,任何单一的图书馆独立地建设馆藏,同时仅仅依赖本馆馆藏满足读者需求的模式已不再适用。信息资源共建共享已经成为图书馆发展的必然趋势。

## 第一节 信息资源共知共建共享概述

### 一、现代信息资源共建共享的沿革与现状

21世纪是信息化的时代。一方面,随着社会的进步、经济与科技的发展,信息技术也得到了飞速的发展,出现了很多类型的网络,互联网技术、通信技术、移动网络技术的发展为信息资源的共建共享提供了重要的保障。另一方面,伴随着信息技术与互联网技术的发展,信息资源数量增长得很快,资金却严重不足,用户对信息服务的要求与期望不断变化,不同地区之间经济发展水平不同,造成对资源共建共享的认识不同等问题进一步激化。为跟随时代的潮流并解决存在的各种矛盾与问题,信息资源共建共享的路怎么走,一直是图书信息界人士为之探讨和想解决的问题。

长期以来,经过我国图书情报信息界的共同努力,我国的信息资源共建共享不仅在理论上取得了成功,在实践上也取得了显著的成绩。

1957年,我国国务院颁布了《全国图书协调方案》,它标志着我国图书馆信息资源共享的开始。其共享的方式很简单,就是在一定的范围或地区的图书情报机构之间,按照互惠互利互补余缺的原则实行馆际互借。20世纪80年代以后,在全国范围内开展了文献资源调查与合理布局的研究,在此基础上各省、市、区图书情报信息机构开展了文献采购协调、联合编

制馆藏目录等共建共享工作。进入90年代后,因特网的开通,迅速开展的联机检索服务,为我国信息资源共享进入实施阶段创造了条件,取得了许多重大的进展。

我国信息资源共建共享经历了从当初的馆际互借向采购协调转变,从馆藏调整向合理布局转化,从编辑书本式联合目录向计算机网络转化,从地区共建共享向全国共建共享转化,从纵向向横向转化,从国家主导向自主转化,从小型化向大型化转化。这些转化,充分显示了我国信息资源共建共享工作在现代信息技术的支撑下,已进入了实质性的发展时期,为以后探索适合中国国情的信息资源共建共享之路奠定了基础。

## 二、建立信息资源共建共享政策的原则

### (一)科学性原则

这是制定信息资源建设政策的基本原则,也是必须遵循的原则。在制定信息资源共建共享政策时,必须以客观规律为依据,尊重事实,不能凭空臆想。

### (二)系统性与协调性原则

一方面,社会和图书馆都是一个有机整体,又分别都是一个独立的系统,制定信息资源共建共享政策必须服从和服务于社会和图书馆整体发展战略;另一方面,信息资源共享政策是由各项政策组成的一个整体。虽然各项政策的具体目的、内容和适用范围等可以有所不同,但都必须服从信息资源共享这个总方向,各项政策之间相互联系,相互协调。因此,在制定信息资源共建共享政策时,不能只考虑局部利益,应该以整体利益为主,局部利益服从整体利益。

### (三)针对性原则

不同的国家与地区经济与科教文化发展水平不一样,图书馆所在的国家与地区不同,管理体制与工作模式也就大不相同,共享意识与用户对信息服务的需求也就不同,经济与科教文化发达的地区对信息共享的要求与需求可能高于一些欠发达的地区。因此,制定共建共享政策时,必须综合考虑本图书馆的实际情况,制定适合本图书馆的信息资源共享政策。

### （四）稳定性与灵活性原则

信息资源共享政策既要有一定的稳定性，又要具有相应的灵活性。稳定性是指为了信息资源共享的健康发展，在特定的时间内与相关的政策下，不能随意变更；灵活性是指为了适应内部与外界环境的变化，能够灵活地增添一些新的内容。

### （五）前瞻性原则

制定政策时，不应只考虑眼前利益，要充分考虑整体利益与未来发展。信息资源共建共享政策的制定不仅要以现实为基础，还要对影响信息资源建设的各种因素及其发展趋势进行科学的分析和预测。

## 三、信息资源共建共享模式分类

在信息资源共建共享方面至今未形成一个十分理想的模式，因此，信息资源共建共享没有固定的模式。目前，我国存在着不同类型，不同层面、不同范围的文献信息资源共建共享模式。①

### （一）垂直型共建共享模式

垂直型模式是指具有隶属关系的某系统或某类型信息机构在不同层次组织建立的信息资源协作协调关系。所有下级机构都与共享中心相连，并利用中心的信息资源。

### （二）水平型共建共享模式

水平型模式是指所处同一地区的不同信息系统相互进行交流与合作，共享信息资源的一种模式。该模式中的系统可能处于不同的行业，它们对信息的需求各不相同，这是水平型共建共享模式的一大挑战。

### （三）纵横联合（即网络型）共建共享模式

网络型共建共享模式综合了垂直型与水平型共建共享模式的优势，既可以实现同一系统内不同机构之间的共建共享，也可以实现任意不同系统之间的共建共享。

### （四）小共建大共享模式

所谓小共建大共享的含义：一是系统共建，全国共享。二是区域性共建，全国共享。为了提高国家和地区信息资源的整体保障能力，应该建立

①涂雯．公共图书馆数字资源的共建、共知与共享[J]．长江丛刊，2018，(2)：151-152.

全国范围内相同类型的系统之间的共建共享与同一地区不同类型的系统之间的共建共享相结合的资源共建共享模式,也就是小共建大共享模式。

小共建大共享模式的优势表现在以下几个方面。

1. 便于协调

全国范围内相同类型的系统之间进行交流与合作,共享信息资源,可以提高系统信息资源的利用率,避免资源利用率低,资源严重浪费,从整体上提高国家信息资源的保障能力。同时,在允许的范围内,可以在一定程度上实现全国的共享。

2. 区域性跨系统的共建共享已取得一定经验

同一地区不同类型的系统之间权责不明确,不统一,是实行区域性跨系统信息资源共建共享的最大挑战,但难度要比全国范围内不同类型的系统之间建立共建共享容易得多。

### (五)镜像站点共享模式

所谓镜像,就是在获取资源网站的许可后,将资源网站的相关数据库完整地下载到本地站点服务器上,建立一个与源站点同样的数据库,用户可以在镜像站点上获取与访问源站点完全相同的信息服务。

目前,镜像站点模式应用得越来越广泛。例如,湖北省科技信息研究院引进重庆维普资讯数据系统后,建立了一个维普资讯数据的湖北镜像站点。该站点全面代理维普数据源的各项信息服务业务,并依托其丰富的信息内容进行更深层次的开发利用,在湖北开展多种形式的信息服务。这样,不仅可以解决本省科技信息资源相对贫乏、自建或外购信息资源费用昂贵等问题,避免省内其他信息机构的重复投资浪费,而且可以利用本院的信息网络平台与全省各地互联的优势,以低成本、高效率的方式向全省各行各业提供优惠的科技信息服务。

### (六)多网共建共享模式

所谓多网共建共享模式是多个网络信息服务机构之间进行交流与合作,将不同网络中大量的、杂乱无章的信息资源进行处理、优化与整合,形成对各个信息服务机构有利用价值的资源,供各个网络信息机构共享。多网共建共享模式可以分为互补型、聚集型、共享型与并发型。

信息资源共享是人类的理想，但信息资源共建共享不会自动实现，人类狭隘的部门意识、行业意识、地区意识、小团体意识等思维定式，以及作为这些意识的表现形式的政策、法规制度等无不制约着信息资源共享前进的步伐。因此，我们要克服狭隘意识，积极探索更多更好的信息资源共建共享模式，努力实现现代信息资源的共建共享目标。

## 四、信息资源共建共享的必要性

### （一）用户需求发展变化

随着网络技术的发展，用户对信息的需求与期望也在不断发生着变化。用户对希望获得的信息服务的正确性、及时性、全面性完整性有着较高的要求。用户对提供信息服务的信息机构也有着较高的要求，他们希望能够得到本地、异地与国外相关信息机构提供的信息，以便于他们对信息的完整性有一个清晰的掌握。为了满足用户对信息资源服务的需求与期望，使信息服务机构得到长远发展，在竞争中立于不败之地，其信息服务的服务方式应该以共建共享为主。

### （二）共建共享是充分满足用户需求最有效的途径

信息资源共建共享可以加强信息机构之间的交流与合作，避免造成资源的不必要浪费，还可实现信息资源的共享和有效利用，从而提高信息资源的可获知能力和可获得能力。随着信息技术的进步，信息机构之间的合作将更加密切，对外更加开放。同时信息机构将不仅是一个信息的收藏者和提供者，而且影响着信息服务加工生产过程中的各个环节。

### （三）共建共享能提高信息资源的有效利用

受传统服务模式的影响，信息机构所拥有的信息资源很难充分发挥其应有作用，也很难提高利用率。据有关资料反映，我国大多数重要的信息机构对其具有的信息资源的使用率非常低，造成了大量的浪费，出现这种情况的原因有很多，其中最重要的原因之一就是用户太少，如果不同的信息机构能够实现信息资源的共建共享，用户数量就会有所增多，信息资源的利用率就会有所提高。

### （四）共建共享可以提升信息资源保障率

近年来，各类信息资源的数量增加得很快，独立的信息机构能力有限，很难收集所有的信息。过去各个信息机构单打独斗,远远不能适应用户需求。与一些发达的国家相比,我国在信息资源建设方面存在着许多不足和问题。首先,信息资源的社会平均占有率较低,品种过少,载体形式单一,布局不合理,重复率较高,缺乏宏观调控,经费不足,造成信息保障率低。而共建共享能够打破我国信息资源建设目前的局面,使其得到有效发展。不同的信息机构之间建立交流与合作,扬长补短,就可提高信息资源的保障率。

### 五、基于云计算的图书馆特色信息资源共享系统构建模型

笔者根据图书馆信息资源共建共享的可持续发展思路制定了图书馆信息资源共建共享模式,如图9-2所示。

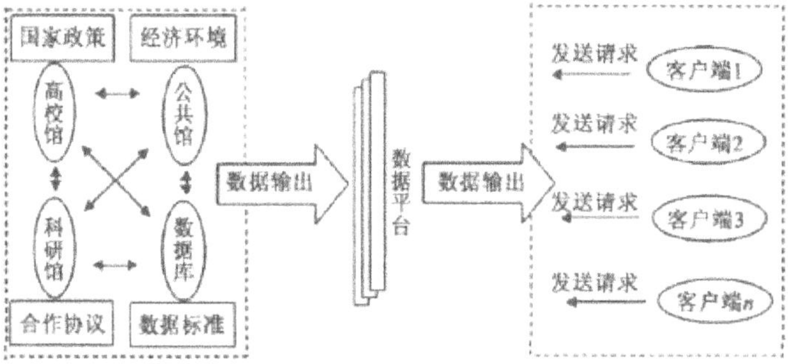


图9-2 图书馆信息资源共建共享模式图

构建图书馆特色信息资源共享系统应遵循信息系统的一般模型。鉴于图书馆基于云计算特色信息资源共享系统的特殊性,需要对元数据进行处理、对现有的资源进行封装,以便于系统的查询、用户需求的匹配。

## 第二节 信息资源共建共享意义和方式方法

### 一、信息资源共建共享的重要意义

第一,信息资源共建共享有助于减少信息资源建设的重复和遗漏,形

成各具特色的图书馆信息资源体系，提高整体信息资源系统的保障能力。

第二，信息资源共建共享有利于国家对信息资源建设的投入得到最优化使用。

第三，信息资源共建共享可以最大限度地满足用户的需求，大幅度提高馆藏资源的利用率。

第四，信息资源共建共享有利于消除信息鸿沟，实现信息公平。

## 二、信息资源共建共享的内容及方式

### （一）信息资源共知的内容及方式

信息资源共知，指共同了解和认知信息资源的收藏情况、书刊编目情况、文献报道及服务情况。信息资源共知的方式主要包括以下几种。

1.建立馆藏书目

数据库对各图书馆收藏的信息以数字化方式进行组织与揭示，并在网上提供给读者使用，从而使各馆的馆藏信息得以共知。

2.联机联合编目

以一个图书情报权威机构作为编目中心，编目中心拥有大量的书目数据，其他参加联合编目的各成员馆可以通过网络向联合编目中心上传书目数据和下载编目中心的书目数据。成员馆上传的数据，经过编目中心校对后存入中心书目数据库，供各成员馆共享。

3.期刊目次服务

这是网络环境下出现的一种信息资源共知方式，期刊出版商利用网络向用户提供最新期刊目次定题通告服务，使用户及时了解本领域研究动态；另外，各文献机构还可以建设自己的期刊目次数据库，如CALIS的CCC目次服务系统。

### （二）信息资源共建的内容及方式

信息资源共建的目的是从不同层次提高信息资源的保障率。共建主要包括各文献机构之间的共建和文献机构和非文献机构之间的共建。目前，各文献机构之间的共建已经形成规模和体系，因此以下主要讨论这种方式。

1.协调采购

这是信息资源共建的重要内容，主要有地区间、学科间和文献类型间三种文献协调采购方式。其中学科间文献协调采购是最主要的方式。采购过程中，结合各成员馆的学科文献资源建设方针及其馆藏特色进行资源分工和布局，重点对外文书刊和全文数据库进行协调或联合采购。

2.信息资源数字化建设

第一，根据各馆特色馆藏，有步骤、有计划地建立特色数据库。

第二，对各馆需求量较大的和重点学科用书进行数字化转换，减少因副本量少引起的供求矛盾，提高馆藏资源的利用率。

第三，通过集团采购和分散上网（将用户群规模相当大的电子资源，根据学科建设分工，分散存储在不同图书馆的存储系统中）引进数字化资源，有效降低各成员单位购买电子资源的经费。

3.分布协作式资源和导航系统

传统的集中式发现网络信息资源的技术手段（如搜索引擎）由于其对海量信息资源的管理能力不足和重复建设等因素，已经不能适应信息检索服务的需要。根据目前信息资源的特点，宜采用分布协作式发现信息资源的方式进行信息资源共建。其主要方法是对网络信息资源按照学科进行分工协作，建立资源发现和导航系统，向全国用户开放并提供服务。目前，中国科学院文献情报系统已建立了多个学科门户网站，进行分布协作式信息资源的建设。

4.制定统一标准

在信息资源共建过程中，使用统一的国内外标准，尽可能做到组织机构统一、经营统一、资源统一、人事统一、服务统一，加强自建数据库的规范化建设、提高其使用率，最大限度地实现资源共享。

5.公共检索

公共检索是馆际互借的基础。建立统一检索系统，读者和馆际互借的工作者可获得包括书目数据在内的各种异构数字资源的"一站式"检索服务，从而提高资源的利用率和检索效率。

6.资源合作存储

采用高新科技，合作建立数字图书馆，实现信息自动采集和分类，为用户提供一个既可以建设自己的数字资源，又可以收集其他数字资源的开放式环境，实现对信息资源的收集、组织管理和利用。

### （三）信息资源共建共享政策体系内容

信息资源共建共享是一项系统工程，涉及多方面内容；信息资源共建共享政策所涉及的问题也是多方面的，受多方面因素的影响。因此，制定一个涵盖信息资源共建共享各方面的政策是不现实的，需要在多个政策中包含共建共享的内容，形成完整的政策体系。一个完整的政策体系主要涉及以下几方面。

1.信息资源公共获取政策

它是信息资源共享政策体系的基础。信息资源公共获取，就是用户能够快速及时地获取免费或付费的信息资源。信息资源公共获取政策主要包括信息公开政策、信息保护政策、信息资源保障政策、信息交流与合作政策等。

2.信息资源布局政策

信息资源共建共享系统工程是从信息资源布局开始的。所谓的信息资源布局政策通常情况下是指由明确的某一范围内图书馆信息资源合理构造的核心目标以及未来长期计划，能够为信息资源布局提出合理的准则，为信息资源布局的方案进行编制以及构建相应的执行规划；能够对某一范围内的图书馆信息资源保障体系中对其完备程度以及每个层级信息资源保障系统进行统筹安排；针对每个系统、每个地区信息资源建设的任务进行系统安排。

3.经费与投资政策

经费充足是信息资源共建共享的基本条件。国家要认识到信息资源共建共享的重要性，尽可能加大投资力度。政策中要确定信息资源共建共享活动经费在国家信息基础设施建设经费中的比例和增长速度，明确经费来源、拨款渠道、支配权限与责任等事项；同时，鼓励企业和社会各方面对信息资源共建共享的投入。

4.文献收集政策

文献收集是信息资源共建共享的一项基础性工作。根据用户获取文献的需要和我国国情，建立一个相对完备的文献信息资源保障体系是十分必要的。

5. 文献信息报道政策

信息资源共享的前提是书目信息资源的共享。要了解文献信息资源的分布,就必须依赖各种类型的书目。

6. 文献传递政策

信息资源共享的实现与文献传递系统密切相关。随着科技、信息与网络技术的发展,文献传递方式发生了翻天覆地的变化,已不再是传统的馆际互借,传真、扫描等新方式的出现大大地提高了文献传递速度。

7. 藏书发展政策

所谓藏书发展政策是用来明确图书馆现有藏书范围与性质以及进一步发展的藏书资源和计划,精心设计各相关主题领域中藏书的广度与深度、阐述选书原则和选书标准及保存决策的规定性与指导性文件。它具体包括藏书选择与采访政策、购书经费分配政策、藏书管理政策、藏书发展纲要、藏书保护剔旧、捐赠、评估政策等诸多方面的内容。

8. 管理政策

信息资源共建共享的执行运作必须依靠合理的管理机制。信息资源共建共享必须基于自愿、平等、互惠原则,构造区域性信息资源共建共享管理系统,逐层组织以及配合文献信息资源的共建共享活动。基于此,研究规划出相对应的合理的管理要求。组成应含有成员馆的权利、责任以及义务,重大事件的决策程序,成员馆纠纷的仲裁,共建共享经费预算,管理机构成员的选举,权限和任期。

9. 技术支持政策

网络技术的飞速发展,为信息资源共享创造了有利条件。技术支持政策就是要根据具体情况,采取积极措施确定信息资源共享技术保障的目标、途径、标准、实施方法与步骤,制定适合的有关信息网络化建设、网络通信平台建设、数据库建设和数字化图书馆建设方案。

10. 有偿服务政策

在一些收费性质的服务中,应规定有偿服务的范围、质量要求、收费标准、收入分配等,避免出现乱收费和收费不合理现象,以致影响共建共享的深入发展。

11.国际交流政策

世界文献资源共享活动有UAP(Universal Availability of Publications Core Activity)、UBC(Universal Bibliographic Control)、馆际互借和联机检索等多种形式,对这些活动做出相应的政策鼓励与保证,有利于信息资源共享国际化。

此外,还需制定其他相应的公约与操作规则,如文献共享中保护知识产权的政策、充分揭示各馆馆藏的有关规定、馆际互借中共同遵守的优先优惠条款、合作编目中数据交换与下载规定、文献数字化中遵守的共同标准与规范等。①

## 三、国内外信息资源共享模式实例

### (一)OCLC模式

OCLC(Online Computer Library Center,联机计算机图书馆中心,http//www.oclc.org/)始建于1967年,向全世界112个国家和地区的69000多个图书馆提供联机编目、馆际互借、网上联合参考咨询、第一检索服务、网上图书馆等信息服务。

第一,联机编目和馆际互借服务是其核心服务。OCLC World Cat(OCLC Online Union Catalog)是世界上最大、最综合、使用量最高的联合目录数据库。编目内容包括470多种语言的印刷品和电子资源。

第二,第一检索服务(OCLC first search service),1991年开发,是一个从读者角度设计,通过万维网访问的联机检索系统。该系统通过无缝链接提供72个数据库的检索,并提供英文、法文、西班牙文、简体和繁体中文和日文五种语言界面。

第三,网上联合参考咨询服务(Question Point,QP),它向读者提供电子邮件咨询和实时问答。图书馆加入OCLC后,可与世界各地的馆员合作提供参考咨询服务,并且共享问题答案知识库。

第四,网上图书馆(NetLibrary)成立于1999年,提供400多家出版社出版的电子图书,电子图书可以通过联机浏览和借阅来阅读。

### (二)OhioLINK模式

OhioLINK(Ohio Library and Information Network,俄亥俄图书馆与信息

①商麦荣. 公共图书馆数字资源的共建、共知与共享[J]. 图书情报,2016,(4):39-40.

网络,http://www.ohiolink.edu/)于1989年成立,是由美国俄亥俄地区的87家图书馆组建的资源共享联盟,包括16所公立大学、23所社区与技术学院、47所私立大学和俄亥俄州立图书馆。

第一,该网络的骨干是它的中心系统,中央书目库具有联合目录和馆际互借的功能,允许4500个用户同时登录。成员机构有各自的本地系统,中心系统和本地系统使用相同的运作软件,两者结合形成一个强大而又灵活开放的合作系统。

第二,系统设计充分利用计算机技术的最新成果,兼顾整体的一致性和个体的灵活性,实现了虚拟集中和实体共享。

第三,OhioLINK的电子信息服务还包括电子资料库、电子杂志中心、数字媒体中心、电子图书和电子硕、博论文中心等项目。

第四,OhioLINK的优点是成员馆同属州政府行政体系,容易达成共识和取得经费(联盟经费主要来源于州政府的财政拨款)。

第五,合理的组织管理机构,完善的规章制度都是系统有效运行的保证。目前它已成为美国颇具规模和影响力的大型图书馆联盟。

### (三)Minitex模式

Minitex(Minitex Library Information Network,美国明尼苏达信息资源共享网,http://www.minitex.Umn.edu/)于1971年正式成立,从1971年到1990年,Minitex得到了长足的发展。组织机构越来越庞大,服务范围越来越广泛,服务类型越来越多,形成了一个规模庞大、跨州的多功能资源共享网络。

一是Minitex有5项主要任务(文献传递、明州电子图书馆、联合期刊目录、维护图书馆和信息技术标准、管理明尼苏达图书储藏中心)和4项次要有偿服务(集团采购、期刊杂志交换、分类编目服务和咨询服务)。

二是Minitex是最早加入OCLC的资源共享网络之一,Minitex积极参加图书馆和信息技术标准发展工作,它是国家信息标准组织、信息网络联盟、国际图书馆联盟等组织的成员。

三是Minitex模式的一个突出特点就是资源共享。它没有自己的藏书和中央书目数据库,完全利用参与图书馆的资源提供服务。Minitex模式证明,不同类型图书馆之间不仅可以资源共享,而且可以互补。资源越是多样化,互补效果越好,共享越是成功。Minitex模式在美国图书馆界受到广泛好评。

### (四)PRDLA模式

PRDLA(The Pacific Rim Digital Library Alliance,环太平洋数字图书馆联盟,http://prdla.Ucmercedlibrary.info/)成立于1997年10月,是在环太平洋地区建立起来的国际信息资源共享联盟。

第一,目前PRDLA有22个正式成员机构和若干准成员机构,正式成员机构除了能参加PRDLA的所有项目和活动外,还能参与管理联盟事务。正式成员机构来源于美国、中国、加拿大、日本、韩国、新加坡、澳大利亚、新西兰和斐济,其中包括中国的北京大学、清华大学、中山大学、武汉大学、香港大学、香港浸会大学的图书馆和台湾"中央"研究院计算中心。

第二,PRDLA的主要信息资源有太平洋考察档案、东亚研究参考书目、多语种捷径、汉语拼音转换工具、北京超星图书馆、我国台湾"中央研究院汉籍电子文献数据库"和文渊阁四库全书电子版。

第三,PRDLA的信息资源共享活动主要包括在成员馆之间共享电子与纸本数据、合作发展馆藏资源和交换馆员等。

### (五)CALIS模式

中国高等教育文献保障系统(China Academic Library and Information System,CALIS,http://www.calis.edu.cn/)是1998年经国务院批准的教育部组织启动的我国高等教育"211工程"总体规划中的两个公共服务体系之一。

信息资源共享方式可分为三级保障系统、文献信息服务系统及集团采购三种。

这是自CALIS启动以来,做得最多效益也最显著的工作。集团采购的模式有很多种,各成员馆除根据自己需要选择购买数据库外,各馆可以分别购买一部分内容,然后集团内成员一起共享所有这些资源。集团成员越多,共享的资源也就越多。此外,CALIS通过建立本地镜像服务器、租用专线和建立本地服务器等方式帮助用户解决了在集团采购中国际访问流量的费用问题。

CALIS的这种符合中国国情的信息资源共享方式,在读者中产生了越来越大的影响，并且被越来越多的国内外图书馆、情报机构和文献服务中心所认可。

## 第三节 信息资源保障体系的构建

### 一、信息资源保障体系建设原则

#### （一）整体原则

信息资源保障体系要在统一规划、统一布局和统一管理下进行整体化建设，各职能部门要有明确分工，既要各司其职，也要发挥各自特色，发挥整体效益和联合保障的优势。

#### （二）共建原则

信息资源保障体系是一个系统工程，从国家到地方，各级部门都要充分发挥各自优势，从人力、物力和财力上给予大力支持，进行信息资源保障体系的共同建设。

#### （三）服务原则

信息资源保障体系的建设目的是以读者为中心，采用多种形式拓宽服务空间，最大限度地满足读者对信息资源的多层次需求。

#### （四）先进原则

为保证文献信息检索和传递的迅速有效，适当引进国外先进的软件和技术，把信息资源保障体系建成一个多点联合保障的资源共享体系。

#### （五）开放原则

一方面要面向全国，有计划、有目的地开展系统内外的合作与交流，为系统内外用户服务；另一方面，要采用国际通用的开放式操作系统平台技术、网络通信技术和数据库技术，保障各个文献信息服务中心的网络支撑环境。

#### （六）规范原则

信息资源保障体系建设应与国家制定的标准保持一致，遵守共同规范，尽可能做到服务软件统一，各项标准规范统一和管理服务统一，保证系统有序运行。

### （七）可持续发展原则

信息资源保障体系是一个成长着的有机体，在建设过程中，应将长远发展和近期需要相结合，确定好阶段性目标，使系统建设逐步推进；充分发挥各单位已有的资源优势，加强合作，避免重复，有效利用有限资金，推动保障体系的持续发展。

### （八）公平原则

公平原则要求在信息资源保障体系建设过程中，不仅要从资源上满足社会公众的信息需求，而且要保障所有用户都有平等利用信息资源的权利。

## 二、信息资源保障体系的构成要素①

完善的信息资源保障体系包括信息环境体系、信息管理体系、信息用户体系、信息资源体系、书目信息体系、信息服务体系等内容。这些体系相辅相成、辩证统一，它们相互联系，互相制约，形成了一个不可分割的有机整体。

### （一）信息环境体系

是指建设信息资源保障体系的外部环境。包括国家政治、经济、文化、科技水平和未来发展趋势，以及公众受教育程度、公众信息需求意识、公众信息消费观念、信息资源分布状况、信息资源配置与共享程度等。

### （二）信息管理体系

组织管理贯穿信息资源保障体系建设的全过程。能否建立科学的管理机制是信息资源保障体系成败的关键。管理机构应当制定各种政策、标准和发展规划，保证体系的正常建设。

### （三）信息用户体系

信息用户体系指所有现实或潜在的利用信息资源的用户的总称，它在

①毛倩．高校图书馆与公共图书馆实现信息资源共建、共知、共享的探索[J]，中国科教创新导刊．2010，(2)．

信息资源保障体系中承担着重要的作用。

### (四)信息资源体系

信息资源体系由信息机构及其拥有的信息资源构成。各机构通过信息资源整合,建立一个现实馆藏和虚拟馆藏、印刷型文献与各种类型文献相结合、文献检索和文献提供相结合的资源共享保障体系。

### (五)书目信息体系

是指信息资源共享实践中获知馆藏信息的综合系统。通常包括联机公共检索目录、印刷型联合馆藏目录、书目数据库下载等内容,它是获取信息机构馆藏书目信息的主要形式。

### (六)信息服务体系

包括信息服务手段、信息服务内容、信息服务模式、信息服务制度、信息服务效益等诸多方面的内容。它的完善程度在很大程度上决定着信息资源保障体系的发展水平。

# 第十章 图书馆服务及其转型

服务是图书馆的永恒主题，在任何情况下图书馆都应不动摇、不偏离、不取代图书馆服务，把服务作为图书馆一切工作的出发点和归宿，把服务作为贯穿图书馆一切工作的主线。然而坚持图书馆的服务主题，并不是说要为读者提供一成不变的服务，而是要根据时代的发展、用户的需求不断更新服务模式、服务内容，为用户提供高质量的服务。进入网络时代以后，随着信息技术的迅速发展和全面渗透，图书馆工作人员也应紧抓时代发展的脉络，积极配合社会的发展进行图书馆服务转型，以便使图书馆能始终适应用户的需求和社会发展的形势。

## 第一节 图书馆服务的理念

俗话说："观念决定行动，思路决定出路。"一个理念的定位差异，将会产生截然不同的结果。随着信息技术的飞速发展，图书馆所面临的信息环境和社会功能正在急剧地发生变化。作为一种信息服务机构，图书馆的作用正随着用户信息渠道的多元化和丰富化发展而被逐渐削弱，图书馆已经不再是传统信息环境下用户的主要信息源。在这种情况下，图书馆的服务理念也在不断演变和衍生。

### 一、服务理念的概念解析

理念是一个来自西方的词汇，起源于希腊文"philia(爱)"和"sophia(智慧)"，故理念含有"爱智慧"之意，这种"智慧"是人类对真理的完全认知与透彻的理解，并将之内化为一体，表现在日常的一举一动之中。

服务理念是人类众多理念的一种，是人们在从事服务活动的过程中形成的主导思想，反映了人类对服务活动的深层次认识，是企业实施和贯彻的以顾客为导向的服务主张、服务思想和服务意识。服务理念是服务活动的指导思想，是企业使命和宗旨的具体体现，也是企业服务的责任和目标。

服务理念一般包括服务宗旨、精神、使命、原则、目标、方针政策等。这些服务理念的内容是企业实践活动中形成的指导思想，在服务中具有积极的作用。

## 二、图书馆服务理念

一个图书馆的服务理念是这个图书馆对于服务工作的理性认识、理想追求及其所形成的观念体系，它是图书馆人的经验特，别是其成功经验的高度概括和系统化，是指图书馆围绕读者服务工作的基本方针，是图书馆的办馆宗旨、原则、目标，是图书馆的服务方式、服务内容、服务态度等的体现。图书馆服务理念是图书馆一切服务工作的指导思想、理论基础、前进方向和行动准则，它指导着整个图书馆的服务活动，指导着图书馆人去做与之相符的事情，决定图书馆服务工作的开展方式并影响图书馆提供服务的结果。它是图书馆观点和图书馆经验的浓缩和代表，也是图书馆服务形象的关键所在。

先进的图书馆服务理念能有效地推进图书馆改革与发展。图书馆作为服务社会的信息机构，如果没有正确的、先进的服务理念，就好比没有正确的行动指南，就不能担当起应有的社会责任，履行应有的社会职能。之所以这样说，是因为，一方面，图书馆服务理念主要是用来指导服务行为的，它对内外公开，让用户对图书馆有更多的认识和了解，它不但能引导用户对服务人员的服务行为进行监督，而且还能统一服务人员的服务思想和行为，以此来规范服务人员的服务态度，进而不断促进图书馆服务的发展。另一方面，在网络时代环境下，图书馆早已失去了信息垄断地位，20世纪甚至出现了“图书馆消亡”论，在新形势下如何实现可持续发展，如何增强其核心竞争力就显得尤为重要和迫切。服务理念影响和决定着图书馆人的思想高度，指导图书馆制定发展规划和战略目标，而发展规划和战略目标往往决定着图书馆的核心竞争力。

由于图书馆社会职能的演进，图书馆的服务经历了从封闭到开放，从借阅到参考服务，从信息服务到知识服务，从无偿服务到有偿服务，从按时服务到及时服务，从馆内服务到馆外服务，从在线服务到全球服务的发展过程。从其发展上来看,在过去,图书馆的服务理念主要有以下几种。①

一是“三适当”准则,这一理念由美国著名图书馆学家杜威在1876年提出,是说图书馆要在适当的时间,给适当的读者,提供适当的服务。在杜威之后,印度图书馆学家阮冈纳赞在其著作《图书馆五原则》中对“三适当”原则又做了创新和发展,提出了“书是为了用的、每个读者有其书、每本书有读者、节省读者的时间、图书馆是一个生长着的有机体”五项原则,为图书馆理念的确立奠定思想基础。

二是“小而全”“大而全”“备而不用”“万事不求人”的封闭式服务理念,即每个图书馆都试图建立自己的比较完善的服务体系,争取不依靠外界支持,自己能够为用户提供完备的服务,从而形成一个自我封闭的内向型服务体系。

三是公益服务理念,在中华人民共和国成立初期,我国的图书馆大多是国家建立的,是完全公益性的,这就使得为公众服务的公益性成为图书馆服务的一大理念。但这一理念同时也带来了一个问题,即图书馆经费由国家提供,图书馆服务讲求公益性,从而造成了传统图书馆人浮于事、效率低下的问题,我们应当清楚图书馆的公益服务并不意味着国家对图书馆的发展要无限制地投入,不意味着图书馆的经营不讲求成本效益,图书馆也应不断提升自身价值。

四是传统图书馆的服务一般是等读者上门,所有的服务基本是以图书馆为中心。可谓是围绕图书馆馆舍展开的。这是在一定发展阶段,科技水平、社会意识和传统习惯多种因素共同作用的结果,即将藏书、馆藏信息作为图书馆的主体并成为读者服务的唯一物质基础。由于机制、经费、人员、设备的限制,服务工作有许多局限性,同时也束缚了服务人员的思想,缺乏主动服务的精神,图书馆为读者提供的是“等上门,守摊式”的服务。

五是传统的图书馆面向比较固定的读者群,主要对到馆的读者服务,图书馆以不变应万变,提供固定的一套服务模式,应对不同用户的不同需求。无论你是院士,还是大学新生,都接受同样的服务内容和服务方式。完全是一种卖方市场,由图书馆主宰用户的需求,用户的需求必须适应图书馆所提供的服务。

---

①张玉英. 图书馆现代管理模式与人本服务理念探索[M]. 青岛:中国海洋大学出版社,2017.

## 三、网络时代图书馆的服务理念

随着时代的发展,图书馆界一致认为“服务是图书馆的基本宗旨,是贯穿图书馆发展的主线,是图书馆的核心价值观”。在网络社会,图书馆正日益面临着文化传播载体和传播方式的变革所带来的挑战和冲击,经受着日益严峻的竞争。要想赢得竞争优势,提高服务水平和质量,图书馆人员必须转变服务理念,具体来看,网络时代图书馆人员应树立以下服务理念。

### (一)用户至上,服务第一

图书馆的社会价值是从满足用户需求中体现出来的。一个图书馆办的好不好,其办馆效益、社会价值如何,主要以用户对图书馆的认识去衡量,要看他们对利用图书馆的希望程度,对服务项目和服务标准的信誉程度,对服务人员素质和服务水平的满意程度,对服务效果的认可程度。因此在网络时代,在图书馆服务中,不管何时何地,都要“用户至上,服务第一”,要把“为一切用户服务”“一切为了用户”“满足用户的一切合理需求”作为图书馆服务工作的出发点和归宿。

为充分体现这一指导思想,图书馆采取成立读者工作委员会实施对图书馆工作的具体指导;定期向读者汇报工作,出版图书馆工作年报,如实反映取得的成绩和存在的问题,接受全社会监督;推行义工制,邀请读者积极分子义务协助图书馆工作等。同时,还应该体现在尊重读者的阅读自由,不对读者设置不符合政策、不符合人权的障碍;不能愚弄读者,不能为了显示图书馆的“业绩”或某领导人的“政绩”不管社会需求和读者志愿。

### (二)竞争服务,协作服务

图书馆作为人类知识和信息的传播和服务机构,在网络信息资源的巨大冲击下,面临着重大的挑战和竞争。我们知道,随着现代通信技术、信息技术的快速发展和全面普及,越来越多的人开始倾向于通过互联网来获得相关资讯,同时网络技术也在全面改变人们的阅读方式,更多人(尤其是年轻人)更乐于阅读各类电子书,在这种情况下,人们对信息需求的第一获取途径再也不是图书馆。另外,各类书店及读书组织所提供的购书和阅读环境得到了前所未有的改变,纷纷采取了多种方式为人们提供人性、方便、灵活的服务,深受读者欢迎,更加广泛地吸引了广大读者。面对挑战和竞争，图书馆应该充分利用自身的资源优势，在服务工作中转变观念，变被动为主动，强化竞争意识，进一步做好信息的开发、搜集、检索、分析、组织、存取传递等工作，在网络建设上，加快网络化和数字化建设步伐，提高员工的素质和业务水平，提高服务质量，确保图书馆在竞争中立于不败之地。

进入网络时代以后，知识传播和挖掘的速度也有了很大提升，现代社会每时每刻都会产生大量的知识与信息，图书馆要想完全搜集、掌握所有的知识和信息显然是不可能的，这就要求图书馆界要树立协作意识，只有通过各服务机构的相互协作，才能促进资源共享，使不同服务机构间的资源优势互补，降低资源采购和运营成本，提升协作服务机构内的相关技术水平和服务人员的综合素质，节约大量的人力物力，以此提高协作服务机构的整体效益；只有通过协作，其服务形式才能更加灵活多样，更加丰富多彩，才能提高各服务机构的服务水平。

**（三）用户参与，资源共建**

长久以来，图书馆业一直关心的一个问题就是，我们能向用户提供什么，这导致了图书馆所构建的丰富的软硬件资源以及所提供的各种类型的服务被用户冷漠对待。进入网络时代以后，随着Web2.0时代所强调的用户主导、用户参与、用户分享、用户创造理念的广泛传播，图书馆也应转变思想观念，树立用户参与思想，将用户参与和互动作为图书馆资源建设与服务的前提依据。也就是说，通过应用Web2.0和泛在智能的相关技术（如My Space、Facebook、Wiki及目前备受关注的豆瓣网等技术构建图书馆用户的交流社群，使分散在不同应用系统间的个人知识产出不断沉淀，为图书馆积累丰富的资源）让用户付出时间和精力来真正参与图书馆的资源建设，从而让用户开始重视这份投入、开始在乎这份关系，并乐于分享其建设成果。在引导用户参与图书馆资源建设的同时，图书馆还应加强与相关单位的合作，如加强与出版社和数据库商以及电信部门和网络服务商的跨界合作，达到资源、设备的充分共享，从而满足用户在泛在知识环境下的信息需求。

## 第二节 图书馆服务的对象及其需求

用户是图书馆服务的对象，也是图书馆生存发展的决定因素，用户服务工作是图书馆全部工作的出发点与归宿，因此要做好图书馆工作，就必须分析用户的需求类型及其变化的趋势，提供有针对性的服务，即一种建立在用户满意基础之上的以用户为中心的服务。

### 一、图书馆服务的对象

传统图书馆主要收藏以纸张为载体的信息，它的服务模式也必然围绕着纸张文献和图书馆馆舍展开。当时的图书馆服务主要是为各类读者提供图书借阅、信息咨询与参考等相对单一的服务，因此在传统的图书馆模式下，读者就是其服务对象。但现代图书馆已不再是一个仅仅满足人们阅读需要的场所。图书馆及图书馆服务的概念正在发生深刻的变化。现代图书馆由于互联网和数字图书馆技术的发展，正从传统的实体图书馆向实体图书馆与虚拟图书馆相结合的复合图书馆方向发展。图书馆除了向人们提供借阅机会以外，也十分重视满足人们的信息需求、文化需求和休闲需求。因此读者已不能涵盖图书馆服务对象的全部范畴，因此这里以用户称之。

#### （一）图书馆用户的类型

图书馆用户的类型多样，根据不同的分类标准可将其分为不同的类型。

1.根据用户的职业特征分类

根据用户的职业特征，可将其分为工人、农民、市民、军人、教师、学生、干部、科研人员和退休人员等类型。

2.根据用户所从事工作的学科范围分类

根据用户所从事工作的学科范围，可将其分社会科学用户、自然科学用户以及一些综合性、边缘性学科的用户。

3.根据用户运用图书馆资源的目的分类

根据用户运用图书馆资源的目的，可将其分为文献信息用户和非文献信息用户,文献信息用户可划分为研究型用户、学习型用户、释疑型用户和消遣型用户等。

4. 根据用户与图书馆的关系分类

根据用户与图书馆的关系,可将图书馆用户分为正式用户、临时用户和潜在用户。正式用户是在图书馆正式登记立户的注册用户,领有借阅证件,享有固定利用图书馆资源的权利。潜在用户是指具有阅读能力和文献信息需求,但没有与图书馆建立服务关系的人。临时用户指的是未同图书馆建立正式服务关系,凭身份证或其他有效证件偶尔利用图书馆资源和服务的服务对象。

5. 根据用户利用图书馆资源的方式分类

根据用户利用图书馆资源的方式,可将图书馆用户分为个人用户、集体用户和单位用户。个人用户是以自然人为单位,独立地利用图书馆的文献信息资源从事阅读或其他活动的服务对象。集体用户是指以固定的机构团体为单位或由若干人自愿组合成一个小组来利用图书馆资源的用户。他们具有共同的服务需求和利用方式,或在同一单位,或从事同一职业、同一工作,在一定期限内,集体借阅一定范围、一定数量的文献或利用图书馆的其他资源。单位用户是指以固定的机构利用图书馆的用户。该机构所属的部门和个人,在一定的规则下,可以此机构的名义与图书馆建立借阅关系或资源共享关系。

**(二)网络时代图书馆用户的特点**

在网络时代,随着信息资源的开发和利用,图书馆在资源结构、服务形式以及服务内容等方面发生了很大变化,这些变化也在一定程度上带动了现代图书馆用户的变化,使现代图书馆用户呈现以下特点。

1. 用户范围广泛

传统图书馆的服务相对固定,一般局限于本地区、本系统或本单位的相对稳定的用户群。网络环境下,由于网络本身所具有的广域性特征,用户可以不到图书馆,只要遵守一定的协议,拥有一台电脑终端,便可在办公室或家庭的网络计算机上查询信息资源,完全打破了传统图书馆时代信息利用的时空限制。

2. 用户数量增长快

进入网络时代以后,随着人们信息意识的不断增强,对信息资源的重视日益加深。这就使得不少图书馆用户逐渐把获取的大量信息和知识当成享之不尽的资源和效益，信息和知识的需求成为用户个人学习、生活和工作中不可或缺的部分，图书馆作为人们信息资源获取的重要渠道，虽然在一定程度上受到网络的冲击，但网络也将越来越多的用户与图书馆相连，越来越多的用户开始通过网络享受图书馆提供的各类服务，从而大大增加了图书馆用户的数量。

3.用户的信息需求多样

传统图书馆时代，用户利用图书馆的主要目的是查找文献、进行科研或学习。而在网络环境下，用户上网搜集信息的目的是多元的。有的图书馆用户是想收集专业信息资源进行科研和学习；有的是为加强可信度、信心、稳固性和身份地位，出于个人整合的需要；有的是获得信息、知识和理解的知识需要；有的则是出于了解信息资源，查询特定事实数据，甚至交际的需要。总之，由于用户个体知识结构差异及查找目的的不同，其利用网络信息的类型也各不相同，呈现出多样性和复杂性。

4.用户水平不一

在传统图书馆时代，用户要想享受图书馆服务，首先要识字，才能通过图书馆中的各项文献资源获得相应信息。因此用户一般是文化水平较高的人。网络环境下的信息载体多元化，多媒体信息直观形象、生动有趣，所传递的信息也通俗易懂，文字阅读能力较低者也能轻松利用。由于信息意识和知识结构的不同，用户之间的信息素养和技能相差较大，导致用户层次参差不齐。

## 二、图书馆用户的需求分析

用户及其需要是图书馆产生和发展的原动力，没有用户，图书馆就失去了存在的价值和意义。随着网络环境的发展，科技信息开放获取的推进，就读者而言，读书或查寻资料可以通过多种途径来进行，图书馆只是其中的一种可供选择的信息源之一。图书馆工作人员与用户之间的面对面式的直接服务方式将逐渐减少，用户自身利用网络乃至图书馆的设备进行自我服务的比重将增加，这给图书馆服务带来了巨大挑战。为了能够更好地生存并发展下去，图书馆必须对用户的需求进行分析，以便结合用户需求为其提供对应服务。①

一般来说,不同类型的用户对图书馆的需求不同,如教师用户的信息需求相对来说目的比较明确,一般查阅教学参考资料和与研究课题相关的文献资料以及各种参考工具书,大多主题明确,范围比较确定,往往自己查找所需资料,强调信息的准确性和可靠性。管理人员要求提供方案咨询服务,即对所查到的信息进行二次加工或提供综述述评等浓缩的三次文献信息,他们对信息的需求呈现时效性、完整性和连续性的特点,强调信息的时效性。图书馆服务人员应根据用户的类型为其提供适应的服务。

此外,进入网络时代以后,随着知识经济的发展,文献资料的大量增加,科学技术的迅猛发展,大量知识信息渗透到社会生活的方方面面。各种信息之间的知识内容互相交叉,各个学科内容之间高度综合化和专门化,新的交叉学科、边缘学科大量涌现,使用户文献信息需求的内容呈现向微观化方向发展的趋势。用户不仅仅需要概括性、叙述性的文献信息,而且更加需要大量详尽的、专指性很强的文献信息,不断增加专指性比较强的文献信息的需要。

再加上移动互联网的快速发展,图书馆用户对传统文献与声像文献、电子文献的需求并重,呈现出综合化趋势;信息需求向电子化、数字化、网络化信息资源的方向发展;信息需求呈现出全方位、社会化趋势,不仅需要科学技术研究所需要的信息,而且需要有关社会和生活方面的各种信息。在这种情况下,用户对信息的相关性、可靠性和准确性有了更高的要求。与此同时,用户希望能够快速、高效地获取信息,能够随时随地进行一站式检索,并获得相关主题的论文、照片、音频和视频等信息。用户信息需求的高效化主要表现在:首先,用户对满足工作学习的信息需求较高,要求提供的信息具有准确性和可靠性;其次,用户要求获取的信息方便、快捷,能够减少用户的查询成本;再次,用户要求提供的信息直观、简洁,节省用户的阅读时间。移动信息组织与传递方式的变化,进一步激发了用户对信息高效化的需求。移动图书馆的出现满足了人们的这种需求,但由于受到手机等移动终端设备的限制,移动互联网用户在时间上、获取信息和体验等方面具有碎片化的特征,因此移动图书馆的用户需求也呈现一定碎片化特征。移动图书馆用户的使用行为一般穿插在日常工作和生

①韩世明.大数据时代的图书馆服务[J].海风,2020,(6):22-23.

活中,通常在急需时或等候时会使用,并且每次使用的时间较短,在时间上呈碎片化。同时,移动图书馆用户关注和获取的信息也呈碎片化特征,并且移动阅读层次通常较浅,缺乏深入性,这就要求移动图书馆能为用户提供内容适当、简洁精准的信息服务。

## 第三节 现代图书馆服务的转型

进入网络时代以后,随着信息技术的高速发展和普遍应用,人类的交流方式发生了很大变化,这也给图书馆带来了挑战。为适应网络环境的需要,从传统走向现代化,图书馆必须进行服务转型。

### 一、图书馆服务转型的必然性

当今的中国正处于转型时期,从农业社会向工业社会转变,从封闭半封闭社会向开放社会转变,从单一性社会向多样化社会转变,从伦理型社会向法理型社会转变。此外,在世界信息化浪潮的影响下,我国又提前进入了信息化社会。图书馆作为文化事业的组成部分属于上层建筑,以经济为基础,其变化、发展直接受经济条件的影响、制约。

从内在因素上来说,进入网络时代以后,图书馆的文献、读者、馆员技术手段建筑设备等要素均发生了变化,如文献载体形式由单一的印刷型向光电型、缩微型的方向发展,磁盘光盘、海量存储器在图书馆的大量使用,电子计算机存储功能和传递功能在文献利用中的进一步发挥,这些变化也要求图书馆服务随之发生变化,以适应图书馆发展的需求。

从外在因素上来说,一方面,计算机出现以后,人类的信息载体和信息记录方式又有重大的变革,逐渐演变出电子型文献,随着电子技术的迅猛发展,一切文字、图像、声音都可以很方便地转换为计算机可以识别的二进制数字,从而以数字化的形态保存和传递。在这种情况下,若图书馆还是坚持传统的纸质图书文献搜集、整理与保存,必然无法适应资源信息化存储、传递的形势,也无法满足图书馆用户对信息资源快捷利用的心理需求,再加上网络时代信息呈爆发式膨胀,传统的纸质文献整理与传递必然赶不上知识更新的速度,在这种情况下,图书馆必须进行服务转型。

另一方面,网络时代是个创新的世纪,各个行业都在搞创新,如传统学校教育到网络远程教育的延伸,商场封闭式销售到开架式自由选购,再到网络采购等,创新所带来的变化随处可见。如今的社会是以信息文化和公共资源为主要生存轴心的。在数字图书馆时代,任何一个图书馆都可以进行超馆藏超地域的服务,任何一个读者也都可以通过计算机利用图书馆。图书馆馆藏的多少和馆舍的大小已不再是形成竞争的优势,只有出色的服务才是图书馆的区别所在。出色服务的提供要靠图书馆的不断创新,只有在不断创新中才能有特色,为此,图书馆也必须进行服务转型。

## 二、图书馆服务转型的基本走向

网络技术的发展给图书馆服务带来了全新的技术环境和人文社会环境,再加上网络技术的全面普及,图书馆服务转型成为必然。从当前的形势来看,图书馆的服务转型主要有以下走向。

### (一)服务对象由服务到馆读者向服务社会转变

在传统图书馆时代,图书馆工作人员的服务对象主要是到馆读者,即前来图书馆进行图书借阅、信息咨询的读者。进入网络时代以后,图书馆网络化、资源的数字化的发展,大大消除了读者与图书馆之间的地理障碍,图书馆的服务范围不再受到时空的限制,通过网络它可以为整个社会服务,也就是说除了围绕“本馆”读者组织和进行读者服务工作以外,现代图书馆的服务对象不断拓展,不再仅仅局限于持有本馆借阅证的读者这样狭小的范围,而是大大突破了时间、空间的限制,延展到全国乃至全球。具体来看,网络时代的图书馆不仅可以服务到馆读者,也可以服务于高校,还可以向企事业单位开放,服务地方政治、经济、社会、科技、文化等事业的发展。

### (二)服务方式由“传统手工操作方法”向“综合文献技术应用”转变

在实践中我们可以看到,传统的图书馆服务方式绝大多数属于事务性工作,如图书的借阅与归还、取书归架、采购相关图书等,其手段是以落后的手工操作方法维系对外的各项服务活动,服务水平、服务时效滞后,这种做法除了观念、时代需求等因素外,根本原因还在于传统纸质文献的易损、稀缺和共享性差等特点,导致人们怕文献被弄丢、被损坏、文献不够用等,因此将文献的收藏放在了中心地位。进入网络时代以后,随着计算机技术、数字化技术、数据库技术、云计算等的快速发展,图书馆的服务方式也有了很大的变化,图书馆服务的手段也将逐步摆脱传统图书馆以手工操作为主的事务性服务方式,向依靠综合文献信息技术应用转变。换句话来说,在网络时代,应用各类信息技术为用户提供适宜的服务是现代图书馆必然的选择。

### (三)服务内容由信息服务向知识服务转变

传统图书馆的读者服务工作主要围绕印刷型文献资源和部分非书资料的开发利用来组织和展开。随着大量商业化学术资源数据库的出现、电子出版物的出版和传统馆藏的数字化转换,数字化信息资源成为现代图书馆文献信息资源的主体,知识也成为最重要的生产力要素,知识的生产和创新成为经济发展、社会进步的重要保障。当今社会已进入知识经济社会,图书馆传统的信息服务早已不能满足人们日益增长的对知识的需求。在这种情况下,为了满足用户的需求,图书馆的服务内容逐渐从帮助用户获取文献信息、激活文献信息内容、实现资源共享的信息服务向从各种显性和隐性的知识资源中,针对用户在获取知识、吸取知识、利用知识、创新知识的过程中的需求,对相关信息知识进行搜集、分析、提炼、整理等,为其提供所需知识的知识服务转型。

### (四)服务理念由"书本位"向"人本位"转变

在传统图书馆时代,工作人员虽然是为读者服务,但其服务理念一般表现为以书本为主,即以图书的收藏和保存为中心,图书馆的服务一切围绕图书馆开展工作,强调书静态的信息。进入网络时代以后,科学技术日新月异,信息服务全球化已经成为必然趋势,图书馆作为信息服务业的一个重要组成部分,将会在社会文献信息服务中发挥不可替代的作用,并成为我国信息产业的重要一员。但要切实履行这一职责,图书馆提供的服务必须符合用户的需求,因此图书馆的服务理念也不能停留在过去的"收藏"和足不出户的"借阅与归还"了,而是要从思想深处更新服务理念,以图书馆用户的需求为中心,为其提供适宜的服务,这样才有利于图书馆未来的发展。①

①戴慧英. 浅论现代图书馆服务转型[J]. 现代经济信息,2014,(23):437,440.

### (五)服务范围由“图书馆服务”向“资源共享”服务转变

传统图书馆以文献收藏为己任,以印刷型文献为主体,这种基于自我馆藏的图书馆是作为一个书刊存储基地和物理实体机构存在的。图书馆的服务范围仅限于这个特定的场所内,其服务的直接功能是利用自给自足的档案性馆藏,为相对稳定的读者提供“阵地服务”和“定向服务”,满足读者对已知文献的需求,我们把这种服务称为“图书馆服务”。

进入网络时代以后,远程通信技术网络的应用和推广,使得图书馆与地区网、国内网、国际网联网,正在把图书馆与近程和远程的读者、各类信息服务中心、各种书目利用机构、联机信息检索系统连为一体,为图书馆与其他机构共享资源提供了条件。再加上网络时代知识更新速度不断加快,图书馆想要凭一己之力搜集所有的知识信息是不可能的,只有与其他图书馆、其他机构进行合作,进行资源共享,才能充分发挥图书馆的作用。在这种情况下,图书馆的服务范围必然向“资源共享”转变。这是在网络环境下发展起来的一种新的、重要的学习交流模式,图书馆不仅要方便快捷地为用户提供信息,而且要为用户不可或缺的信息共享空间开放存取,任何人可以在任何时间和地点、不受经济状况影响、平等免费地获取和使用相关信息,这也是符合网络时代信息交流特点的一种全新的、高效的交流模式。

## 第四节 图书馆服务共享

进入网络时代以后,随着网络信息技术的快速发展,以百度、Google等为代表的互联网搜索引擎为人们提供了信息搜索的便捷方式,给图书馆的生存带来巨大挑战。针对这一情况,进行图书馆服务变革成为图书馆界的共识。其中,提倡图书馆服务共享就成为现代图书馆革新的一个重要思路。

### 一、服务共享的概念

服务共享,简单地说是指经营机构的一种共享机制。随着后工业化的服务经济快速发展,公司经营的利润获取也在发生变化。尤其是一些大公司为了节约成本，纷纷开始成立服务共享管理部门，主要用于处理重复性的日常事务，以最大幅度地提高效率。该种经营模式作为一个独立组织管理其资源；所提供的服务界定为服务共享产品；所承诺的服务符合服务水平协议书的要求；遵循统一的经营思想为整个组织的众多商业伙伴和客户提供服务。

从其概念的分析上我们可以看出，服务共享实际上是将分散在各个业务单元当中那些功能相同、流程相似的业务从原业务单元中剥离出来，并进行集中整合，组建共享服务中心，此共享服务中心以顾客（原业务单元）为导向，向顾客提供收费服务，并形成具有专业化的内部机构。它不仅有利于节约成本，而且是价值的再创造。

自21世纪以来，图书馆行业也逐渐将关注的重点从文献资源转向图书馆服务，一方面资源数字化引发读者到实体图书馆越来越少，另一方面更加关注读者的需求成为图书馆服务的共识。再加上海量信息的飞速产生，使得不少图书馆都开始思考如何准确地过滤和有效利用各种信息，提高各种信息资源的利用效率。在这种情况下，一些学者从企业经营的服务共享理念受到启发，倡导将这一方式引入图书馆行业，从而推动了图书馆服务共享的产生。

## 二、图书馆服务共享的基础

总体上来看，图书馆服务共享的提出是在新世纪信息技术快速发展，图书馆适应社会发展形势，重视用户服务的产物。细究起来，图书馆服务共享之所以可行，是因为它有以下基础。

### （一）Web2.0的时代背景

2004年，身为互联网先驱和O'Rilly公司副总裁DaleDougherty在一场头脑风暴论坛中提出了“Web2.0”这个概念，用来表示万维网发展过程中第二阶段的发展趋势。确切地说，Web2.0指的更多的则是基于万维网的第二代网络工具。这些工具可允许用户更多地合作、参与和交流。根据英国《观察家报》在2006年12月24日的报道，“我们已进入Web2.0时代，一个新的架构正在成形，它允许人们以革新的方式与彼此进行联系。由此便出现了博客和用户可上传和交流自己拍摄的录像的YouTube网站。像MySpace、Wikipedia、Skype、Hickr、Facebook、Second Life等参与性和辅助性网站的蜂拥而至都是这一趋势的体现。”此后，Web2.0这个概念被广泛传播，并迅速发展成一个深入人心的流行术语。这一时代有以下几个方面的特征。

第一，Web2.0让互联网进入了一个崭新的时代，其核心是互联网的服务让用户从受众变成参众，用户成了真正的上帝。在Web2.0模式下，用户可以不受时间和地域的限制分享各种观点，既可以得到自己需要的信息，也可以发布自己的观点。

第二，Web2.0更加注重交互性。不仅用户在发布内容过程中实现与网络服务器之间交互，而且也实现了同一网站不同用户之间的交互，以及不同网站之间信息的交互。

第三，Web2.0时代，信息在网络上不断积累，通过RSS等聚合技术，统一呈现在用户的终端上，不再分别去各个网站。

第四，开放的平台，活跃的用户。几乎所有的Web2.0平台都具有开放性，不仅对于用户来说是开放的，用户因为兴趣而保持比较高的忠诚度，他们会积极地参与其中，而且对于其他互联网网站也是开放的，更加有利于构建各类数据服务共享系统。

第五，出现大量以兴趣为聚合点的社群。在Web2.0模式下，对某个或者对某些问题感兴趣的群体可以有效聚集，并对这些话题进行深入讨论，自然而然地细分了市场。

就我国的社会现状来看，根据中国互联网络信息中心（CNNIC）发布的第43次《中国互联网络发展状况统计报告》统计显示，截至2018年12月，我国网民规模达8.29亿，互联网普及率为59.6%，预计2019年我国网民规模将达8.72亿，互联网普及率将超过60%。

互联网在我国的快速发展也使得Web2.0文化成为我国的一种文化现象。Web2.0文化融合了Web2.0模式下的用户分享平台开放、信息聚合等特点，并迅速融入现代社会文化中，为图书馆服务共享提供了思想引导。

### （二）以用户为中心的服务理念

作为以提供服务为中心而存在的组织，以服务为中心也就是以用户为中心。图书馆通过服务来实现用户与信息之间的双向交流。OCLC发布的《图书馆认知2010》中确认：现在已经没有人将图书馆门户作为查找信息的首选入口。面对这种困境，图书馆开始意识到信息资源建设和服务工作必须从过去“面向资源”到“面向技术”，并最终实现“面向用户”。一切以用户为中心，把用户对信息资源的需求和利用作为图书馆信息资源组织和建设的根本目的和主要评价标准。①

可以说，如何去实践和运用以用户为中心的服务理念这个信念，决定了图书馆管理和图书馆服务的发展方向、路线和结果，也说明新世纪图书馆行业对于读者权利的重视。随之而来的，很多图书馆开始尝试为读者提供个性化的服务：定制收藏、个人门户、学科专题文献推送、手机图书馆定制等，都为随之而来的图书馆2.0的起源和发展奠定了基础。

#### (三)服务手段和服务内容的多样化

如同之前我们所分析的，现代网络技术和信息技术的全面渗透，为图书馆服务手段的更新和服务内容的延伸奠定了技术基础，在信息技术和通信技术的支持下，现代图书馆的服务手段和服务内容呈现明显的多样化特征：讲座与培训、专题文化展览、在线咨询和交流服务，甚至是BBS、娱乐服务功能，读者利用文献的数据挖掘和分析、文化素质教育、定制复印，信息共享空间高校科研成果转化的引路、学科研究者的网络虚拟社区等都可以在现代图书馆服务中找到。这些服务有些已经远远超出了传统图书馆服务的范畴，意味着图书馆行业在新时期的探索，这些探索也为图书馆服务共享奠定了坚实基础。

### 三、图书馆服务共享的内容

在实践中，图书馆的服务共享主要是借由SOA架构的图书馆服务共享体系，通过相关书库标准和互操作标准，实现成员机构所需业务的互联互通，保障用户在各个成员机构能够享受通行的服务。其服务内容主要包括以下几个方面。

#### (一)传统图书馆服务

图书馆服务共享并不是对图书馆服务的完全变革，传统的图书馆服务依然有其存在的价值，因此也属于服务共享的内容，它具体包括以下几个方面的内容。

①郭海明．知识公共下的公共图书馆服务共享体系构建[J]．图书馆理论与实践，2009，(5)：72-76.

1.馆藏目录的共享

通过图书馆服务共享体系,用户可以获得服务共享的多个图书馆馆藏目录,图书馆编目人员也可以利用共享的书目信息快速完成工作,用户也可以通过目录在网上浏览、借阅相关书籍。

2.文献传递

对文献传递可按文献的形式进行分类,纸型文献可通过复印、邮寄、电传等形式进行共享;数字资源则可通过E-mail和建立文献传递专用服务器等方式共享。

3.馆际互借

用户可以利用统一规划的“一卡通”在服务平台内填写并提交馆际互借需求,也可以根据自己的地域,选择适宜的服务模式。

### (二)荐购图书

用户可以向其他用户推荐本馆已有图书,也可以在本馆的电子订单中向采编部推荐采购新书。这是图书馆馆藏资源建设的重要渠道,其方式有多种,往往开发专门的服务平台,将出版社和书商最新的书目信息进行推送,供读者按需推荐,馆员收到推荐信息后,查重后自动生成订单。

### (三)知识共享

第一,图书馆可以设计用户个人文档、共享文档等功能,以便用户向知识社区上传和共享自己的文档,通过共享服务阅读和下载其他用户的知识文档,也可以通过收藏文档功能将共享文档库中的有用资料建立起快捷访问方式,从而缩短获取知识的时间。

第二,图书馆可以设计读书笔记功能,让用户将自己的读书笔记共享给其他用户,实现知识共享。

第三,图书馆可以设计藏书架功能,让用户可以通过上传私人藏书目录并与其他人共享,从而达到图书交流的作用。

### (四)参考咨询

图书馆可以在网络上设置在线回答、评论、论坛、电子邮件等多种方式,与用户进行沟通,并为其提供多种形式的参考咨询服务。通过图书馆设计的各类交际平台,用户可以在线填写相关的咨询、建议或意见,并能及时得到在线馆员的答复或解决方案。

不同的图书馆也可以各自推荐自己的咨询馆员，与其他图书馆的咨询馆员一起组成用户参考咨询联盟，一起为用户提供各项咨询服务，还可以建立FAQ专家知识库，使学科专家参与咨询和图书馆联合咨询成为可能。

### （五）知识社区

图书馆知识社区构建于Web2.0技术之上，因为Web2.0的思想完全符合图书馆建设读者知识社区的目的，尤其是“以人为本”的思想。但是图书馆毕竟有自己的实际情况，根据读者的需求设计新的服务功能，可以尝试包括SNS、RSS的知识订制与阅读、文献资源收藏、图书交易等社区要素。

### （六）科技查新的服务共享

用户先填写查新委托书，提交相关资料，并可在系统查询委托查新项目的进度。不同的图书馆具有专业特色，其取得查新资质的方向也不同，服务共享后可以充分利用这些特色，开展更深入的服务。

### （七）开放式互动服务

图书馆可以设计“文献互助”“图书交易交换”和“协同写作”等功能实现图书馆知识社区的开放互动功能。其中，“文献互助”已经在“馆际互借”功能中得到体现，这里就不再赘述。“图书交易交换”主要是为不同文献资源的拥有者提供一个信息交互的平台，以便让读者在最短时间内获得自己想要的知识。“协同写作”则是基于SNS技术中的Wiki思想的服务，它为做共同研究的用户集体编辑写作同一文章提供的技术支持。协同写作保留历史编辑记录，可以追溯以前的版本，有利于研究团队的组织与管理，便于分工合作。图书交换功能是通过用户上传并共享可供交流的私人藏书信息，为用户间交流图书提供的一项服务，该服务也是弥补馆藏有限的一种措施。图书的交换功能则由用户在系统之外实施完成，充分利用私人藏书开展服务。

### （八）人际交流服务

图书馆服务共享并不是单纯的信息共享，也可以通过SNS的基本功能将现实的人际关系虚拟化，并重新构建社会人际关系。在具体实践中，图书馆可以在知识社区中设置“相册”“迷你博客”和“好友互访”等功能，帮助用户进行好友添加，为其提供交流的机会和平台。用户也可以好友为中心把各个单一的读者联系成一个人际关系网，基本每个读者与读者之间都是有联系的，自己可以根据自己的交友原则，迅速快捷地建立起知识社区的社交网络。

### （九）多样性知识源的聚合（RSS）

RSS是Really Simple Syndication或RDF（Resource Description Framework）Site Summary或Rich Site Summary的缩写，中文称为“简易信息聚合”，也叫“聚合内容”或“真正简单的内容聚合”。作为描述同步网站内容的格式，它是一种基于XML标准的Syndication技术和在互联网上被广泛采用的内容包装和投递协议。但由于不同的组织对于RSS技术的标准不一，RSS至今还没有一个统一的定义，也没有非常贴切的中文概念。

Web2.0的核心理念是用户体验。Web2.0时代互联网的本质是参与与分享。在Web2.0时代，人人都是网络资源的贡献者。面对海量的信息资源，Web2.0通过信息聚合技术，实现了网络服务模式由Web1.0时代的人找信息转变为信息找人。RSS就是一种典型的信息聚合技术。它的发布端是信息的提供方，即RSS源，是互联网上各类提供RSS订阅功能的网站。接收端即用户，用户可根据需要，订阅多个信息来源，并通过RSS阅读软件对多个信息源进行分类管理，快速构建个人信息门户。因此它也被命名为“知识源”，其基本模块为用户提供了如天气预报、移动便签、日程安排、书签等服务，模块中的知识源不仅可以由用户根据自己的需求从图书馆定制或自行添加，同时还可以将已经添加的知识源在知识社区中进行共享。当用户有明确的学习目的但没有确定的学习内容时，知识源的交换与共享可以帮助用户提高学习效率。目前大多数期刊都提供RSS信息推送，读者选用这种方式订阅期刊发文的最新情况，在第一时间获得专业信息。

### （十）联合开展阅读推广和其他主题活动

各成员馆可以联合开展主题书展、书评、新书通报、阅读辅导等读者阅读主题活动，开展学者讲座、文献利用培训、影视评价、书画展览等文化主题活动，持有服务共享“借阅证”的读者可免费参与。

# 第十一章 图书馆创新性管理与服务

## 第一节 图书馆管理服务现状

### 一、我国公共图书馆管理现状

#### （一）管理体制

目前，我国公共图书馆的管理体制是纵向垂直行政管理，以行政隶属关系为基础，按照图书馆的领导系统组合的多元管理体制。我国现在图书馆管理体制的形成大约经过了三个阶段：第一阶段是在20世纪三四十年代，以美国模式为主。第二阶段是新中国成立至改革开放前，以苏联模式为主，表现在图书馆管理体制上是介于集中与分散之间，偏向于集中管理的多元等级结构。第三阶段是从改革开放以来，虽然图书馆管理体制未发生明显变化，但由于我国经济体制的转轨，图书馆界为了适应新形势的需要，首先加强了图书馆的宏观管理，各系统先后成立了专门的机构管理本系统的图书馆。公共图书馆系统的管理机构是文化部社会文化图书馆司，其主要职责是管理全国公共图书馆系统，同时组织协调其他各专业系统图书馆工作，统筹图书馆教育和有关国际活动。其次是调整图书馆内部结构，20世纪80年代以来，随着图书馆工作的拓展和新技术在图书馆的应用，大部分公共图书馆先后调整了自己的组织机构，增设了计算机、复印、缩微、音像等现代技术服务部门。与此同时我国图书馆界对管理体制改革的探讨也得到进一步深化，学术界围绕集中与分散管理展开了长达十多年的争论，主要观点有两种：一种观点是主张加强集中管理，呼吁建立一个隶属国务院的国家行政管理机构来统管全国的图书馆事业；另一种观点是主张实行集中指导下的分散管理体制。

### （二）管理制度

新中国成立以来，特别是近20年来，虽然我国的法制建设取得了巨大的成就，各种制度的制定和创新比较多，但就图书馆事业而言，政府在对图书馆事业的制度制定和安排以及制度的创新方面一直存在着不足。而且这些规章制度颁布多年来一直没有修改，而这十几年来图书馆数量发展最快，社会对图书馆工作要求变化最大，这些规章中的许多内容都需要创新。

目前我国图书馆管理中"人治"的现象还比较严重，而"法治"则比较薄弱，领导个人因素在图书馆发展中起非常重要的作用。因此需要一些有效的制度、法规来加以保障和规范，真正用科学管理来替代个人的意志。

### （三）管理模式与方法

20世纪以来，图书馆因社会的需要而迅速发展，仅仅搜集图书已经远不能适应时代的要求了，同时图书馆的规模也日益庞大复杂，必须进行系统的组织与科学的管理，图书馆管理也逐步得到重视。在图书馆管理概念和方法逐渐进化的过程中，现代管理学在大型企业组织中得以成熟和发展，有些理论就逐渐被应用到图书馆的管理中。李华伟先生在其《现代化图书馆管理》一书中提出有三种管理学理论应用于图书馆管理中：图书馆结构的观点、图书馆人际关系的观点、图书馆政治运用的观点。从结构的观点是强调组织的重要性，视组织为有理性的系统，它的假设为：图书馆与其他组织一样，其设立和存在是为了要达到某种预定的目的；这个组织的结构及内部程序包括规划、沟通、决策、协调和控制，是受制于它的目的、规模大小、技术和环境；组织的行为基本上是理性的，它受组织的目的、规模、技术、环境和结构的影响远较组织中个人的需要为大。从人际关系的观点非常强调员工的个人需要，认为组织与员工的需要一致才能和谐互惠，它的假设为：组织的存在主要在满足员工的需要；每位员工都能重大影响组织的目的、目标和程序；员工以组织来满足个人需求；个人与组织需求的一致可使双方满足。从政治运用的观点重视以协调方式来处理组织内部的冲突，并能在分配有限资源时考虑权力影响，权力和冲突是其用来研究复杂机构非常重要的变量，它的假设为：机构中最重要的决策是如何分配有限的资源；决策是机构内部协调的结果；机构内的员工和部门具有不同的价值观；机构的目的是多样的，需不断协调。上述三种理论各有利弊,应根据情况做适当选择或综合运用。[①]

随着图书馆事业的不断发展,对图书馆管理的研究也日益受到重视。根据新中国成立以来图书馆管理的研究热点,图书馆管理模式大致可分为三个阶段:

第一个阶段约从新中国成立后至20世纪70年代末80年代初,这一阶段主要是传统的经验管理阶段。经验管理主要是依据管理者的经验和直觉进行管理。在这一时期馆藏文献量有限,图书馆的职能也尚不完全,馆员凭借经验就能完成管理活动。但随着图书馆职能的发展和文献量的增加,只凭借经验无法完成图书馆的管理工作,经验管理逐渐为新的管理模式所取代。

第二个阶段为20世纪80年代初至90年代中前期,这个阶段为科学管理阶段。科学管理的核心为用精确的科学方法来替代个人的经验和判断,它要求运用技术手段,用一定的标准来衡量所有可量化的工作。这一阶段又可细分为定额管理阶段和目标管理阶段。80年代中前期至中后期为定额管理阶段,此时由于国家经济、政治等均处于恢复和改革阶段,过于强调"经济杠杆"的作用,因而图书馆界普遍引入了"定额管理"。当时,北京图书馆(现国家图书馆)率先提出了《业务工作规范》,规定了业务工作量定额计分标准。定额管理的客观性和科学性有助于克服主观经验管理的缺陷,在当时起了一定积极作用。但随着改革的深入,定额管理暴露出自身的局限性,比如缺乏管理活力,孜孜以求工作的数量而忽略质量,硬性规定工作量的标准而忽略不同业务工作间的差别等,逐渐成为一种封闭、僵化的管理思想和模式。由此,目标管理渐被引入图书馆管理中。80年代后期至90年代中前期为目标管理阶段。图书馆的目标管理就是按照图书馆事业的发展规律,管理者与下属共同制定一定时期的目标,下属人员通过自我控制、自主管理等方式完成分目标,管理者通过目标考核来实现总体目标的一种科学管理方法。目标管理跳出了传统管理的框框,实行动态的目标管理,不仅有现实目标的层层分解落实,使人与目标完美结合,更有长远规划和未来发展的总体设计,并将自身的目标与社会的发展结合起来,从而摆脱了原来孤立封闭的状态,使图书馆与社会紧密有机地结合起来。与定额管理相比,目标管理更强调具体问题具体分析,目标的提出

---

①郑幸子.高校图书馆管理与服务创新[M].长春:吉林大学出版社,2018.

和确定是经过对各馆各个岗位精心的调研和周密的计划的。整个目标管理的过程强调人的作用,自始至终由全员参与,实现了人与目标的有机结合。由此可见,随着社会经济的发展,图书馆的管理亦将翻开新的篇章。

第三阶段自20世纪90年代中后期开始,知识管理又成为新的热点。目前对于知识管理还主要停留在理论的研究上,在实践中的运用实例还比较少。我国图书馆界对知识管理的研究大致集中在知识管理理论的研究、技术研究、策略研究、知识服务研究、人力资源管理等方面。

纵观我国图书馆管理理论的发展,尤其是改革开放40年以来,图书馆管理日渐成熟,表现为:由纯经验为主导的研究转变为理性与经验相结合,进而到理性为主导;由封闭式转变为主动性,进而到实现与国际先进水平同步。

## 二、我国公共图书馆管理水平

### (一)我国公共图书馆管理概况

新中国成立以后,特别是改革开放以来,图书馆,尤其是公共图书馆无论是作为社会主义精神文明建设的一部分,还是作为人民群众学习和文化教育的重要场所,正日益受到全社会的重视。随着国民经济的持续发展,各级政府在重视改善人民群众物质生活的同时,也重视改善人民群众的文化生活,中国的图书馆事业得以蓬勃发展,图书馆管理水平也不断提高。

首先,公共图书馆机构在数量上不断增加,办馆条件得到很大改善。公共图书馆除了继续收藏已有各种载体的文献外,对于视听文献等现代电子载体、磁介质载体文献的收藏也越来越重视,因此出现了在新增收藏量中书刊比重有所下降的现象。

其次,图书馆自动化、网络化、数字化建设取得较大进展。随着国家图书馆中文书目数据的电子化,特别是由深圳图书馆牵头的“图书馆自动化集成系统(ILAS)”的研制成功并广泛推广应用,全国大部分地市级以上的图书馆和一些县级图书馆实现了业务管理自动化。一大批公共图书馆开设了电子阅览室、多媒体阅览室等,馆内局域网、地区乃至全国的广域网被逐步建立和使用。许多图书馆建立了自己的网站,通过因特网为读者提供服务,网上虚拟参考服务逐步发展成熟。自动化、网络化技术的应用,为图书馆的文献资源共享提供了条件,开创了资源共建共享的新局面。如国家图书馆与北大图书馆、清华图书馆、中科院文献中心合作，现已实现网络互联、馆际互借、数据交换等。天津、沈阳、深圳等建立地区性联合编目中心实行统一采购、集中编目，并开始网上联机编目。国家图书馆的全国图书馆联合编目中心在全国范围内组织和管理图书馆联机联合编目工作，实现网上编目资源共享，降低成员馆及用户的编目成本，提高编目工作质量，避免书目数据资源的重复建设。通过网上信息传输，实现书目数据资源的共建共享。

再次，公共图书馆不断扩大开放、强化功能，突出特色，服务水平不断提高。公共图书馆的服务工作由封闭走向开放，由被动走向主动，由手工走向自动化，由浅层次走向深层次。各图书馆的服务工作一切从方便读者使用出发，如简化办证手续，扩大开架范围，延长开馆时间，举办各种培训、讲座，深化服务内容，提高服务质量，从而进一步提高了为读者服务的水平。

随着我国经济体制改革的深入，公共图书馆的改革自然而然地被提到日程上。公共图书馆改革的出发点和归宿，是提高为社会主义物质文明和精神文明建设服务的能力和水平，这也是图书馆存在的意义所在。目前，许多馆都在进行改革实践。例如，国家图书馆于1998年4月开始进行以机构改革为重心的管理体制改革和以人事制度、分配制度为重点的管理机制改革。由此建立了集中统一、办事高效、运转协调、行为规范的管理体制，实现了劳动力资源的合理配置和科学管理，形成了良好的竞争机制、激励机制，体现了多劳多得、优劳优得的原则，形成利益机制和自我发展机制。现在，国家图书馆作为文化体制改革的试点单位正在进行新一轮的改革，总的思想是以岗位聘任管理取代旧的人员管理模式，更合理地配置人力资源，提高管理效率。

随着社会经济的发展和全民族整体文化素质的提高，公共图书馆以其特有的手段和方式，为国家的政治、经济、文化等方面的决策，为企业、个人及其他社会组织的各项活动提供高质量、高效率的信息服务，公共图书馆在我国的社会发展中将占有不可替代的位置。

但是公共图书馆的管理还存在很多问题，并不完全适应社会主义市场经济的要求。

## (二)宏观状况

1.管理理念落后

长期以来,公共图书馆系统是由国家财政拨款维持,而且由于公共图书馆定位为公益性的文化事业单位,公共图书馆的管理者管理的主导思想普遍存在依赖性思想,坐等国家扶持,不主动寻求发展、寻求改革,满足于守摊子,过得去,只求稳定,别无他求。在社会主义市场经济体制下,这种管理理念极大地阻碍了图书馆事业的发展。李岚清同志曾指出:图书馆主要是公益性事业,但在社会主义市场经济体制下,适当的产业化经营不但是允许的也是必需的。因此,公共图书馆的管理者必须要考虑在公益性的前提下,图书馆要实现以社会效益为主,社会效益与经济效益的统一。

2.管理体制滞后

一个国家现有图书馆体制的形成与发展往往受到国家制度的影响。图书馆经过几百年的演变和发展,管理体制在20世纪已明显地形成几种具有代表性的体制,即德国式的分权管理体制,日本式的政府主导下的图书馆管理体制,苏联的金字塔式的高度集中制,美国的分散制管理体制等。

具体地说,德国的图书馆采用分权管理体制,国家对图书馆不实行集中管理,而是采取适度干预、调节和控制,各省管理行政事务,政府统一提供资金。

日本从政体上说至今仍是集中制,从经济体制上它属于政府主导下的市场经济模式,该体制表现在图书馆管理体制上则是政府干预力度较强的政府主导下的图书馆管理体制。日本的国家图书馆的管理体制仍是国会图书馆在各省、厅设立分部,各分部的员工属国会图书馆管理,馆长由国会图书馆任命,这种体制在资源共享、节约经费、提高图书馆利用率等方面具有明显的优势。

苏联的政治和经济体制均表现出高度集中的特点,因此其图书馆管理体制也呈现出金字塔式的高度集中制,图书馆体系的结构和主要政策都是由中央决定的,特别根据图书馆的类型或读者群组成了公共图书馆系统、科技图书馆系统和与各级教育机构相联系的图书馆系统,图书馆管理局全面协调各类型图书馆的工作,颁布各种图书馆工作条例等。

美国和西欧各国的公共图书馆采用的是总、分馆制,分馆隶属总馆,避免了在一个地区形成各图书馆藏书大而全、小而全的现象，减少资金、馆舍、藏书和人员等不必要的浪费。在图书馆管理体制上，美国是典型的分散制管理体制，系统的总构架、各类型规划的制订和管理体制都是多元的，分散的。美国尽管是一种分散型管理，但也并非没有宏观控制。事实上国会图书馆和情报技术委员会在很大程度上起着重要的协调、规划和促进作用。此外美国发达的信息产业和情报网络互相促进、互相制约，政府与私立系统互相竞争、相互牵制，联系十分紧密，再加上比较完善的图书馆及情报工作法律、法规使它分散多元的弊端通过政府的协调作用和相互间的共生相依的自然选择关系得到弥补，从而形成了一种条块结合、网状布局的体制。

其他如法国于1945年成立图书馆管理局，以保证全国的主要图书馆包括国家图书馆、大学图书馆、大型学术单位图书馆、市图书馆和县的主要外借图书馆之间的全面协作；英国由教育和科学部领导下的图书馆局协调国家图书馆和英国国家书目委员会的活动。

而我国现行的图书馆管理体制是在图书馆对主管机构的行政隶属关系上建立起来的，图书馆按系统行业归口管理，各个图书馆依附于所在系统的各级行政管理部门，从总体上讲，在全国范围内图书馆宏观调控机制不健全，不能很好地指导调控图书馆事业的发展，图书馆事业发展的战略性约束不足，缺乏统筹安排的能力。这种管理体制已成为制约我国图书馆事业发展的主要因素，它导致各系统图书馆发展自成体系，缺乏总体规划，在文献资源建设方面出现大量的重复和浪费，无法形成一个高效益、高效率的发展机体。

3.管理制度不足

首先，从国际上看，从1850年英国颁布世界上第一部图书馆法至今，已有60多个国家先后颁布了250多部图书馆法，包括公共图书馆法、国家图书馆法、国会图书馆法和学校图书馆法。这些法律无疑是保证图书馆事业在法制化的轨道上健康发展。

一直以来，公共图书馆系统乃至整个图书馆行业在管理上是“人治”为主，缺乏一些基本的行政法规与制度。虽然新中国成立以来，国务院和中央一些主要部委制定和发布了一些行政法规，但公共图书馆作为一项社会性事业，其活动涉及社会生活的各方面，这些相关的政策缺乏法律的强制性、协调性、权威性和社会的认可，因此建立整个社会对图书馆事业的综合性保障体系，特别是法律保障体系是十分重要的。

图书馆法可以加强对图书馆事业的宏观调控；促进实现图书馆网络化，实现资源共建共享；保障图书馆的经费来源；通过任职资格规定，提高图书馆的人员素质等。无法可依将是今后对公共图书馆的发展最大的制约。公共图书馆法律保障体系的建立，不仅保障公共图书馆事业的发展，也是公共图书馆管理体制改革的重要举措。我国公共图书馆事业发展的现状及相关政策法规的实施为图书馆立法提供了必要的前提，国外的立法实践则提供了有益的启示和成功的经验，因此，我们应该借鉴国外成功经验，结合我国国情，加快立法步伐，积极推进公共图书馆事业发展。

4.组织机构面临重组

图书馆传统组织结构是一个等级分明的金字塔的结构，是以职能为分工基础的，部门的设置是沿着文献管理的主线来展开的。随着事业的发展，部门设置越来越完善，管理层越来越多，分工越来越细，业务流程被人为地分解在各个部门之中。这种传统的采用按工作流程划分部门的方法对于提高图书馆员的专业化程度和工作的熟练程度确实起过很大的作用，但是一方面一项工作的完成往往需要各个部门的配合，而每个部门只是强调做好自己的工作，并不了解自己在整个工作程序中的作用，容易在各个部门间形成你我对立的情况，不利于横向沟通，由此造成工作程序增加，工作效率低下，应变能力差等弊端；另一方面也会造成图书馆员在取得有效地完成其任务所需要的技能以后产生厌倦和单调感，影响工作的效率和质量。因此，图书馆传统的组织结构有必要进行重组，以利于生存和发展。

5.用人体制不完善，管理人才匮乏

现代信息技术的发展日新月异，图书馆也在不断应用新技术以改善自己的管理、服务方式和手段。然而由于长期以来存在的薪金较低、社会地位不高、发展机会不大等问题，图书馆很难引进或留住掌握现代技术和信息管理理论方法的人才。另外，目前图书馆中的工作人员也面临着更新知识结构，掌握现代技术服务手段以适应图书馆事业的进一步发展的问题，亟待建立合理的培训机制。随着市场经济的建立完善和文化体制改革的逐步深入，公共图书馆应更关注人才队伍的建设，建立合理的人才配置和人才培养机制，确保员工素质的全面提高，以利于图书馆工作的开展。

**（三）微观状况**

就整个公共图书馆系统的管理水平来看，形势不容乐观。各地区公共图书馆发展更是不平衡的，有的地区发展速度较慢或缓慢，有的则发展较快。各地区公共图书馆发展水平不同，其中有经济发展水平、财政收入水平等客观情况的制约，但是主管部门不重视图书馆工作或重视不够、领导不力仍是重要原因，例如，中、西部地区公共图书馆的发展就相对较慢，而国家图书馆、上海图书馆和深圳图书馆等发展较快，其管理水平在国内也是处于领先地位的。

1.国家图书馆

国家图书馆是文化部直属的社会公益性事业单位，实行党委领导下的馆长负责制。作为国家重要的文化设施和国家文明程度的重要标志，一直以来，国家图书馆在提高全民文化科学素质和促进两个文明建设中发挥着重要作用。但随着改革开放和社会主义市场经济的发展，图书馆的发展越来越受到原有的计划经济体制下管理机制和运作模式的制约，已不能满足人们对文化信息日益增长的需求。主要存在的弊端有三点：一是管理思想陈旧。主要表现为重“藏”轻“用”，注重了国家总书库的职能，而忽视了为社会公众服务的任务，封闭、被动、单一的服务模式与瞬息万变的时代形成了强烈的反差，不仅浪费了丰富的文献资源，也使国家馆的职能得不到充分的发挥。二是管理体制落后。主要表现为管理体制受计划经济体制的影响，机构臃肿、职能交叉等。三是管理机制僵化。主要表现为权力过分集中，干部能上不能下，干好干坏一个样的“大锅饭”现象比较严重等。

近年来，国家图书馆为了生存和发展，也进行了一系列改革，确立了现代化图书馆相适应的管理体制，改变传统计划经济上的事业单位运行模式，适应社会主义市场经济的发展，建立一个充满生机与活力的管理机制的改革总目标。目前，国家图书馆的改革取得了一定成效。从管理体制上看，改变了集中管理的格局，明确职责，将用人权、分配权层层下放，形成责权利统一、分层负责的格局。其中职能部门定岗定编，实施合署办公，强化宏观管理，提倡一人多岗，一专多能，提高办事效率；业务部门按需设岗，业务经费承包，用人权下放，促进减员增效；后勤部门实行企业化管理，逐步走向服务社会化、管理企业化的道路。从人事制度上看，初步建立了干部能上能下,人员能进能出,工资能升能降的科学用人机制。在全馆范围内推行全员聘任、专业技术职务评聘分开、科级以上干部竞争上岗,同时实行干部轮岗制等。从分配制度上看,实行"一馆多制",部门享有高度分配自主权,体现多劳多得的利益机制和自我发展机制。目前作为文化体制改革的试点单位,国家图书馆正在进行岗位管理的改革尝试,其基本思想是"按需设岗、以岗定酬",这种管理方式无论在国内还是在国外都可算得上先进水平。通过改革,国家图书馆在管理方面迈上了一个新台阶,当然尚需完善和探索,继续把改革推向深入。

2.上海图书馆

上海图书馆的改革充分体现了强强联合的优势。体制上,上海图书馆与上海科学技术情报研究所合并,促进了图书馆管理向多功能化转变。硬件设施的极大改善,体制改革的实质性推进,以及新世纪、新馆所的双重效应都迫切要求图书馆管理的变革。上海馆认真总结"以科学管理方法决策和建设新馆"的经验,并进行了"以科学管理方法管理和发展新馆"的部署:首先,变革思维方式。新的思维落点为在管理方法上采用全员性的创意管理。在上海图书馆与上海科技情报研究所合并之际,加强全员创意管理,激发员工的创新性思维,塑造跨世纪的智慧形象。创意管理方法是根据人的创造能力、创造发明过程及其环境、创造主体的思维形式与结构等原理进行管理的一种方法,其内容是创意形态、倡议评估和实施运用等。创意管理方法的应用将有助于上海图书馆的不断完善。其次,根据实际情况,运用综合性的管理方法进行管理。上海馆面对新馆在硬件设施方面的改善、文献信息资源深层次的开发、研究力量的增加、文化功能的拓展、体制改革带来的组织和思想建设等问题,在管理上运用综合管理方法进行管理,在实践上取得了一定成效。如在新馆开馆前后,采用系统管理和协同管理方法,并综合运用目标管理方法,保证了新馆开馆初期工作的顺利过渡。在新馆布局和色彩方面又运用了空间管理、色彩管理等方法,创造了良好的阅读环境。另外,目标规划法、管理方格法、文化管理法、周期管理法、左右脑管理法等科学管理方法和相关方法均在上海馆发展中有综合的应用。依靠科学的管理思想和管理方法,上海馆正努力使图书馆管理方式由"物一人"的管理转变为"物一人一信息"的管理,从书本位的管理转变为人本位的管理,从单一指标管理到科学指标体系的管理,从传统的确定的时空边界的管理到现代的模糊的时空边界的管理，从传统图书馆管理到数字图书馆的管理等。这些理论和实践的探索为图书馆管理方式的进一步变革打下了基础。

3.深圳图书馆

深圳图书馆一方面坚持公益性事业单位的性质，另一方面积极适应、服务于市场经济，参与信息市场竞争，在市场竞争中发展图书馆信息产业。在管理思想上坚持人本主义的管理思想，推行全员聘用制、目标管理责任制、岗位责任制和岗位职级制，实行责权利统一原则。坚持“二谋”方针：谋深圳图书馆事业的发展，谋每位图书馆员工个人的发展，注重人才资源的开发。在管理方式上积极应用高新技术，在全国公共图书馆界率先推出图书馆自动化管理，拥有自主知识产权的图书馆自动化集成系统（ILAS）是文化部委托深圳图书馆开发的软件产品，经过十余年发展，ILAS已成为国内用户最多、实用性最强、入网性能优异的图书馆自动化系统。目前，深圳图书馆实行全方位开架，藏、借、阅三合一的管理体制，充分发挥馆藏文献的作用，并新建了多个信息服务和社会教育服务实体，积极为社会主义市场经济服务，取得了良好的社会效益和经济效益。

**（四）与发达国家公共图书馆的主要差距**

1.管理体制方面

发达国家公共图书馆系统基本实行总分馆制，业务经费统一管理，业务工作统筹安排，最大限度地避免了重复建设。分馆基本遍布各个社区，极大地方便了当地居民，发挥了图书馆的最大效用。有的国家各分馆按规模和区域各有分工，形成不同的馆藏和服务特色。而我国公共图书馆系统为行政管理，条块分割严重，造成了经费、资源的浪费，没有很好地发挥公共图书馆系统的效用。

2.服务意识方面

发达国家公共图书馆都力求为公众提供最好的服务，处处体现了“以人为本”的服务理念。大多数国家的公共图书馆系统实现了资源共享，建立起了高效便捷的读者服务体系，充分体现人性化的关怀服务和细致入微的便民服务。而我国公共图书馆在强化服务意识方面还有很长的路要走。

3.新技术应用方面

国外公共图书馆广泛应用计算机技术和自动化设施，很多实现了全国图书馆联网、通借通还等，并大量使用计算机等技术，为读者提供多媒体服务。而我国公共图书馆在新技术应用方面呈现不平衡态势，在经济发达地区大量采用新技术，而有的经济不发达地区还处于原始手工操作阶段。

4.用人机制方面

国外公共图书馆用人机制比较灵活，一般是按需设岗、按岗定人的管理制度，岗位和人员可根据需要随时增减。而我国公共图书馆由于长期计划经济体制的影响，用人机制比较僵化，人浮于事的现象比较严重，对于公共图书馆效用的发挥有一定的阻碍作用。目前我国文化体制改革的重点也在用人机制方面，希望创造一个良好的利于人才成长和流动的环境，这还有待今后时间的检验。

综上所述，我国公共图书馆无论是在管理理念、管理体制、管理制度、组织机构和用人制度等方面均不同程度地存在问题，尽管自20世纪80年代以来，公共图书馆界面对问题也在不停地研究和探索，但从整体看仍未达到理想状态，急需创新。

## 第二节 图书馆管理服务创新方向

管理是一个动态的、不断创新的过程。只有不断地创新才能使公共图书馆能适应不断发展的社会需要，并得以生存和发展。管理的创新就是在现有的管理理念、管理机制以及管理方法的基础上引进新的管理理念、机制和方法，使管理水平达到一个新的高度。

运用先进的、科学的管理方法创新公共图书馆的管理，可以更好地体现现代公共图书馆充分服务社会的功能，更好地体现公共图书馆在社会上的独特作用。公共图书馆管理创新的方向，首先是转变观念、创新管理体制，其次是创新管理制度，以及创新管理机制、管理方法等。

### 一、转变观念，加快公共图书馆的体制创新

我国公共图书馆由于长时间受“藏书楼”的传统观念的影响，一直以来，在管理思想上重藏轻用、重书轻人、重内轻外，这些传统的观念严重地束缚了图书馆的发展。思想指挥着人们的行为，图书馆要生存、要发展、

要创新,首先就必须更新思想观念。图书馆管理思想的创新是管理创新的先决条件。

### (一)管理思想的创新

1.管理思想创新的必要性

公共图书馆是社会生活的一部分,其管理理念不可避免地受到社会环境、经济环境等因素的影响,并随着环境的变化而发展变化。当前我们正处在信息化的环境中,现代信息技术飞速发展并被广泛应用于图书馆的方方面面,在这个大背景下,图书馆的工作手段、服务方式、技术设备等都面临着一场变革,并由此引发出传统理念与现代技术间的矛盾。

首先,现代化的信息技术为深层次地开发文献资源,满足读者需求提供了技术保障,但是传统的服务模式却阻碍着新技术的利用,使其不能得以充分发挥作用。其次,现代化的技术使图书馆的业务工作由手工转向自动化和规范化,然而传统的业务流程管理人为地降低了工作的质量和效率。再次,新技术为建设现代化的图书馆提供了物质条件,但滞后的管理理念使建设步伐迟缓。

社会环境的变化对公共图书馆的冲击是巨大的,与时俱进,加速实现公共图书馆的变革以适应时代发展的需要是图书馆生存和发展的必经之路。

2.管理思想创新的原则

管理思想的创新就是要更新陈旧过时的管理理念,用新的管理思想替代传统的管理思想,以适应时代的需要。要实现管理思想的创新,需要注意以下几个原则:

系统原则:即把整个图书馆的工作看成是相互关联的、相互补充的有机整体。管理实际上是一个实现目标的过程,系统原则就是要围绕这个既定目标,合理地配置图书馆系统的人、财、物,使图书馆系统健康、协调地运行,发挥其最大效能,以达到预期目标。

发展原则:即管理思想应随时代的发展而发展变化,与时俱进地适应外部环境的要求。随着社会的进步,图书馆要转变传统的封闭的观念,树立在时间、空间、服务内容以及服务方式上的全方位的开放观念。传统经验管理的思想与传统管理时代相适应,并起了一定积极的作用。然而知识经济时代,靠经验管理是不能充分发挥管理的效用的,甚至可以说,那种传统的管理思想是现代图书馆发展的桎梏。因而,管理思想要随外界环境的变化而变化,要不断深入研究新形势,总结新经验,从而获得与外界环境相适应的新的管理思想。

信息原则:即不断吸收新情况、新内容,丰富思想内涵。要重视新信息,不断掌握新信息并吸收它为己所用。要摒弃传统的闭关自守的思想,积极与外界沟通,逐步将图书馆融入到社会生活中。

效益原则:即注重社会效益和经济效益的有机结合。在计划经济体制下,图书馆"等、靠、要"思想严重。而市场经济体制下,社会效益和经济效益的统一是图书馆急需解决的问题。管理思想创新的最终目的就是要提高管理效率,获得两个效益的统一。

竞争原则:竞争是市场经济的产物。在社会主义市场经济体制下,竞争体现在社会的方方面面,"优胜劣汰"对于图书馆而言同样适用。在管理中如果没有竞争意识,就难于在市场经济体制的环境下生存和发展。

3.管理思想创新的方向

黄宗忠先生在《中国图书馆管理回顾与展望》一文中指出,从1979年至1989年图书馆管理思想观念的转变是图书馆管理发展的一个重要标志,它主要表现在以下几个方面:一是由封闭管理转变为开放管理;二是由以藏为主的管理转变为藏用兼顾的管理;三是由计划经济的依赖思想转变为市场经济的竞争思想;四是由单一的社会效益管理目标转变为经济效益与社会效益相结合的双重管理目标;五是由无偿服务转变为无偿服务与有偿服务相结合;六是由独馆经营转变为多馆合作。这说明我国图书馆的管理思想是随着社会的发展而不断进步的,而且自改革开放以来图书馆所取得的重大成就也是与持续不断的变革与创新管理观念分不开的。图书馆能否适应21世纪发展的需要,关键在于管理思想观念的创新。①

科学先进的管理思想不是凭空臆造,而应是结合图书馆实际和外界环境因素的影响状况的。因此,现代化的管理思想第一应树立一体化的观念,从分散、孤立、封闭向系统的、网络化的有机整体发展;第二是多元化,即从单一的文化功能向文化、教育、情报等多功能全方位发展;第三是树立正确的价值观,重视社会效益和经济效益的有机结合;第四是树立人才观,从单纯的使用人向构建合理的人才配置机制发展;第五是树立自我发

①陈三保.新形势下图书馆服务与创新[M].昆明:云南科技出版社,2018.

展观念，抛弃依赖心理，加强自身造血功能；第六是树立开放创新的观念，通过不断地管理创新、制度创新以及技术创新等，使图书馆事业不断地发展壮大；第七是树立科学决策观，加强法制建设，实施战略管理，以科学的管理促进图书馆的发展。

### （二）管理体制的创新

我国现行的图书馆管理体制是以行政隶属关系为基础的多元管理体制。目前，公共图书馆系统隶属于文化部管辖，包括国家图书馆和其他地方公共图书馆。其中，地方的公共图书馆作为独立机构还划归当地的文化厅、局领导，有独立的财权和人事权，并依靠财政拨款运行。每个公共图书馆都有一定的行政级别。而且由于各地政府机构的重视程度不同，同一层次的地方性图书馆可能在行政级别上还各有高低。这种垂直型的行政隶属管理，还造成公共图书馆的内部机构与上级行政机关一一对应，由此使公共图书馆内部职能机构设置不合理、不科学，办事效率低等现象比较严重。这样的管理体制的形成有它的历史背景，并在计划经济体制下发挥过它的作用，但显然它已经不适应现时代的要求，不适应公共图书馆的发展要求。

知识经济的全球化趋势以及网络技术的迅速发展，使整个社会正在向全球一体化方向发展，在这样的大环境中，公共图书馆也势必受到冲击和影响。未来的公共图书馆系统应该成为一个整体的、相互联系的社会信息保障体系，从而保障公众平等获取信息的权利。因此，面对未来一体化、开放性的状态，公共图书馆的管理也要不断扩展视野，努力规划和管理好图书馆，努力发掘和营造自身的优势，寻求自己应有的位置和发展空间。就目前的情况看，我们要建立一套与社会主义初级阶段相适应的完善的图书馆管理体制，首先需要改变公共图书馆多头分散的管理体制，从宏观上建立一个全国性的集中统一的管理机构，它确定公共图书馆系统的规划、布局、行为规范以及协调图书馆间、公共图书馆与其他行业间的关系，对整个公共图书馆系统实行宏观的管理和调控。建立统一协调、布局合理的管理体系，可以统一管理网络化信息资源建设、布局、共享及优势互补的总体规划和组织实施，并对整个公共图书馆系统合理配置信息资源，对其信息资源进行开发利用，进行统一协调管理，对自动化、网络化建设与发展等进行统一的规划与指导。改变我国目前这种各自为政、条块分隔、多重浪费和信息资源占有不均的状况与格局。但应注意集中管理不宜采取高度统一的模式,如果从经费、人员等方面过度集中会不利于调动地方与各馆的积极性。

近年来不少专家学者对此也做了不少研究,例如:谭祥金先生认为根据条块分割的现实,实行中央统一指导,地方宏观调控,图书馆实体管理的体制较好。周和平先生则提出了具体的模式:一是借鉴日本支部图书馆体制建立中央层的总馆分馆模式;二是建立协调机构,在省区一级要充分发挥省区馆的中心作用,在大城市和比较大的市可仿效欧美模式,市一级建总馆,区一级建分馆,街道建立支馆。当然创新并不是一蹴而就的,而是一个渐进的过程。结合目前的情况,对公共图书馆体制创新做如下设想:建立一个统一管理公共图书馆系统的管理机构,这个机构可以仿效美国国会图书馆那样,设在我国国家图书馆内,履行制定全国公共图书馆发展的战略规划、协调合作以及监督调控等职能。各个公共图书馆在这个管理机构的宏观领导下,还可以根据各自的情况,实行总、分馆制,建立总馆、分馆和社区图书馆等多级管理形式,并由总馆对下级馆实行集中管理。这样,对全国公共图书馆实行宏观指导下的分散管理模式,可以使我国公共图书馆事业逐步法律化、制度化、规范化。

总之,公共图书馆管理体制的创新首先应符合我国社会主义初级阶段的基本国情;其次要考虑以法律规范和政府政策为准绳,以服务读者为目的,以实现经济效益和社会效益的统一为导向,并能不断适应图书馆内外环境因素的变化。

## 二、合理配置管理制度

我国图书馆事业在很大程度上既缺乏强有力的宏观控制,又缺乏有效的微观指导。因此,管理制度的创新方向主要是要实现制度的合理配置,制定图书馆法的同时还要有与之相配套的规章制度,以保障和促进图书馆事业的发展。

### (一)建立健全图书馆法律保障体系,保障事业发展

法律保障在图书馆界可谓老生常谈了,图书馆法是使我国图书馆事业逐步走入法制化建设的良性发展轨道的必要保障。

1.建立法律保障体系的必要性

我国目前正处在社会主义市场经济体制改革的重要阶段。在这个过程中,经济和社会的发展都离不开法律的导引、推进、规范和保障。图书馆事业是我国社会主义文化事业中的重要组成部分,同样需要加强并健全法制建设。图书馆法可以很好地规范和管理图书馆的各项工作,并协调图书馆与外部社会的其他关系,是一个国家图书馆政策的具体化和规范化的表现。

我国图书馆事业在社会发展中所起到的重要作用,使我们有必要用图书馆法对图书馆事业进行调整和保护,使图书馆事业得到法律的明确规范、引导和保障,促进图书馆事业的发展,为我国的物质文明和精神文明建设服务。同时,我国图书馆事业现已达到的发展规模,尤其是图书馆事业改革和发展的成就与经验,使我们有可能对图书馆事业在影响我国社会发展的诸多因素中的地位有适当的分析,有把握图书馆事业的内在规律的可能,从而可以用法律的形式反映和确保图书馆事业的发展。

2.社会的进步为图书馆立法提供了契机

科学技术的迅速发展,特别是计算机等现代技术在图书馆领域的广泛运用,使图书馆工作进入了全新的发展阶段。此外,当今国际综合国力的竞争,很大程度上表现为科学技术的竞争和民族素质的竞争。在这种环境下图书馆将发挥新的更大范围的作用,图书馆的主要职能也将不再仅仅是拥有多少馆藏资源,而应是利用现代化的信息和网络技术,为公众提供大量的、实时的、多样的文献信息资源,满足公众的信息需求。当今社会,社会、经济、政治、文化等关系复杂、多变,经济的发展和科技的进步都离不开文献信息的传递、交流和利用,且都越来越依赖于高质量和高效率的文献信息的提供和咨询服务,这是保障决策科学化、理性化、民主化的必然要求。由此可见,现代科学技术的发展为图书馆的现代化创造了条件,而社会对文献的急剧膨胀的需求则是图书馆事业发展的内在动力。图书馆必须面对和接受新的信息技术和信息需求的挑战而走向现代化。

3.国内外有关图书馆的法规条例为我们提供了借鉴

自新中国成立以来,各类图书馆的行政主管部门根据不同时期党和政府的有关方针、政策,制定颁发了一系列关于图书馆工作的规章制度,其内容涉及图书馆工作的各个方面。其中最具代表性的有:《中小学图书馆

(室)规程(修订)》《中等专业学校图书馆规程》《省(自治区、市)图书馆工作条例》《普通高等学校图书馆规程(2002修订)》《国家工程技术图书馆章程》等。这些规程对我国三大系统所辖的图书馆工作做了明确规定。其中《省(自治区、市)图书馆工作条例》规定了公共图书馆的性质和主要任务:对藏书与目录、读者服务工作、研究辅导与协作、组织机构、工作人员、经费、馆舍与设备等方面都有规定。此外,还有一些法律法规中涉及了图书馆的相关规定,如《宪法》《中华人民共和国著作权法》等。这一系列条例和规章对图书馆工作的开展都起到了积极的促进作用,是具有一定法律意义的文件,它们构成了我国图书馆立法的法律基础。我们应根据国家的方针政策和当前我国图书馆事业发展的实际情况,把现在仍行之有效的一些图书馆政策和法律性文件进行系统的整理,并加以补充修改,使其科学合理的部分以法律的形式固定下来,继续指导图书馆的工作。

此外,国外发达国家的图书馆立法实践为我国的图书馆立法提供了可供参考的立法先例。各国对立法的程度、范围及要求虽不相同,但对立法的必要性有着大致相似的认识。只有立法才能确定图书馆的社会功能,并赋予图书馆以实现这些功能的条件。立法是国家对图书馆进行统一控制的手段,也是图书馆全面合作,并形成一个完善的国家图书馆系统的必要步骤。一个永久的、不断进步的国家图书馆服务系统只有通过立法才能达到。立法赋予图书馆以生存,还赋予其生存和适应未来变化的能力。世界上很多国家都很早就制定有关的图书馆法,据不完全统计,全世界约有110多个国家和地区制定了与图书馆相关的法律。

**(二)与时俱进,不断创新管理制度**

图书馆的规章制度是图书馆工作实践经验的总结和概括,其制定是根据当时当地的具体情况,但随着时间的推移,图书馆工作内容不断发展,人们的认识不断深化,其内容必定会有不适宜的地方,因此,在建立合理管理制度体系的基础上,还应该相应建立制度创新的机制,也就是根据客观情况的变化及时地检查规章制度,发现确有不合理的,就要及时调整,但要注意在调整过程中,掌握划分合理与不合理的制度、正确与不正确的制度的界限,最大限度地保持规章制度的稳定性,尽量减少和避免不必要的变动。

不断创新管理制度,才能保证图书馆规章制度的严密性、科学性和规范性，它是图书馆实现科学有效的管理的依据和准绳，也是整个图书馆工作正常而有序开展的有力保证。

## 三、建立高效系统的管理机制

### （一）建立集中与分散的决策机制

我国目前所处的市场经济体制要求经济活动遵循价值规律，适应供求的变化，通过价格杠杆和竞争机制，实现优胜劣汰，并运用市场对各种经济信号反映比较灵敏的特点，促进生产和需求的及时协调。在这种社会主义市场经济框架下，公共图书馆系统可以根据市场的需求、自身的经济能力等因素做出自己的决策。但是在强调自主决策的同时，还应建立起集中与分散相结合的决策机制，加强国家宏观调控。国家的宏观调控主要是指通过制定各种政策和法规，指导、调节、干预和规范图书馆事业的发展。只有建立了集中与分散的决策机制，才能充分发挥公共图书馆系统的整体效能。

### （二）建立以人为本的服务运行机制

谢拉曾指出服务是图书馆的基本宗旨。图书馆发展的最终目的就是要提供更好、更完善的服务，图书馆管理的效用也直接反映在服务的效益上。在我国公共图书馆服务中，重藏轻用、以书为本的原则可谓源远流长，而以人为本的理念在服务中长期未得到应有的重视，这显然背离了公共图书馆建立的初衷。普勒曾经为公共图书馆下过一个经典的定义，它也被作为现代公共图书馆的基本精神：公共图书馆是依据国家法律建立的，是受地方税收与自愿捐赠支持的，是被当作公共信念管理的，每一位维护这个城市的市民都有平等地享有它的参考与流通服务的权利。由此可见，服务之于图书馆的重要性，所以管理的创新首先应体现在创新服务上。

服务创新包括服务理念、服务内容、服务方式、服务手段等诸多方面。其一，要树立以人为本的服务理念，在读者服务中坚持人本原则，实现一切为读者的宗旨；其二，拓宽服务内容，延伸服务领域，全方位覆盖读者需求，力求做到当读者有信息需求时，首先会要求图书馆为其提供服务；其三，利用现代化的技术手段，为读者提供多样化、实时性、交互性的方便快捷的个性化信息服务。总之，服务要不断吸纳新知识、新技术，真正做到想读者所想，急读者所急，为读者提供周到满意的服务。

### (三)构建科学的人力资源管理机制

大部分公共图书馆由于受传统观念和体制的束缚,采用传统的行政事务式的人事管理方式,注重控制和管理人,主要体现一个“管”字,忽略了开发“人”这一宝贵而特殊的资源。因而在公共图书馆中,平均主义、铁饭碗等现象比较突出,极大限制并阻碍了个体潜能的发挥,人才匮乏、人员流失现象在公共图书馆系统普遍存在,极大地阻碍了图书馆的发展,为此人事管理亟待创新。

人力资源的开发与利用是人事管理创新的重要内容,同时也是图书馆管理创新得以实现的必要保证。人事管理的创新主要是向人力资源管理转变,包括人力资源的配置、人员培训、分配制度、绩效评估等方面。人力资源管理以人为核心,注重对人的关心和尊重,将人作为最重要的资源加以开发和利用,充分挖掘人员潜能,激发员工的积极性,做到及时发现人才、合理使用人才、充分利用人才。

### (四)合理运用竞争和激励机制

竞争和激励均为有效实施管理的重要手段,不仅利于提高工作效率,更有利于充分调动员工的积极性。通过竞争的手段可以提高员工的进取心并提高工作效率,但竞争的同时还要强调协调,强调分工与合作。激励是管理的另一种有效手段。图书馆管理激励的方式有很多,如物质激励、精神激励、目标激励、行为激励、知识激励和自我激励等。其目的都是为了引导员工的行为方式和价值观念,最大限度地调动和激发员工的积极性、主动性和创造性,使员工更主动地发挥自己的聪明才智,从而极大地提高管理效能。

### (五)推行严格的监督与考核机制

监督和考核机制对图书馆管理水平和效率起控制和检查的作用,因此建立监督和考核机制是图书馆管理走向理性和客观的重要保证。科学、公正、客观及全面的监督和考核,可以明确管理的效能与效率,管理者因此可以坚持正确的,调整不适宜的,改正错误的规划、方针、政策和决策。监督考核的方式有多种,如任期考核、年度考核或项目考核,结果一般可作为聘任、奖惩或薪金变动的依据。

## 四、实施再造工程，重组组织机构

再造工程源于20世纪90年代以来美国和其他工业发达国家的企业在管理上的重大变革，这次变革的核心思想就是“企业再造”。所谓企业再造工程，就是为了获得可以用诸如成本、质量、服务和速度等方面的业绩来进行衡量的优秀成就，对企业流程进行根本的再思考和彻底的再设计。在企业再造工程中，通过对企业价值观、组织机构、经营战略等进行相应的重构和整合，以此来促进对业务流程的再造，达到改善企业业绩，提升市场竞争力的目的。对于图书馆来说，再造工程就是指对业务工作、服务方式、发展方向直至整体定位等各项工作进行根本的再思考和彻底的再设计，提高图书馆管理的效率，以达到促进图书馆工作的目的。

图书馆传统的组织机构是以职能部门化和业务流程部门化为基本原则进行设计的直线形组织结构，而且随着事业的发展，部门分工越来越细，管理层次也变得越来越多，这种结构人为地限制了图书馆管理层与业务层之间的交流，阻碍了信息流通和员工参与决策的过程。因此，图书馆要实行有效的管理，最大限度地发挥管理的作用，组织机构的创新是必不可少的。组织机构创新的方向是对最基本的管理工作与核心业务工作流程进行脱胎换骨地重新设计，以期在成本、品质、服务和速度等方面得到显著的增长。为了适应现代图书馆内外环境的变化，提高图书馆的应变能力，图书馆应相应减少管理层，精简机构，向扁平化发展，这样可以使组织信息流通渠道通畅，协调简单，对外部环境的变化有很强的应变力。对于业务流程的重组，则需要根据工作内容重新设计，并将新技术应用于业务工作中，重新调整业务工作流程，打破以文献为基础设置的业务机构和部门，将分散的业务流程重新组合，增强业务工作的完整性，强调以用户的需求为中心的服务，从而建立一套能根据用户需求变化及时调整业务工作流程的科学的组织机构，以适应时代的发展需要。结合图书馆现有的组织机构模式，提出如下两种组织机构模式设想：

第一种是通过减少图书馆管理层次，使组织扁平化，从而提高管理效率的核心管理模式。这种管理模式就是图书馆只保留核心的管理职能和服务功能，其他的一些基础工作可以采用业务外包、委托服务等灵活的方式开展工作。这种模式组织结构精简，能很好地突出自己的核心功能，增强了对外部环境的应变力，但存在的最大问题是对非核心的工作缺乏有效的控制。

第二种是根据核心用户的不同类型，按学科将图书馆划分为不同部门的学科型管理模式。每个学科管理部门将传统的职能部门的管理职责和基础业务工作整合为一体，实行部门负责人制。该模式把管理权下放到部门，对部门的管理者提出了相当高的要求。该模式的优点在于使管理工作由粗放型的管理模式转向了集约型的管理模式，管理更细化，知识含量更高。该模式的缺点在于不便于集中统一地管理，因而缺乏整体效果。

通过实施再造工程，重组组织机构，图书馆可以为广大读者提供更良好的阅读环境，提升服务质量和水平；可以加强馆员与读者之间的双向沟通和互动；可以实行全方位的开放，提供更高品质、专业的信息服务，不断提升信息服务的附加价值。实施再造工程的目的也就在于提高图书馆管理效能和提升图书馆的竞争力。

## 五、管理方法的创新

管理方法与管理体制是密不可分的，体制的变革必然使管理方法随之改变。传统图书馆的管理方法以经验管理为主，一是凭单位的经验管理，几十年一成不变；二是凭领导个人的经验管理，具有很强的主观性；三是凭馆员的个人经验，随意性、变化性很大。这种落后的管理方法比较保守，随意性和局限性也较大。近年来，随着经济和社会的不断发展，对图书馆管理方法的研究也日益加强，图书馆界自改革开放以来对管理方法的研究主要涉及了以下三大类：以物流、信息流为主体的研究方法，包括定额管理、目标管理、量化管理、信息管理和知识管理等；以人为主要对象的管理方法，包括人本管理、能本管理、人力资源管理、生涯管理、顾客满意度管理（CS管理）等；其他综合的管理方法，包括战略管理、全面质量管理、集成管理、系统管理等。对这些管理方法的研究和应用，突破了传统的经验管理，取得了良好的效果，极大地提高了管理水平。但是，在管理中应注意现时代的管理首先应是开放性的，不能仅仅局限于自己已有的经验进行封闭的管理，要广泛吸收和利用现代管理的理论和方法不断地完善自己；其次，现代的管理应该是法制型的，即要通过法律、法规来管理，做到有法可依、依法办事，消除管理的个人意志和随意性，保证管理的客观性和规范性。

## 六、以信息技术作为图书馆管理创新的技术保障

当前，信息技术已经成为影响人类文明进程的第四种技术，相对于狩猎技术、农业技术和工业技术来说，信息技术对人类社会的冲击更猛、革命性更强、发展速度更快。

就图书馆管理创新而言，信息技术的作用是不容低估的。信息技术指对各种类型的信息进行收集、加工、存储、转换、传播和利用的以计算机、通信和网络技术为基础的一系列技术的总和。随着信息技术的迅猛发展，图书馆将会突破时间、空间的局限，朝着虚拟的、网络的数字图书馆演进。图书馆收藏的文献信息都将成为数字化的数据，用户可以不受时间、地点的限制，方便地获取所需信息，未来图书馆在一定意义上可以被称为“没有围墙”“没有国界”的图书馆。信息技术不仅可以提高图书馆吸收、利用知识和信息的能力，从而提升图书馆的综合实力，而且与馆藏开发利用程度以及为用户提供服务的质量和水平密切相关。可以说，在图书馆中实现知识增值，开展电子存取和开发利用网络信息的过程中，信息技术都是不可或缺的手段。信息技术既是影响图书馆管理创新内容的重要因素，又为图书馆管理创新提供了有力的技术保障。

## 七、我国公共图书馆管理创新的方法

### （一）实施知识管理，构建学习型图书馆

1.图书馆知识管理的内涵

知识管理的理念与实践源于20世纪80年代，最初应用于企业管理中，并在企业中得到成功运作。知识管理的出现既是社会经济和技术发展的产物，又受到企业和机构内需求的驱动。随着对知识管理的研究与应用，知识管理逐渐为社会各行各业所研究和借鉴，日益发展为一种知识社会的管理思想。由于知识和知识管理与图书馆间的天然联系，知识管理的理论一经出现，立即引起了图书馆界的广泛关注和反响。近年来，有关知识管理的论述在图书馆学术刊物上占了很大篇幅，研究内容涉及基础理论、技术研究、策略或措施研究以及应用研究等各个方面。知识管理的理念也正逐渐被引入并运用于图书馆的管理中。

（1）知识管理的概念

就目前的研究情况看，对知识管理的定义还没有形成统一的认识，存

在多种观点。但基本上认为知识管理是对知识进行管理以及对与知识有关的各种资源和无形资产的管理。柯平先生认为图书馆知识管理就是运用知识管理的理论与方法，进行图书馆业务、财务、人事等各方面的管理，它是图书馆管理的一个新领域。广义的图书馆知识管理既包括对图书馆馆藏知识资源的组织与管理，又包括运用图书馆的集体智慧开展业务活动，提高图书馆创新能力和可持续发展能力的图书馆管理。

图书馆知识管理的主要特征有：相互信任，即指领导与馆员、馆员之间以及馆员与用户间的相互信任关系，双方应充分考虑彼此的利益，共享知识，这是图书馆实施知识管理的基础。开放式交流，即指利用各种方式进行知识的交流与共享。互动式学习，即指构建学习平台，以利于馆员或用户随时接受相互间的知识与信息。共享知识，即指建立知识库以实现知识共享，人人都有义务推进图书馆知识库的良好运作等。

(2)运用知识管理的必要性

20世纪90年代以来，知识经济的产生与发展，给人类社会带来了巨大的影响，深刻地改变着传统的生产、经济乃至人们的生活。知识不仅成为当今最重要的资源，亦成为基本的生产要素。在此背景下，图书馆能否在管理知识和运用知识上发挥作用，是图书馆生存和发展所面临的一个非常重要的现实问题。此外，信息技术以及网络的产生也不断影响和改变着图书馆，特别是网络技术的普及对图书馆的冲击更大，图书馆面临着管理与服务方式、服务内容的改变。应用知识管理的理论和方法，提高信息资源的存取性和可获取性，提高图书馆服务的个性化和效益，以及最大限度地使知识增值，也是图书馆要发挥其社会作用所面临的重要任务。

图书馆应用知识管理更是图书馆管理创新的需要。山东省委党校韩莉从知识经济的角度出发阐述了图书馆引入知识管理的必要：知识经济要求劳动者有创新能力；知识经济时代的图书馆要求发展智业，而智业需要知识管理；生产力与生产关系的辩证关系要求图书馆管理改革选择知识管理等。

(3)图书馆知识管理的原则

科学性原则：在应用新理论、新方法时，不能一概而论，认为凡是新的就采用，旧的就摒弃，要采取实事求是的科学态度，具体问题具体分析，选择最适当的应用于图书馆管理实践中，并不断根据实践情况做出适宜的调整。

开放性原则:开放性原则是指图书馆管理不能仅局限于孤立、封闭的体系中,应积极吸收和利用外部知识,不断丰富自己的内涵,建立一个开放的管理平台。

共享性原则:知识的转让并不会给各成员馆造成任何损失,反而会使各成员馆的知识资源成倍增长。知识共享是一个过程,在知识转化过程中可以使各成员馆获得新的知识以及深化自己原有的知识。因此管理中应努力确立共享观念,拓展共享渠道,促进信息更自由广泛地流通。

协作性原则:资源的共享使得成员间的协作变得非常重要。

互动性原则:互动指用户和图书馆间的互动,即用户参与知识开发。图书馆应搭建一个学习平台,使用户和图书馆间可以随时方便快捷地传递知识和信息资源。

个性化原则:个性化也即针对性,它是指由于不同用户对知识需求的不同或不同的用户对同一知识服务因个体对知识需求的不同从而导致服务行为、服务过程的差异,因此在知识管理过程中必须对个性化需求加以重视和考虑,努力满足用户的个性化需求。

多样性原则:知识的迅猛增长以及日益增多的信息获取途径,使人们对图书馆的需求发生了极大的变化,以提供简单的文献为主的传统的服务内容和方式,显然不能满足人们日益增长的对知识的需求。因此,知识管理过程中注重个性化的同时,也要注重多样性。图书馆要适应社会发展,为各种不同层次读者提供各种不同层次的服务,满足用户多样化的需求。

增值性原则:对知识资源进行深层次的加工,提高对资源的开发能力,发掘资源的潜在价值,为用户提供增值服务。

创新性原则:图书馆应本着创新的原则来构建知识管理的理论和方法,不断吸收新理论、新观点,从而体现图书馆的创新精神和成长能力。

激励性原则:建立完善的绩效评估和奖惩机制,针对不同的人或事采用不同的激励方式,形成促进业务工作和人才成长的良性循环,从而提高管理效率和工作效率。

2.知识管理的措施与方法

(1)实现人本管理

传统图书馆的管理活动有着古代藏书楼的深刻烙印,重藏轻用,所有工作均围绕藏书进行，主要以收藏为主。时至今日，评判图书馆的优劣仍停留在馆舍、藏书量等内容上。虽然大部分公共图书馆也采用了开架阅览等开放措施以方便读者阅览，但是以藏书为本的性质并没有得以真正的改变。在知识经济时代，能否对知识和信息资源进行有效地管理和开发利用，已成为图书馆生存和发展的关键。顺应时代发展，转变传统观念，实施人本管理是大势所趋。

人本管理也即以人为本，主要强调对人的引导和激励，重视发挥人的积极性和创造性，从而增强组织的活力。在这里人是最重要的资源，是一切管理工作的核心。人本管理属于柔性管理，侧重用柔性、非强制性手段去激发人和调动人，凝聚集体的意志和力量以实现组织目标。在图书馆管理中，“以人为本”应该包括读者和馆员两个方面，在我们的观念和实践创新中，读者和馆员二者是并重的。几乎每个公共图书馆都把“读者第一”放在首位，认为这就是人本管理的具体体现，然而这种人本管理却是片面的，它只注重了服务客体“读者”，而忽视了服务主体“馆员”，这实际是一个问题的两个方面，缺少任何一个方面都是不完整的。在现时代，图书馆除应继续关注读者需求外，还须充分调动馆员的主动性、积极性和创造性，以实现全面完整的人本管理。

图书馆管理重心由以书为本向以人为本转移，势必会使图书馆的业务工作随之发生变化，从而形成适应时代发展的新的管理模式，推动图书馆现代化的进程。

(2)建立支持知识管理的组织模式

管理需要通过组织机构来发挥它的作用，组织机构是图书馆管理活动有序化的必要支撑。传统图书馆的组织模式典型的是垂直型等级管理，一般由馆长、管理层和从事基础业务工作的员工三个等级组成。管理实行的是从上到下的纵向直线管理。而知识管理是一种以人为中心，以信息为基础，以知识创新为目标的管理方式，它把知识作为最重要的资源，并在管理过程中最大限度地掌握和利用知识，实现知识共享。传统图书馆的组织方式由于是严格的等级组织模式，组织结构比较僵化，不适于知识管理的要求。应用知识管理方式，则图书馆的组织结构必须进行改革和重组，调整、合并组织机构，变垂直型等级结构为横向扁平型结构，以增强横向联系，实现水平管理。扁平型结构的优势在于减少了知识流通环节，实现知识、信息的快速准确的传递。由此通过对组织机构的优化，使图书馆建立一套适应外界环境变化的、灵活的、动态的运行机制，从而达到支持实施知识管理的目的。

(3)建立知识共享机制

知识管理的核心是“知识+创新”，其最终目标是通过不断创新来提高图书馆的适应性。从图书馆的管理者角度来看，建立知识共享机制，使每个员工既是知识的提供者又是知识的利用者，从而在工作中不断学习和成长，这也是知识管理目标得以实现的基础。图书馆管理者要鼓励员工积极参与集体知识的共享，鼓励员工与他人分享自己的知识，使个体知识及时转变为群体知识，毕竟人的创造力和人的作用是图书馆生存与发展的重要因素。

(4)营造知识管理的文化氛围

知识管理的引入势必要求图书馆建立一种新的文化氛围，即知识共享文化。知识共享文化就是要建立一个良好的氛围、一个开放的便于交流的平台、一个互动式的学习环境，以减少知识流通中的中间环节、消除知识交流中的障碍，从而促进知识的交流与共享。总之，要充分发挥知识之于图书馆的作用，就必须营造适合其需求的图书馆文化，这是对图书馆实现知识管理的高层次要求。

3.创建学习型图书馆

图书馆管理中应用知识管理是为了创建一个良好的环境，建立一个开放的知识平台，消除知识交流过程中的障碍，实现知识的自由交流，以促进知识的流动和共享，从而更好地利用知识创造价值。知识管理的实质就是通过管理创新充分发掘和利用知识资源，增强图书馆对外界环境快速变化的反应能力和应变能力，增强图书馆的竞争优势。知识管理为图书馆管理注入了新的血液，它同时也要求营造一种环境、一种风气、一种价值取向，这种价值取向支持和鼓励员工人人学习、终身学习，并在学习的基础上不断创新，不断为组织增加和累积知识财富。

把图书馆办成一个学习型的图书馆这种思路来源于20世纪中后期国际上盛行的学习社会。学习型图书馆的内涵就是从组织到个人，从整体到部门，处处弥漫着不断学习的气氛。就个人而言，工作过程就是学习过程，无论工作中的哪一阶段或哪一时期都伴随着学习，即每个人都需要进行全程学习。就组织而言,开展学习与开展工作没有界线,不开展学习就难以开展工作。组织的各个层面都全心投入学习,尤其是高层更应重视学习。开展学习成为组织的理念和精神,它在注重个体智力开发的同时,更注重集体智力开发,强调组织整体创新能力的提高。学习型图书馆的工作者们有着一个共同的愿望,就是实现自我卓越追求,让个人价值与图书馆的目标合二为一,这一愿望源于个人追求的目标,又高于个人的追求,是个人与图书馆价值观与使命感的体现,这个共同愿望不是图书馆决策者的个人意志也不是高层面通过行政手段下达的工作方案,它是个人理想与图书馆思想交流融合的产物,个人与图书馆荣辱与共,图书馆向个人提供学习机制和动力,图书馆支持个人充分发展,个人通过不断学习使个人理想与图书馆目标更加和谐一致,并通过努力工作回报图书馆。

图书馆知识管理的目的是为了实现知识创新,使图书馆能适应环境的变化而生存和发展。如果说以个人为基础的学习和创新是知识共享中的基本形式,那么建立学习型图书馆则是知识共享的最高形式。学习型图书馆就是通过培养整个组织的学习氛围,充分发挥馆员的创造性思维能力,从而建立具有有机的、高弹性的、人性化的、可持续发展的图书馆。它不仅能获取知识和信息,同时高度注重人们的心灵,让每一个员工的个人价值得以充分体现,大大增强了图书馆的创新能力。在这种氛围中,馆员不断学习,不断突破自己,相互融洽,为努力实现共同的目标而协调地工作,通过学习和工作,人们重新认识自我,不断发掘自己的潜能,不断促进知识创新,从而推动图书馆的发展。

学习型图书馆强调“学习”“激励”,激励员工不断学习,在学习中更聪明地工作,真正成为图书馆不断发展的生命力的源泉。

### (二)改革用人制度,合理开发人力资源

1.人事管理向人力资源管理转变

在我国,长期的计划经济体制的惯性,使图书馆中人治管理居主导地位,缺乏科学的管理机制和有效的监督机制,在用人上往往是领导说了算,并不考虑图书馆工作的实际需要。因此,我国公共图书馆系统普遍存在人员比例失调的问题,包括学历结构、专业结构、职称结构、年龄结构和性别结构等的失调,由此引出了图书馆整体素质、图书馆服务水平、图书馆管理水平等的问题。要提高服务水平、管理水平,改革用人制度是必须

而且迫切的。首先,应改革管理制度,图书馆不应是无法胜任其他工作或需要照顾种种关系的人员的安置场所,在人员配置上,应根据实际工作需要引进专业人员。其次,图书馆内部对人力资源进行科学合理的管理和开发。

一般认为人力资源管理的发展源于传统的人事管理,又在某种程度上取代了人事管理,这种取代反映了对人的管理的理念和实践的变化。传统的人事管理倾向于人事控制,其内容包括选拔录用、考核奖惩、调配任免、工资福利等对工作人员和人事工作进行决策、组织、协调、计划、监督、控制等方面的管理活动。而人力资源管理倾向于把人与组织目标结合起来综合考虑,将人力与组织融合,最大限度地开发人力的潜能以支持组织目标的实现,注重对人的开发利用。把人力资源管理看作是替代人事管理的新名词无疑是片面和狭隘的,二者存在着本质的差别:人事管理是封闭的、控制的、行政管理型的,而人力资源管理是开放的、开发的、战略管理型的。人力资源管理的出现标志着传统人事管理性质的根本变革,人事管理转变为人力资源管理说明了对人的管理的重要性的认识在日益增强。

我国公共图书馆的人事制度是建立在传统计划经济基础上的,随着迈入知识经济时代,作为人力资源管理核心的人的管理的创新是实现图书馆管理工作创新的重要内容,因此在公共图书馆中引入人力资源管理是必需的也是必然的。图书馆的人力资源管理简单说就是在图书馆中运用科学的理论和方法,协调和控制人与人、人与事的关系,充分挖掘人的潜能,使人尽其才、事得其人、人事相宜,以实现组织目标的过程,它包括人力资源的获取、整合、协调、控制和激励等方面。图书馆的人力资源管理注重人的心理与行为特征,将人作为最重要的资源,强调对人的开发利用,以达到人事相宜。

人力资源的合理使用应建立在科学的用人机制上,只有把人的积极性和创造性充分调动起来,才能切实形成人力资源的增值效应。

2.建立全方位的人才培养体系

在人力资源管理中,引进人、使用人和培养人这三个环节环环相扣,其中培养人又是三者之中的重中之重。建立切实有效的培养体系,对图书馆员进行既符合现代图书馆的需求又符合个人需要的培训,在开发人员潜在能力和建立智力竞争方面有不可替代的作用。设计从形式到内容不断更新和发展,具有实效性及个性化的人才培养体系,是提高人员素质、解决人才问题的有效方式。

(1)建立科学的培养体系的原则

科学的人才培养体系可使图书馆开展的以员工更新知识结构、提高工作绩效为基础的培训,和以培养适应图书馆信息化管理的高级管理和专业人才为目标的人才培养工作走上规律性和良性循环的轨道,不断为图书馆提供所需人才。

培养与需求的一致性:决定人才培养的首要因素是需求,只有在明确需要培养什么以及培养所应达到的目的后,才能决定培养的内容和方式。培训与需求的一致性,是人才培养的首要内容。因此,掌握员工的文化知识水平及专业知识水平,确定相应的岗位和岗位职责,划分岗位级次是明确培训需求的基础。

培养个体与整体的统一性:培养的主要目的之一是为了优化人才结构,加大人才开发的广度、深度和针对性,为本馆做好必要的人才储备。在提高员工的知识、技能和管理水平等能力的同时,要考虑单位的整体需求,根据专业共性问题以工作部门为单位的集中培训,和与个人专业岗位、研究方向相结合的特殊培养,是图书馆人才培养的两种基本形式。因此培训不应是个体随意性的活动,而应根据整体的发展统一规划,注重个体与整体的统一。

培养的时效性与连续性:人才培养一方面要考虑现实需求,注重时效性,另一方面还要考虑长远需求,保证人才使用上的连续性。适时的、有针对性的培训可产生最佳的效果,起到事半功倍的作用。例如,举办专业系列讲座,短缺专业及重点专业人才的重点培养等。实现时效性与连续性的统一,才能真正起到优化人才结构的作用,从而有效地推动图书馆的工作。

培养的激励机制:适当的激励机制可提高员工参加培训的积极性,有利于提高培训的效果,但应注意激励的整体利益,坚持公正原则。激励要不断创新以满足个人和集体的要求,以继续教育成绩为标准之一的职务聘任和经济奖励是促进学习的重要手段。

建立合理的培养评估体系:培训在技能、知识、行为、观念等方面应达到的标准要明确并尽可能量化,以利于评估的进行。合理的评估体系可以为管理者提供人才培养体系效能的有价值的参考，从而提高人才培养的质量，加快培养对象水平提高的速度，达到培养的预期目的。

(2)设计多样化的培养形式

“在适当的时间，对适当的人，以适当的形式，进行适当的培养”是设计人才培养形式的四要素。人才培养形式应力求多样性、完整性及独立性，因此，采取有针对性的培养形式是降低人才培养投资、加快人才成长速度的条件。

根据图书馆人员特点及岗位需要，将培养对象划分为四种类型：普通业务型、业务骨干型、学科专家型和综合管理型。

普通业务型系指图书馆业务岗位的工作人员，他们主要从事基础业务工作。对他们的培养主要集中在专业技术能力上，包括图书馆学及相关专业知识、计算机应用技术等基本知识和技能。

业务骨干型系指具备某一学科知识背景及图书馆学专业知识的人员，他们在工作中能独当一面。对他们的培养主要集中在拓宽知识领域，深化专业知识的层面。

学科专家型系指图书馆及相关专业领域有一定研究成果和工作业绩的人员，他们是图书馆专业技术领域的学术带头人。对他们的培养主要是通过学术交流，得以及时了解掌握国内外本专业发展动态，并走上本专业研究领域的制高点。

综合管理型系指图书馆行政管理岗位或业务管理岗位的管理人员，他们要具备现代信息管理知识和综合管理能力。对他们的培养主要为提高管理水平，加深专业知识。

以上四种类型人员各有不同的培养需求，图书馆应根据各类人员特点在其共性的基础上侧重选择与之对应的培训：

多层次的岗前培训。岗前培训的主要对象是新进馆人员。其目的是使新员工迅速适应新环境，胜任新工作。岗前培训一般分为两个阶段：第一阶段为入馆教育培训，通过举办入馆教育培训班，聘请专家和资深馆员做馆史、馆风、规章制度、机构设置、馆藏情况和职业道德等方面的授课；第二阶段为部门内部上岗前的岗位基础知识培训，主要通过本部门举办的业务培训班或部门指派的导师进行业务“传、帮、带”，内容包括部门的整体情况、基本工作程序、熟悉工作环境、部门在馆里的作用等，使之掌握本岗位基本的工作方法和技能，以胜任岗位工作。

全方位的岗位培训。岗位培训的主要对象是已基本掌握本岗位知识技能并能熟练完成岗位工作的人员。其主要目的是进行知识的完整性和系统性的教育，重点是强化对专业基础知识的提高，有的放矢地进行知识的更新。岗位培训主要分为专业知识培训和职务培训两个层面。其中，专业知识培训，即根据各岗位需要，采取定期或不定期等形式，教授本岗位专业知识以及图书馆学、情报学知识，不断充实和提高图书馆员的业务知识和专业技能，以达到不断完善和提高图书馆员个人素质的目的。职务培训，即对管理干部定期举办管理知识培训和图书馆基础业务知识培训，提高管理干部的管理能力和业务能力，造就一批既懂业务又有管理能力的“复合型”管理人才。

多元化的全员培训。全员培训的对象是全馆人员。目的是为了适应新知识、新技术不断出现而引发的知识老化、周期缩短的新趋势，造就出既掌握图书馆专业知识，又熟悉新兴信息技术的全方位图书馆员，从而能充分利用高新技术，拓展服务方式，提高服务质量。全员培训主要内容和形式为：外语知识培训。当今的世界是开放和联系的世界，外语是我们认识和了解世界，与世界交流的重要工具。具有一定的外语的阅读翻译和分析综合能力，才能为读者提供国外相关学科发展的研究动态，使国外先进的科学技术能更好地为我国现代化建设服务。培训形式主要采用外聘教师或由馆内外语专业人才以授课、讲座或交谈等为主的形式，组织业务骨干和外语爱好者参加，以提高员工的外语水平。计算机知识培训。目前图书馆的工作方式已逐步由手工操作转化为以计算机为主要工具的自动化方式。数字图书馆概念的提出和实施，更使计算机成为现代图书馆员所必备的技能。其培训形式是以短期讲座为主，聘请计算机专业人员讲授计算机基本知识以及一些业务工作所需的计算机操作知识。图书馆基础业务知识培训。主要以讲座和短期培训班等形式聘请图书馆学领域的专家讲授信息管理及图书馆学新的理论知识和观点，补充非图书馆专业人员的专业知识，加快图书馆专业人员的知识更新速度。人文科学的培训。在图书馆界呼唤人文与技术并重，呼唤科学精神与人文精神相融合的今天，对员工进行人文科学的培训就显得尤为重要了。

针对性的学历教育。学历教育是提高个人素质的重要方式之一，主要包括高等教育自学考试、成人高等教育、在职第二学位教育、在职研究生教育和公派出国攻读学历、学位等。图书馆应在政策和经费投入上予以倾斜,鼓励员工继续深造、提高学历层次、调整专业结构。对图书馆专业的人员,除了要更新本专业的知识外,还应根据本岗位工作性质,学习其他学科的专业知识。对非图书馆专业的人员,除更新本专业知识外,还应学习图书馆及相关专业知识,攻读图书馆相关专业的学位。在坚持德才兼备、按需培养的原则下,选择思想素质、专业水平优秀的人员作为重点培养对象,给予参加本职岗位专业研究生在职教育经费和时间上的优惠待遇。

多渠道的学术交流活动。参加学术会议是获取学科前沿信息,交流学术,了解最新科研动态的最好方式之一,图书馆应尽可能保证学科骨干多参加本专业的国内外学术交流研讨会议,并帮助其确立研究课题,确定任务和进度,促其快出成果。进修、考察,出国进修、考察亦是有效的学术交流方式。

通过承担和主持研究项目,使业务骨干的专业技术水平得以提高和认证。与国外图书馆定期交流,有计划选派重点培养对象和业务骨干出国考察学习进行对口专业参观,是开阔视野,开拓研究领域,确定及深化研究课题,增强研究实力的途径,可以达到图书馆人才吸取新思想、了解学术新动态的目的,使其理论水平和业务能力全面提高。

(3)跟踪式培养效果评估

人才培养评估是对培养工作效果的评定,既可为未来的培训规划提供可靠的数据,又可为人员配置提供有力的依据。人才培养评估应遵循客观性、可操作性、实用性、持续性等原则。一般评估的类型有:

全员评估:全员评估又可根据评估人员的情况分为职务评估、职称评估、考核评估。职务评估系指对具有职务的管理人员的管理水平进行的评估;职称评估系指对具有专业技术职称人员的业务水平进行的评估;考核评估系指对全体工作人员进行的全方位的评估。

部门评估:部门评估系指部门领导对其下属工作情况进行的评估。

自我评估:自我评估系指工作人员自己对自己工作情况进行的评估。

专项评估:专项评估系指针对特定项目、特定人员的工作情况进行的评估。

专家评估:专家评估系指某一领域的专家对相关领域的人员的工作情况进行的评估。

评估的方法可采用对比法。对比法系指收集人员培训前后的数据进行对比测试的评估方法。对比法要注意培训前后的测试内容要一致,所收集的数据要有共同的基点,以便对比。分层法。分层法系指根据人员某一共同点(如年龄、性别、职称等)来分组划分,再对每组数据进行评估的方法。分层法能得到更具代表性的结果,更客观地反映真实情况。

图书馆是知识密集型机构,建立一支高层次、多学科、全方位、老中青合理搭配的专家、学术带头人及业务骨干队伍是人才培养的最终目的。图书馆对确定的重点培养对象应重点扶植、加速培养,为他们创造继续深造、施展才华的条件,使他们尽快成为学术带头人。

**(三)综合管理,构建科学管理体系**

1.管理方法述评

图书馆管理中运用的方法并不是一成不变的,它随着社会政治、经济和图书馆内部环境的变化而变化,并不断吸取其他行业有效的管理方法为己用。但到目前为止,图书馆界并未形成一套完整的具有图书馆特色的管理方法,在不同时期常表现为以某一种管理方法为主。下面就图书馆曾应用并正在应用的管理方法做简要的述评。

(1)目标管理法

图书馆的目标管理即按照图书馆事业发展的规律,管理者和下属共同制定一定时期的目标,通过层层分解目标、自我控制、自主管理的方式完成分目标,管理者则通过目标的考核和评价来实现总体目标的一种管理方法。目标管理法一般由三个重要环节组成:计划、实施、考核。目标管理法自20世纪80年代中期引入图书馆以来,在提高了图书馆的宏观管理水平、规范了图书馆的工作、充分发挥员工的主观能动性、促进图书馆管理工作的科学性等方面发挥了极大的作用。

目标管理最突出的优点是促进了个人之间、部门之间、个人和部门乃至整个图书馆间的合作关系。但同时目标管理也具有它与生俱来的不足:目标的设定不易全面、不能显化的目标不明确、个人目标和整体目标的矛盾不易协调、目标外的工作易忽略等。到目前为止,目标管理法在图书馆管理中仍有不同程度的运用。

(2)全面质量管理法

图书馆全面质量管理即以质量为中心,以各部门、各层次和全体员工参与为基础,通过综合运用管理技术、专业技术、现代化设备,建立健全质量保证体系,对各个业务流程的设计和运行进行全面控制,做到以最经济的方式提供给用户最满意的信息产品与信息服务,使得读者、图书馆的全体员工和社会都受益,从而达到长期成功的管理途径。质量管理法要求在建立并进行质量管理后,定期开展质量管理体系审核,以确定图书馆的各项工作是否符合质量管理体系的要求。这种审核包括内部审核和外部审核,这种约束和评价机制增强了管理的严肃性和认同性,有利于促进图书馆的发展。

(3)战略管理法

图书馆的战略管理即图书馆为适应内外环境的变化,从整体利益和根本宗旨出发来确定和选择战略目标,并针对目标的落实和实现进行的一系列战略性规划与活动,以使图书馆获得长期、稳定的发展的一种管理方法。战略管理的优点在于能够促进图书馆管理者密切关注内外环境,以便及时抓住机遇;战略管理还有利于发挥整体协同作用,并优化资源配置。目前,将战略管理引入图书馆管理之中尚有一系列理论问题需要加以研究并在实践中不断探索,但它的引入将会极大地改善图书馆事业发展中存在的随意性和盲目性。

(4)人本管理法

人本管理即把人作为管理的核心和最重要的资源,图书馆的人本管理就是“以人为本”的管理,它既包括图书馆馆员又包括读者。以图书馆馆员为中心的管理,一切管理活动都是围绕调动馆员的主动性、积极性和创造性而展开的,通过对图书馆功能的重组和再造,提高馆员的工作效率和质量。图书馆员的工作能力和工作效率直接制约着图书馆的管理水平,只有充分调动馆员的积极性,最大限度地挖掘其潜力,才能保证图书馆工作的高效和协调,才能更好地为读者提供满意的服务,达到管理的预期目标。以读者为中心的管理,则是通过围绕读者提供的需求,不断提供个性化的服务来实现的。人本管理的核心在于尊重人、关心人、理解人、满足人的合理需求,完善人的个性。

(5)知识管理法

知识管理是目前最热门的话题之一。知识管理目前在图书馆界更多的还是理论研究,其实践较少。知识管理的定义很多,专家各有见地,但基本肯定的是知识管理是以人为中心、以信息为基础、以知识创新为目标的一种管理方法。

应该说知识管理是未来图书馆管理的趋势,但如何实施并相应建立知识管理系统既是一个理论问题,又是一个实践问题。

(6)激励管理法

激励管理法即通过物质、情感、精神、事业等激励方式,充分发挥员工的主动性、积极性和创造性,不断满足员工自我实现、自我发展的需要,从而促进图书馆工作的开展。

(7)生涯管理法

图书馆生涯管理即指图书馆从整体目标和员工的能力、兴趣出发,与员工共同制订和实施的一个符合图书馆需要的个人成长与发展计划。生涯管理从组织的角度帮助个人完成其期望达到的生涯目标,并在这一实现过程中不断给予引导,其全过程充分发挥个人的主动性、积极性和创造性。生涯管理是个性与共性有机结合的一种管理方式,亦是人力资源管理的一个重要内容。

(8)绩效评估管理法

绩效评估源于企业管理,是指企业在一定时期内的经营效益和经营者的业绩。图书馆的绩效评估始于20世纪60年代后期和70年代初期的美国,美国公共图书馆学会于70年代还专门开展了“公共图书馆绩效评估”的研究,美国图书馆协会于1987年出版了《公共图书馆服务成效评估》第二版。1998年4月,ISO11620国际标准化组织出版了《信息和文献工作——图书馆绩效指标》,使图书馆的绩效评估有了正规的国际标准。此后采用此体系标准和方法对图书馆进行绩效评估的越来越多。图书馆的绩效评估即指投入与产出之间效益的评估,也就是评价图书馆管理者在为实现目标而投入的资源和资金,是否在提供的服务中取得了预期的效益。

(9)岗位管理法

岗位管理法是指以规章制度的形式明确规定每个员工的工作岗位,以及应达到的基本要求和岗位职责,员工在各自岗位上各司其职、各尽其责,使各项工作有序地开展起来的一种管理方法。岗位管理在国外是一种比较成熟的管理方法,目前也正逐步引入到国内图书馆的实践中来。图书馆的岗位管理是指根据本馆的职能以及定位,并根据具体内容来设置岗位,人员根据工作岗位的职责范围并根据个人特点选择,真正地做到人尽其才,事得其人。岗位管理的主导思想是:科学设岗、以岗定酬、竞争上岗,其最终目的是为了实现人才与岗位的合理配置,最大限度地发挥人才的潜能和作用。20世纪80年代,岗位管理主要是岗位责任制,岗位责任制对每个岗位和每个岗位上的工作人员及每项工作的范围、内容、数量和质量要求以及工作程序和方法都有明确规定,具有一定约束性。近年来,由于图书馆体制和机制的改革,岗位管理也转变为岗位聘任管理,岗位聘任管理是按需设岗、分类管理,根据图书馆职能和各岗位工作性质、工作内容及业务流程,确定岗位名目,再根据岗位的管理责任和专业技术含量划分岗位级次,确定相应的岗位职务。岗位聘任管理的核心是打破终身制,充分发挥竞争机制,真正做到能者上,庸者下,平者让。

目前图书馆实行的岗位管理的方法有以下几种:

全员岗位聘任,即员工经过考试、考评等多种双向选择的方式竞争上岗,图书馆与员工在平等自愿、协商一致的基础上通过签订聘用合同明确双方的权利和义务。馆方在聘期内进行年度考核及期满考核,考评结果作为调整岗位的主要依据。全员岗位聘任在一定程度上提高了员工工作的主动性和积极性。

专业技术人员岗位聘任,即根据岗位的专业要求聘任相应的专业技术职务,并给予相应的薪酬。图书馆长期以来受专业技术职务资格评审的制约,专业技术职称的聘任不能与岗位结合,造成专业技术职称与工作脱离的局面,而且专业技术职称终身制,极大地影响了员工工作的积极性。实行专业技术人员岗位聘任,使人员与岗位紧密结合,实现了能者上、平者让、庸者下,打破了终身制,激发了专业技术人员潜能,使岗位和人才得以科学地组配。

行政管理干部岗位聘任,即通过知识考试、能力测试、工作绩效评估、思想品德考察等方式竞争上岗,选拔聘用既具备专业知识又有管理能力,并有一定业务工作实践经验的管理干部。行政管理干部岗位聘用打破了“铁饭碗”、能上不能下等痼疾,不仅为优秀人才脱颖而出创造了条件,同时扩大了选聘管理与专业相结合的复合管理人才的范围。

(10)帕累托管理法(80/20法则)

帕累托管理法又称80/20法则,是人们熟知的一个统计学规律。其主要内容为在投入和产出以及努力与报酬之间是不平衡的,一般情况下80%的产出来自20%的投入,80%的成绩归功于20%的努力等。虽然,帕累托法则来源于统计学,但在其他领域中也普遍适用。在图书馆的实际工作中,也经常可以看到“80/20”现象,如20%的藏书可以满足80%读者的需求,20%读者的借阅量占总借阅量的80%等。因此,在图书馆管理中可以适当引入帕累托法则,这样可以使管理者抓住重要的“20%”,从而使管理工作事半功倍。

2.整合管理方法

构建现代高效的管理模式有效的图书馆管理可以发挥人力、物力、财力的最大效用,而图书馆管理的创新就是要在现有条件下创造最佳的社会效益和经济效益。图书馆管理要获得如此的效益统一,创新管理模式与方法是必经之路。

上述管理方法可以说是各有利弊,在当代科学技术向综合化、一体化方向发展的今天,管理方法也应走综合化发展的道路。特别是在图书馆管理中,许多问题用单一的方法是难以妥善解决的,必须运用多种方法进行综合管理,这样才能达到比较好的效果。因此,图书馆要构建现代高效的管理模式,首先,应转变思想,即不断吸收新知识、新理念,用适应时代发展的管理理念来指导图书馆的工作。其次,综合运用管理方法,实现高效率管理。现代信息技术改变了传统的管理模式和方法,综合运用各种管理方法对于提高管理水平发挥着重要作用。再次,不断创新管理方法。图书馆管理方法没有高低之分,只有适合与否,我们应根据图书馆内外环境的变化进行及时的调整,不断创新管理方法。最后,采用高新技术,实现管理现代化。计算机技术、远程通信技术、数字化技术等高新技术的发展,正在把传统的、手工的图书馆推向全球一体化、网络化的新境地。网络化的管理,可使信息的获取、加工、传递实现数字化和自动化,减少了管理的中间环节,提高了信息管理的效率。管理手段的现代化可以说是创新管理的基础。

## 第三节 图书馆管理服务创新方法和绩效评估

绩效评估是图书馆管理工作的重要内容,是提高图书馆管理水平的重要手段,是科学评价图书馆工作效率、效果的有效方法。

### 一、绩效评估的内涵及原则

#### (一)内涵

绩效评估最初运用于企业管理中,是约束和激励企业发展的重要手段和有效方法,主要是指企业在一定时期内的经营效益和经营者的业绩,后被广泛应用于各行各业中。图书馆界的绩效评估最早始于20世纪60年代末70年代初的美国,我国图书馆界于20世纪80年代开始研究和引进该方法,并制定了《公共图书馆评估指标体系》,在公共图书馆和高校图书馆中普遍开展绩效评估工作,取得了一定的效果。然而,到目前为止并没有建立一套科学的、客观的以及便于操作的评估体系,这也是影响我们提高管理水平的重要因素之一。我们应尽快建立有效的评估体系,实现绩效评估的日常化、制度化和规范化。

绩效是指图书馆提供服务的效能以及拨款和资源利用在提供服务中的效率,评估则指对服务或设备的效能、效率、利用和适应程度的测评程序。图书馆的绩效评估是指采用定性或定量的科学方法对图书馆各项工作和预期目标进行考察测评的全过程。其最终目标是全面评估图书馆的投入、产出的基本情况,以达到优质、高效、低耗的目标。

现代图书馆的绩效评估是一个持续的过程,是现代图书馆开展的有意识的管理活动,它能引导图书馆朝着期望的目标前进,也为图书馆制定各种战略、政策提供参考。

#### (二)原则

绩效评估是图书馆管理的重要手段,实施有效的评估,必须要遵守一定的原则:

科学性,绩效评估应设置客观公正的评估标准,尽量避免人为等主观因素对评估过程的干扰,确保绩效评估的科学性。

标准性，评估指标和评估标准应做到标准化，避免因随意而造成误差或不公平。

规范性，评估指标、评估标准、评估过程以及评估方法都应尽可能规范，以确保评估的客观和准确。

系统性，评估内容应尽可能涵盖整个图书馆工作的全过程，以便对图书馆整体做出客观评估。

### （三）内容

根据图书馆的工作内容和性质，绩效评估的内容一般包括设施、资源、人员、服务、科研等，应尽量涵盖图书馆的整体工作。

## 二、绩效评估体系的模式及实施方法

随着时代的发展，图书馆的工作内容和服务项目不断推陈出新，科学地评价图书馆工作的效率和效能，已经引起了图书馆界的高度重视。建立绩效评估体系，开展绩效评估工作，是图书馆管理工作发展的新阶段，是管理创新的重要内容和措施。

### （一）建立绩效评估体系应注意的问题

绩效评估是手段而不是目的，其目的是为评估图书馆的办馆效益和管理者以及工作人员的业绩，评估会从效益检验各级领导者的计划、决策、策略的正确与否，从而不断调整以达最优化。因此，建立绩效评估体系的原则要遵循科学性、易测性、可操作性、实用性、灵敏性等。只有这样才能真正发挥绩效评估的作用，使评估不仅是检验，更是反馈、鞭策和激励。

建立绩效评估体系应注意以下问题：①绩效评估应贯穿于图书馆工作过程的始终，而不仅仅是测评的那几天；②绩效评估的目的在于提高工作效率、找寻良好的工作方法，是有利于大家提高，而不是惩罚；③绩效评估指标体系的设计要清晰明确；④绩效评估指标不能一成不变，要根据事业发展而调整；⑤绩效评估指标要考虑具体工作的差异，要有所侧重；⑥绩效评估的结果要公开，要有及时的反馈，注重上下级间的沟通；⑦绩效评估的结果应与奖励挂钩，并要及时落实兑付。

### （二）绩效评估指标的选择

评估指标是指可从图书馆的统计和数据中获得、被用于描述图书馆绩效的数字或符号等。指标是评估的工具，它通过对图书馆服务和各项活动质量、效能以及图书馆资源在上述服务和活动中效率的评估来显示其作用。[①]

1.评估指标设定的原则

指标的设定应与图书馆的整体目标一致,全面体现图书馆工作的要求:指标的设定要科学,能客观反映图书馆工作的整体水平和效能;指标的设定要易操作:指标的设定在反映现状的同时,要注重未来的发展,能及时适应图书馆的变化发展;指标的设定要注意个性与共性的关系,既考虑个性又考虑共性。

2.评估指标选择的方法

统计法,通过对指标的基本统计数据来判定指标是否有选择的必要。是指标选择最常用的方法。

分析法,通过对各个指标性质的分析,或合并相类似指标,或挑选典型性指标,或单独新设指标。总之,是为减少指标间的重复,或指标不具代表性,涵盖面不足等问题。

专家法,即征求专家的意见来确定指标。可采取多种形式获得专家意见:发放调查表、座谈会等,然后将意见汇总、分析、整理、反馈,必要时可进行多次反馈,最后从中获得有效的指标。

综合法,即根据具体情况综合运用上述两种或以上的方法。

3.评估指标的分类

评估指标可分为客观指标和主观指标。

客观指标一般是客观的统计数据,便于量化处理。例如,有关资源投入和使用的指标:馆舍面积、设备、经费、藏书量、人员等。

主观指标是指以人的主观直觉印象以及人的主观分析为主的指标,不便于量化处理。例如,读者反馈、专家评价、馆内自评、馆际互评等。

4.国家图书馆绩效评估指标体系的有益探索

科学的绩效评估体系不仅可以全面提升图书馆的整体实力,促进图书馆事业的发展,同时也为各级领导提供了控制、调整政策和策略等的有效依据,以减少决策失误。为此,国家图书馆于2001年开始进行制定绩效评估指标体系和评估方法的研究,并完成了《国家图书馆绩效评估指标体

①陆志俊.标准化视野下的公共图书馆绩效评估体系研究[J].科技经济导刊,2018,(8):137-138.

系》的研究报告,对建立一套完整的科学的绩效评估标准和体系进行了理论研究。

国家图书馆绩效评估指标体系主要是依据国家标准,并参考一些图书馆的经验,同时结合本馆情况制定的。评估指标体系按照可测性、可操作性、实用性以及“投入—运行—产出”的模式设计,力求排除人为的主观因素干扰。指标体系在内容上分成五个部分:资源部分,包括馆含面积、人力资源、设备经费、馆藏等;基础业务部分,包括采选、文献资源加工、数据库建设、网上资料采集整理、专题资料库建设、典藏管理等;业务研究部分,包括业务交流、研究项目、科研成果、馆办刊物、学术论文、学术专著、参加学术会议、组织学术会议等;读者服务部分,包括服务条件、读者情况、文献流通、文献宣传、咨询服务、读者信息反馈、读者培训、综合评价指标等;管理部分,包括党务建设、行政管理、业务机构、企业管理等。在结构上分为五个层次,设置相应层次的指标。每项指标含编号、项目指标、定义、评估目标、适用范围、影响指标因素、统计方法以及标准与说明等九个内容。

国家图书馆绩效评估指标体系的理论探索对推动公共图书馆绩效评估体系的建立和实施起了一定的促进作用。

**(三)绩效评估的方法**

1.调查表评估法

这是一种最基本,也最常用的评估法。即将所需评估的内容以调查表的形式列出,并发放给被调查人填写,回收的调查表作为评估的基础资料。此种评估法简单、便捷,但评估面较窄(取决于评估调查表内容的设计),评估结果缺乏准确性。属于定性评估方法。

2.面谈评估法

与调查表法相仿,不同之处在于调查表法是间接面对调查者,而面谈法是直接面向调查者。其优势为在面谈的过程中可以收集到更多的资料,甚至会超过了调查所限定的内容,便于做出正确的评估。与调查表法相比较,却具有另一方面的问题,被调查人可能由于心理因素而对评估内容不愿做出自己内心真实的评价,因此可能造成评估结果的误差。属于定性评估方法。

3. 目标评估法

该方法即按照目标的完成情况来评估。这种方法运用面比较广，不仅可以评估图书馆整体的状况，也可以评估局部如各部门或某一业务流程、科研项目等的状况。此种方法即可定性又可定量。

4. 系统评估法

该方法即将图书馆作为一个整体系统来考虑投入与产出之间的效益。这种方法易于量化，因而评估结果较客观。但过于强调结果而忽略过程，且将图书馆作为一个封闭的系统而忽略了外部的影响。属于定量评估方法。

5. 综合评估法

该方法是将图书馆置于整个社会之中，通过考量图书馆与外界环境中相关因素互相影响的程度，从而判断图书馆的绩效。该方法不仅目标明确，且具灵活性，可以根据环境不断调整自己的状态直至最佳。

6.CIPP 评估法

此方法与系统评估法类似。CIPP 是背景评估（Context Evaluation）、输入评估（Input Evaluation）、过程评估（Process Evaluation）、成果评估（Product Evaluation）四个方面的缩写。其中，背景评估主要评价图书馆制定的规划、目标的科学性、可行性和实施情况；输入评估主要评价为达成上述规划或目标所需的投入和运作情况；过程评估主要评价执行过程中的相关情况；成果评估则是评价规划、目标的完成情况。

7. 标杆分析评估法

该方法是源于企业管理的评估方法，即以同行业内的最强者或领导者的标准为标杆，对自身的产品、业务流程和服务进行评价，是一种全面质量管理的工具。

8. 作业流程评估法

该方法也是企业常用的一种评估方法，随着图书馆近年来引入全面质量管理而得以应用。主要强调对图书馆内部业务流程的优化，强调工作效率。但因此容易混淆绩效和效率的关系，并容易将业务流程孤立起来。

9.360 度评估法

360 度评估法是近年来比较流行的一种评估方法。即所有与评估有关的人员都参与评估，包括上、下级同事，与工作有关的其他人员等。该方法可以很好地综合各方意见,反映的情况比较全面,因而评估结果可以更客观和准确。但由于范围比较广,信息鱼龙混杂,因此如何排除不客观、不真实的信息是一个难题。

10.混合评估法

单一的评估方法均是各有利弊,为求得评估结果的科学、客观和准确,应尽量根据具体情况综合采用多种方法进行评估。这种混合式的评估方法能综合各方法的优势,避免各方法的缺陷,是比较完善和全面的评估方法。

绩效评估的实施一般可分为三个层次:单位绩效评估、部门绩效评估和个人绩效评估。这三个层面是统一的,其中个人绩效是基础,部门绩效由个人绩效构成,而单位绩效则由部门绩效构成。没有个人绩效就没有部门绩效,单位绩效则是由个人和部门绩效形成的。虽然三个层面可能会各有侧重,但总原则是三个层次一个也不能少。如果只关注某一方面的绩效,就会带来绩效失衡。应该确保个人绩效能支撑部门绩效,部门绩效能支撑单位绩效,这样才能顺利实施绩效评估,并真正发挥绩效评估的作用。

绩效评估实施应注意的问题:

(1)为了成功地实施绩效评估,需要对评估者进行培训

在评估实施过程中评估人员需要直接与下属员工进行沟通,因此一系列与人际沟通有关的技能是必不可少的。例如教导、激励、解释、倾听、提问、说服等。如果不具备这些基本的人际沟通技能,绩效评估就无法进行,也不能得到满意的结果。

(2)"量化"并不是绩效评估的设定目标,"可验证"才是真正的目标

人们常常抱怨绩效评估不能将绩效指标进行量化,从而导致绩效评估的主观性。于是人们总是期望通过某种方式将绩效指标进行量化,将所有的绩效表现都用量化的指标进行衡量。其实,试图将所有的绩效表现都用数字来衡量既不可能,也无必要。在很多情况下,有意义的绩效指标可以是描述性的,但这些描述必须是通过某种途径可以进行验证的。因此,量化并不能针对所有的绩效指标,但所有的绩效指标必须做到可以验证则是必需的。

(3)理想的绩效标准并不是完美无缺的,绩效标准应注意预留上升空间

事实上对于大多数工作来说,没有缺点是不可能的,缺点的存在仅是不同程度而已。因此,应首先设定一个切合实际的目标,当这个标准达到时,再提高标准。这种不断提高的标准比一次性设定的完美标准要更加实际和具有激励作用。

实施绩效评估需要员工的积极参与。绩效评估是双向的,上级对下级进行评估,同样下级也可以对上级进行评估,这样可以使主管人员对员工的期望和员工自身的愿望得以充分的沟通,也可以使员工摆脱被动的角色,更积极主动地参与进来,从而减少员工的抵触情绪。此外,让员工自己收集绩效数据。在绩效评估中,收集与被评估者绩效标准有关的数据是一项浩大的工程,由主管人员进行收集往往会耗费大量的时间和精力,并且数据的准确性常常会引起争议。如果让员工自己来收集与绩效标准相关的数据,一方面会节省管理人员的时间和精力,另一方面由于员工参与数据收集的过程,他们也不会怀疑数据的准确性。这样对绩效结果的反馈也会更加及时,效果也更好。当然,由员工自行收集绩效数据还需要相应的监控机制,并且对做假的行为设定严厉的惩处措施,以保证大多数员工能够诚实地提供绩效数据。

**(四)绩效评估的实施步骤**

绩效评估实施的具体步骤:在实施绩效评估时应考虑绩效评估本身包含目标的完成情况以及完成目标的过程或行为两个内容。

1.设定绩效评估指标和标准

绩效评估指标的选择、确定和标准化是决定绩效评估过程顺利开展的关键。指标的选择要系统科学,标准要统一完整,能全面反映图书馆整体的实力和综合水平。

2.制订绩效评估计划

绩效评估计划确定了整个评估过程的内容及目的。评估计划应尽量科学且清楚、详细、有条理,以确保评估的顺利实施。

3.选择适当的评估方法

评估方法的选择对评估结果的客观、科学与准确有非常重要的作用。方法的选择要首要考虑客观和科学,再次考虑可操作性。因此,绩效评估

方法的选择要理论和实际相结合,以获得最有效准确的评估结果。

4.汇总分析评估资料

评估资料的收集完整与否是决定结果正确有效与否的重要因素。因此,对评估资料,特别是基础数据的记录与收集应尽可能详实。之后,对收集的评估资料进行系统的汇总和分析,以客观公正的态度总结情况并得出结果。

5.绩效评估的反馈

结果的得出并不意味着评估的结束,绩效评估的目的是事实的呈现,是过去和现在的比较,更是上级和下级要在工作内容的调整、需要改进的问题、确定新的工作目标等方面需要沟通并达成共识的。因此,评估反馈是整个评估过程的最终环节,也是实现评估目的的关键。反馈是更好的沟通和互动,一方面,下级可以了解上级对自己工作情况的认同意见;另一方面,上级也可以了解下级的要求和建议。通过双向的沟通,激发员工的工作热情,强化其主人翁意识,同时也不断改进工作中的问题,有利于工作的开展。

## 三、管理绩效评估实施的具体方法

### (一)确定绩效评估指标

图书馆管理绩效评估指标是绩效评估体系的重要内容,是反映一个图书馆管理的整体水平的重要依据。建立绩效评估指标体系,规范操作方法,并纳入图书馆日常的管理工作之中,这样才能保证图书馆管理绩效评估的实施和效果。图书馆管理绩效评估指标体系包括行政管理和业务管理两部分。

1.行政管理指标

行政管理指标的设定主要包括机构设置、经费收支、规章制度、人力资源、科学研究以及环境管理等。行政管理指标设定的目的在于监督和考核管理者在实现图书馆管理总目标过程中,管理措施实施和落实的情况,以此来约束管理者在管理过程中按照既定的目标计划实施,而不能仅凭个人的主观意志。

2.业务管理指标

业务管理指标主要包括资源管理和读者服务管理。业务管理指标设定的目的在于监督和考核管理者实施管理的效能。其中，资源管理指标主要是针对资源的建设与评估。图书馆资源的储备和建设是图书馆工作的重要基础，是图书馆实现社会职能，发挥其效益的基本条件，也是评价图书馆投入与产出的重要依据。读者服务指标针对的是服务内容、服务方式和服务手段。读者服务工作是图书馆管理成效最直接、最集中的反映，图书馆的一切职能只有通过读者服务被读者利用后才能反映出其价值和作用。资源与读者服务的管理基本涵盖了图书馆业务管理工作的主要内容。

### （二）绩效评估数据的收集

绩效评估指标设定后，为了确保评估数据的客观和准确，需要设计一些可操作性的表格，便于数据的收集和整理。

### （三）绩效评估结果的反馈

通过对绩效评估数据的分析汇总，得出评估结果，图书馆的领导应就评估结果与被评估部门进行沟通，使其明确自己的优势和不足，并提出改进意见或目标。

图书馆实施管理的绩效评估，主要目的不在于对个人或部门的成绩的排序，绩效评估是手段而不是目的，其目的是为了肯定优点，发现不足，从而使管理者坚持正确的、调整不适宜的、改正错误的。总之，对图书馆管理进行绩效评估是图书馆管理的重要方面，它既是检验，又是鞭策。

# 参考文献


[1]艾家凤.高校图书馆人力资源管理研究[M].合肥:中国科学技术大学出版社,2015.

[2]陈三保.新形势下图书馆服务与创新[M].昆明:云南科技出版社,2018.

[3]谌爱容.网络环境下图书馆的用户研究与信息服务[M].安徽师范大学出版社,2017.

[4]戴慧英.浅论现代图书馆服务转型[J].现代经济信息,2014,(23):437,440.

[5]董伟.新媒体时代图书馆管理与服务研究[M].长春:吉林人民出版社,2019.

[6]方晓红,郭晓丽.数字图书馆研究[M].天津:天津科学技术出版社,2014.

[7]冯媛.图书馆知识管理理论与应用[M].南昌:江西高校出版社,2015.

[8]高雄.现代图书馆管理概论[M].西安:西安地图出版社,2013.

[9]宫昌利.图书馆服务思维研究[M].长春:吉林人民出版社,2019.

[10]郭海明.知识公共下的公共图书馆服务共享体系构建[J].图书馆理论与实践,2009,(5):72-76.

[11]韩世明.大数据时代的图书馆服务[J].海风,2020,(6):22-23.

[12]黄俊贵,邓以宁.社会阅读与图书馆服务[M].合肥:安徽大学出版社,2010.

[13]黄明珍.浅谈图书馆的行政管理工作[J].中小企业管理与科技,2018,(18):103-104.

[14]黄小冰."互联网+"思维下图书馆服务创新探究[J].中小企业管理与科技,2021,(4):77-78.

[15]黄晓晖.关于高等学校图书馆业务管理系统的设计与实现路径分析[J].参花,2021,(17):117-118.

[16]黄雪梅.现代图书馆信息资源体系的建设研究[M].北京:中国书籍出版社,2017.

[17]李朝云.图书馆人力资源管理探微[M].合肥:安徽大学出版社,2011.

[18]李静,乔菊英,江秋菊.现代图书馆管理体系与服务研究[M].长春:吉林人民出版社,2019.

[19]李良艳,陈俊霖,孙杏花.现代图书馆管理理论研究[M].北京:中国商务出版社,2019.

[20]梁宇清.大数据时代的图书馆管理[M].中国原子能出版社,2018.

[21]刘扬.图书馆人力资源管理初探[J].才智,2016,(5):268-269.

[22]陆志俊.标准化视野下的公共图书馆绩效评估体系研究[J].科技经济导刊,2018,(8):137-138.

[23]马川.数字图书馆的读者服务模式[J].中文信息,2019,(2):18.

[24]毛倩.高校图书馆与公共图书馆实现信息资源共建、共知、共享的探索[J],中国科教创新导刊.2010,(2).

[25]穆颖丽,江涛.现代图书馆知识管理与实践[M].郑州:河南人民出版社,2012.

[26]商麦荣.公共图书馆数字资源的共建、共知与共享[J].图书情报,2016,(4):39-40.

[27]师美然,张颖,张雯.图书馆创新与现代管理研究[M].长春:吉林人民出版社,2019.

[28]涂雯.公共图书馆数字资源的共建、共知与共享[J].长江丛刊,2018,(2):151-152.

[29]王昶."互联网+"时代图书馆传统读者服务模式的演变与发展[J].

图书馆学刊,2016,38(11):72-75.

[30]王岩.图书馆知识管理对图书馆管理的创新[J].中国管理信息化,2016,19(15):170-171.

[31]肖莉杰,胡石,赵秀敏.数字图书馆个性化服务模式研究[J].知识经济,2018,(23):77,79.

[32]杨春红.数字化网络化环境下图书馆读者服务模式研究[J].商业文化,2021,(9):106-107.

[33]杨景荣.图书馆知识管理的内涵及实现[J].图书馆工作,2009,(2):8.

[34]杨娟.浅析数字图书馆管理内涵[J].今日湖北(中旬刊),2012,(9).

[35]袁红军.图书馆员职业制度发微[J].图书与情报,2009,(1):37-40.

[36]张菲.图书馆办公室工作浅议[J].才智,2015,(11):303.

[37]张立,李苹.图书馆管理学[M].成都:电子科技大学出版社,2017.

[38]张玉英.图书馆现代管理模式与人本服务理念探索[M].青岛:中国海洋大学出版社,2017.

[39]赵枫.大学阅读与图书馆信息服务[M].长春:吉林人民出版社,2018.

[40]郑幸子.高校图书馆管理与服务创新[M].长春:吉林大学出版社,2018.

[41]职珂珂,陆铭.大数据思维应用于图书馆服务的思考[J].图书馆学刊,2016,38(7):14-18.

[42]朱芳.e-图书馆的知识管理系统建设[J].边疆经济与文化,2011,(4):147-148.